관계인구를 만드는
N개의 방법

- 사람·조직·자본·공간·목표의
  연결을 위하여 -

조희정
이영재
김영완

공저

이 책은 2021년 대한민국 교육부와 한국연구재단의 지원을 받아 수행한 연구결과이다(과제번호 : NRF-2021S1A3A2A01096330).

서강대학교 SSK(Social Science Korea) 지역재생 연구팀은 2018년부터 교육부(한국연구재단) 지원으로 지역창업과 중간지원조직을 중심으로 지역변화의 가능성을 연구하고 있다.

관계인구를 만드는 N개의 방법

초판 인쇄	2025년 04월 10일
초판 발행	2025년 04월 15일
저자	조희정·이영재·김영완
발행인	서복경
펴낸곳	더가능연구소
우편번호	04071
주소	서울특별시 마포구 성지길 36-12, 2층(합정동, 꾸머빌딩)
전화	(02)336-4050
팩스	(02)336-4055
이메일	plan@theposslab.kr
인스타그램	@poss_lab
제작 및 판매처	넥센미디어
우편번호	04559
주소	서울시 중구 마른내로 102
전화	070_7868_8799
팩스	02 _ 886_5442
ISBN	979-11-93796-19-1(93330)

※ 값은 뒤표지에 표시되어 있습니다.
※ 잘못된 책은 구입처에서 교환해 드립니다.

목차

제1장 인구감소시대의 의문

1. 인구감소와 인구증가는 같은 방식의 접근 ············ 11
2. 다르게 바라보면 해법도 달라진다 ············ 15
3. 책의 구성 ············ 20

제2장 관계인구란 무엇인가

1. 사람의 이동 이유 ············ 27
2. 관계인구 개념의 등장과 형성과정 ············ 39
3. 관계인구의 유형과 특징 ············ 63
4. 관계인구를 만드는 관계안내소 ············ 74

제3장 발굴·공감·생산·연결 프로젝트로 만드는 새로운 관계

1. 지역 자원 '발굴' 프로젝트 ············ 87
2. 지역살이 '공감' 프로젝트 ············ 119
3. 지역상품 '생산' 프로젝트 ············ 190
4. 지역사람 '연결' 프로젝트 ············ 229

제4장 쟁점

1. 억지 관계는 불편 ·········· 297
2. 맹목적 관계는 부당 ·········· 299
3. 급행 관계는 불가능 ·········· 304
4. 준비 없는 관계는 허상 ·········· 307
5. 관계 만병통치론은 필패 ·········· 309

제5장 결론

1. 공간보다 '사람' ·········· 313
2. 자원보다 '실익' ·········· 316
3. 인구보다 '관계' ·········· 318

후기 : 관계와 연결의 작은 성과 축적이 지역의 힘 ·········· 320
참고 자료 ·········· 330

표 목차

〈표 1〉 년도별 귀농귀촌인구 및 가구 현황 / 33
〈표 2〉 정부의 지역 지원 및 지역활동지원사업(2010-2024년) / 35
〈표 3〉 관계인구의 기능과 목적을 중심으로 전개된 유형별 정부지원사업 / 53
〈표 4〉 관계인구 유형 / 64
〈표 5〉 일본 관계 형성 프로젝트의 키워드(해시태그) / 80
〈표 6〉 지역 관계 형성 프로젝트의 4개 유형, 15개 프로젝트 / 81
〈표 7〉 지역 자원 '발굴' 프로젝트(Local Digging Project) / 87
〈표 8〉 지역 자원 목록 예시 / 100
〈표 9〉 지역살이 '공감' 프로젝트(Lifestyle Empathy Project) / 119
〈표 10〉 지역별 니포니아 호텔 운영 법인 / 182
〈표 11〉 전통적인 호텔과 마을호텔의 평가기준 비교 / 188
〈표 12〉 마을호텔 운영단계별 체크 리스트 / 188
〈표 13〉 지역상품 '생산' 프로젝트(Local Economy Project) / 190
〈표 14〉 시장 범위별 지역상사 유형 / 194
〈표 15〉 활동형태별 지역상사 유형 / 195
〈표 16〉 활동주체별 지역상사 유형 / 195
〈표 17〉 지역사람 '연결' 프로젝트(Networking Project) / 229
〈표 18〉 지역성장의 12개 지표 / 286
〈표 19〉 '관계'에 대한 상식적인 용어 사용 사례 / 318

그림 목차

〈그림 1〉 연령대별 '쉬었음' 인구 비중과 취업경험별 청년층 '쉬었음' 인구 / 31

〈그림 2〉 한일 지역지원사업 종류와 제도 경로 유사성 / 38

〈그림 3〉 먹거리 통신 / 42

〈그림 4〉 국내에 소개된 관계인구 전문가 다나카 데루미의 저작 / 43

〈그림 5〉 소토코토의 관계인구 세션 / 44

〈그림 6〉 사시데 편집장의 2016년, 2024년 관계인구 관련 저작 / 46

〈그림 7〉 단계별 관계 인구 유형 / 47

〈그림 8〉 사쿠노 히로카즈의 관계인구의 두 차원과 영향력 / 51

〈그림 9〉 도농관점 중심의 관계인구 유형 / 51

〈그림 10〉 총무성의 관계인구 포털 사이트 / 55

〈그림 11〉 총무성의 관계안내소 안내 / 56

〈그림 12〉 총무성의 관계인구 개념 / 57

〈그림 13〉 관계인구 유형 / 58

〈그림 14〉 제2의 고향만들기 프로젝트 전문 웹사이트 '이쿠다비'(관광청) / 61

〈그림 15〉 관계의 깊이와 행태 / 65

〈그림 16〉 누구나 쉽게 올리는 가미야마 주민 일기장(도쿠시마현 가미야마) / 111

〈그림 17〉 이주자를 위한 마을 교과서 사례(교토 히요시) / 118

〈그림 18〉 체어링 / 152

〈그림 19〉 체어링 액티비티(미나미오구니) / 152

〈그림 20〉 일본 각 지역의 고향납세 답례품 의자 / 153

〈그림 21〉 WWP(일본 와카야마현) / 159

〈그림 22〉 M&A 프로그램(미국 하와이) / 160
〈그림 23〉 세계 최초 이탈리아 사우리스 마을호텔 / 166
〈그림 24〉 하기엔날레 2012 / 169
〈그림 25〉 마을호텔 하나레의 개조 전 모습과 개조 후 모습 / 170
〈그림 26〉 하나레의 마을호텔 구조 / 171
〈그림 27〉 쿠지라 기업의 지속가능성 전략 / 174
〈그림 28〉 고스게촌 정경(야마나시현 고스게촌) / 175
〈그림 29〉 마을호텔 닛포니아 고스게 겐류노무라(야마나시현 고스게촌) / 177
〈그림 30〉 니포니아 마을호텔의 전후 변화 / 178
〈그림 31〉 ㈜노트의 마을 만들기 방식 / 180
〈그림 32〉 일본 전국의 32개 니포니아 호텔 / 181
〈그림 33〉 마을호텔 18번가의 이전 상태(2017년) / 183
〈그림 34〉 고한 18번가(강원도 고한) / 183
〈그림 35〉 마을호텔의 갈등 구조 / 186
〈그림 36〉 고향 워킹홀리데이 / 199
〈그림 37〉 지역 자원의 가치순환구조 / 223
〈그림 38〉 수직산업구조 cf 수평산업구조 / 225
〈그림 39〉 유아 유학 / 234
〈그림 40〉 제3의 장소 / 265
〈그림 41〉 지역사회 현안 분야 / 284
〈그림 42〉 지역의 지속가능성 지표 / 285
〈그림 43〉 mGAP 지역 목표 산출 예시 / 287
〈그림 44〉 지역재생학의 범위 / 324

제1장
인구감소시대의 의문

"인구는 절대지표이므로 반드시 늘려야 한다고 몰입하는 지자체도 많고, 인구감소 대응도 중요한 문제이지만, 인구는 경기 변동 움직임보다 뒤늦게 경향을 설명하는 지행지표에 불과하다."

(에다히로 준코. 2024 : 9)

01
인구감소와 인구증가는 같은 방식의 접근

▮ 인구감소 디스토피아

　우리나라 총인구는 2010년 처음으로 5천만 명을 넘은 후 10년 만인 2020년에 5,180만 명으로 정점을 찍고 감소하고 있다. 2020년 사망자 수가 출생아 수를 넘는 인구 데드크로스(population deadcross)가 발생했기 때문이다. 이는 1949년 인구 센서스 시행 이후 최초로 발생한 현상이다.

　그러나 국가 전체가 아닌 지역 차원에서는 이미 2000년 이전부터 데드크로스 현상이 진행되었다. 전체 시군구의 1/4에 해당하는 57곳에서 자연감소가 진행되어 사망자 수가 출생아 수의 최대 6.9배 달하는 지자체도 발생했다.[1]

　이 추세대로라면 이르면 2031년, 늦으면 2042년에 5천만 명 이하가 된다. 사정이 이러하다 보니 인구 뉴스가 급증하고 있다. '인구가 감소하니 큰 일이다', '아이를 낳는 것이 애국자다'라는 류의 이야기가 유행한다. 라디오나 TV

---

[1] 차미숙·최예슬·조은주(2022.01.26.)

광고로 이런 식의 메시지가 확산된다.

이내 인구감소라는 말은 사회 공멸 같은 디스토피아(dystopia)적인 상상과 연결된다. 아이를 낳지 않으면 점점 사람이 줄어들어 아무도 살지 않는 동네에 혼자 남겨질 것 같은 고립의 공포가 생겨나고 '이렇게 살다간 모두 망한다'는 위기감이 심화된다.

그 결과, 황폐한 농산어촌에 고립되는 것보다 좀 더 사람들이 모인 도시 지역으로 가야만 할 것 같은 시나리오로 이어진다. 일말의 여지없는 숨 가쁜 시나리오다. 혼란스럽고 절망스러운 디스토피아를 살면서 그저 막연히 유토피아를 지향하며 살아야만 하는가 하는 의문이 생긴다.

▎인구증가 디스토피아

인구증가라는 말도 사회 공멸의 디스토피아와 연결되기는 마찬가지다. 그 옛날에 맬더스(Malthus)는 인구증가 속도와 식량 증가 속도의 불일치, 즉 인구는 빠르게 늘지만 그만큼의 규모로 식량을 확보하기 힘들어져 빈곤과 범죄가 늘 것이라고 예언했다. 그때는 늘어나는 인구가 심각한 문제였다.

이후 농업 기술이 발전하면서 맬더스의 인구론이 틀렸다는 분석이 나오기도 했지만 1798년 맬더스의 인구론 이후 230여 년간 전쟁, 경제 위기, 팬데믹 등 수많은 위기 반복 속에 인구증가론과 인구감소론 논쟁은 지속되었다.

지금 우리가 직면한 인구감소론도 역사 속 어딘가에서 진행된 인구론 논쟁에 포함되어 있을 것이다. 굳이 새롭지 않다.

인구 포비아가 아니라 삶 포비아가 더 문제

'인구가 줄면 세상이 망한다'와 '인구가 늘면 세상이 흥한다'는 같은 방식의 파괴적 접근이다. 이 극단적인 이분법으로 세상을 바라본다고 무엇이 더 나아질까? 인구 변화에 대한 공포, 즉 인구 포비아(population phobia)에 사로잡혀 아이 낳기만 신경 쓰며 살아야 할까? 대도시에서는 인구가 많아서 걱정이고, 시골에서는 인구가 적다고 난리이므로 전 국토에 적정 밀도로 인구를 재배치하면 모든 문제가 해결될까? 그러면 모두 행복해질 수 있을까?

차분히 들여다보면, 인구 감소와 증가를 원인으로 보는 (일종의) 공포 마케팅 어디에도 인구가 아닌 '사람', 양이 아닌 질로서 삶의 가치, 그리고 행복에 대한 고려는 없다.

행복 수준을 인구 규모(혹은 증가세)만으로 가늠하는 것은 설득력이 없다. 지금 전 세계의 최대 인구 국가는 인도, 중국, 미국, 인도네시아, 파키스탄 순이고 이들 국가에서 인구는 모두 증가세를 유지하고 있다. 과연 이들 국가에서 삶의 질이나 행복의 정도가 동일한가.

국제적인 행복 지표 평가에도 인구는 측정지표가 아니다. 갤럽(Gallup), 옥스퍼드 웰빙 연구 센터(Oxford Wellbeing Research Centre), 유엔 지속가능발전해법 네트워크(UN Sustainable Development Solutions Network) 등 여러 기관이 협력하여 만든 '2024 세계 행복 보고서(World Happiness Report)'는 사회적 지원(Social support), 소득(Log GDP per capita), 건강(Healthy life expectancy at birth), 선택의 자유(Freedom to make life choices), 관대함(Generosity), 부패 수준(Perceptions of corruption)을 중심으로 국가 행복도를 측정한다. 그 어디에도 인구는 측정지표에 포함되어 있지 않다(참고

로 가장 최근인 2024년 발표에 의하면 우리나라의 국가 행복도는 조사 대상국 전체 150개국 중에 52위고 일본은 51위다).[2]

결국 의미 있는 삶과 행복 증진을 바란다면 좀 더 다른 결의 접근이 필요하다. 그래서 이 책은 '관계'에 집중하기로 했다. 인구감소시대라 해도 삶과 행복의 가능성을 모색할 수 있으며, 그 단초는 출생과 사망 추세가 아닌 이동 활동과 그에 수반되는 관계 촉진에서 찾을 수 있다. 인간은 사회적 동물이므로 사회적 관계가 오늘날의 고립과 자존감 상실에 직면한 존재들에게 회복력을 불러일으킬 것이고 그것이 새로운 지역재생의 시작일 수 있다.

또한 계량적 측면에서 인구 규모, 사람의 머릿수에만 집중할 것이 아니라 '이동다반사'인 우리의 일상에 주목하고자 한다. 우리는 삶 대부분의 시간을 이동하며 보낸다.

---

2) 『World Happiness Report 2024』 (https://worldhappiness.report/ed/2024/)

02
다르게 바라보면 해법도 달라진다

▮ 사회적 관점의 인구 변화

인구 규모만 중시하는 관점에서 시각을 좀 더 틀어보자. 큰 틀에서 보면 사회에서는 인구증가와 감소만 진행되는 것이 아니라 사회 '적응'도 동시에 진행된다. 우리는 아무것도 하지 않고 그저 인구증가나 감소 현상만을 경험하지 않는다. 사회는 나름대로 적응 활동을 한다.

흔히 어떤 조치가 취해지지 않으면 위기 해결이나 변화가 없을 것이라고 생각하지만 사실 모든 조치는 위기 후에 나타나는 반응이고 사회는 상시적으로 어느 정도 자정 능력을 갖추고 있다. 그 자정 능력이 어느 정도냐에 따라 사태의 추이가 달라질 수 있다.

사회의 적응력과 함께 고려해야 할 것은 (앞서 밝혔듯이) 왜 인구인가에 대해 생각해봐야 한다는 사실이다. 그리고 인구 변화에서 놓치고 있는 인구 종류가 있는지 감안해봐야 한다.

당연한 사실이지만 인구증가와 감소 외에 또 다른 인구가 존재한다. 바로 움직이며 이동하는 사람들이다. 자연적 인구 변화 관점에서 보면 생로병사와 같은 인구 변화는 오랜 시간이 걸려도 해결할까 말까하는 지극히 풀기 어려운 문제이다. 하지만 사회적 관점에서 보면 이동인구는 지금 이 순간에도 전세계 어디에나 많이 존재하므로 더 나은 인구 변화를 추동할 수 있는 중요한 존재다.

전통적인 인구학 관점에서도 특정 지역이나 국가의 인구수에 변화를 일으킬 수 있는 것은 출생으로 인구가 더해지거나, 죽음으로 인구가 줄어들거나, 이주를 통해 유입이나 유출 등의 인구이동이 이루어지는 경우를 모두 포함한다. 우리가 종종 간과하지만 출생, 사망과 함께 이동을 중요한 요소로 평가한다.[3]

물론 이동 행태는 역사적으로 매우 다르게 평가되었다. 정주 중심의 농경사회에서는 지역을 떠나지 않고 꾸준히 농사짓는 것이 바람직한 행태였다. 그러나 시간이 지나 산업사회에 접어들면서는 오히려 이동을 장려하는 분위기로 변했다. 모든 인프라와 기회 조건이 대도시에 있기 때문에 대도시로 이동하는 것이 자연스러운 기회추구 행동으로 평가되었다.

이론적으로 보면 이러한 이동 행태는 매우 복잡한 분류체계를 보인다. 인구학자들은 인구 이동 양태를 평생 비이동, 단순 이동, 귀환 이동, 순환 이동, 단계 이동 등으로 구분한다. 이 가운데 평생 비이동, 즉 아무 데도 안 가거나, 단계 이동, 즉 전략적으로 단계를 밟아 이동하는 것을 극히 드문 현상이라고 본다. 그렇다면 대부분의 사람은 고향으로 돌아가는 귀환 이동, 두 지역을 오가는 순환 이동, 그리고 어딘가로 가는 단순 이동 등의 행태를 보인다.

---

[3] Paul Morland(2019 : 47)

관광보다 관계

현 상태에서 인구의 극적인 자연증가는 불가능하다. 2025년 이미 초고령사회가 진행되는 상태에서 앞으로 초초 고령화, 초초초 고령화는 심화될 것이고, 갑자기 사람들이 아이를 많이 낳을 것도 아니기 때문이다.[4]

농경사회에서 진행된 노동력 생산을 위한 출산 증가나 전후 사회 안정화 과정 속에서 나타난 출산 증가 등은 더 이상 기대하기 어려운 상황이다. 전쟁 후의 사회 안정화 과정에서 나타난 베이비 붐(baby boom)이라는 극적인 인구증가 현상은 앞으로는 기대하기 어렵다.

극적인 인구증가만 기대하는 차원에서 벗어나 사회적 인구, 즉 인구 변화의 3요소이기도 한 이동인구에 주목하고, 이들의 이동을 좀 더 의미 있게 환원하고자 '관계인구(関係人口, related population)[5]'라는 말이 등장했다.

이 책은 자연적 인구 변화에 대한 본질적인 개입은 어렵다는 전제하에 우리 곁에서 늘 진행되는 인구이동 현상에 주목한다. 이동에는 출장, 진학, 관광 등 목적성 이동부터 단순 방문, 장기 체류 등의 여러 이동 형태가 있다.

이제까지 가장 주목받은 지역 외 이동인구는 관광인구일 것이다. 지역에서는 관광으로 지역 소비가 확대되므로 관광객을 더 많이 유치하자는 의견이 지배적이었다. 그러나 외부 인구 유입에만 일방적으로 의존하는 관광 중심의 시각만으로는 모든 문제가 단번에 해결되긴 어렵다.

---

[4] 인위적인 인구증가는 가능하지도 않을 뿐더러 효과적인 지역소멸 대응이 아니라는 비판에 대해서는 야마시타 유스케(2018), 요시카와 히로시(2016), 우치타 타츠루 편(2018) 참조.

[5] 사시데 가즈마사는 관계인구를 영어로 connected mind, 즉 연결된 마음이라고 표현한다 (https://sotokoto-online.jp/connected_mind/25314).

이미 팬데믹 현상을 경험하면서 관광 의존 행태의 한계가 나타나기도 했는데 외부 충격이 조금만 강해도 일방적인 인바운드 관광[6] 편향 구조는 위기에 처할 수밖에 없다는 사실을 우리는 너무 많이 그리고 자주 경험하곤 한다. 또한 전국의 유명 관광지가 언제나 잘 사는 것은 아니라는 것도 이미 잘 알고 있다. 일시적으로 수입이 발생한다 한들 그 수입이 반드시 지역으로 들어오거나, 지역의 수입이 되더라도 그것을 지역에 유용하게 잘 쓰는 것은 또 다른 차원의 문제다.

관광은 지역과 사람의 관계를 만드는 것이 아니라 단편적이고 일회적인 경험 중심이다. 수십만 명이 지역 축제에 와도 그들이 지역사회 깊숙이 들어오지 않고 떠나버리고 이후의 방문으로 이어지지 않는다는 보도를 계속 보아야 하는 것이 현실이다.[7] 따라서 관광으로 유명한 지역은 모두 잘 살고 있는가에 대해서는 많은 논의가 필요하다.

그래서 이동인구 가운데 지역과 관련된 활동을 하는 이들을 관계인구로 파악하고 이들의 지역 기여 가능성을 좀 더 자세히 탐구하고자 한다. 지역 생산품 구매, 기부, 자원봉사, 자주 방문, 두 지역 거주 등의 이동행태를 보이며 지역을 오가는 관계인구는 하나의 차선책으로서 지역의 활기를 다시 살리고 지역의 경제·사회·문화에 기여할 수 있는 가능성이 있다.

---

6) 관광 부문에서 인바운드 관광(inbound tourism)은 외지 관광객의 지역 유입을 의미한다. 반대로 아웃바운드 관광(outbound tourism)은 지역주민이 외부로 나가 관광하는 것을 의미한다.

7) ""35만 명이 찾아왔지만, 도시는 한산했다" 세 개의 시역축제가 보여준 도시 브랜딩의 역설." (Platum 2025.02.13.)

관계안내소, 관계 형성 프로젝트

　지역에서는 다방면으로 관계 형성을 위한 노력을 전개하고 있다. 2010년대 중반부터 관계인구 확보사업으로서 관계안내소를 운영하는 일본 사례를 참조하면 우리나라 지역을 활성화할 수 있는 단초를 발견할 수 있을 것이다. 이 책에서는 관계안내소 활동을 '관계 형성 프로젝트'라고 재정의하고 우리보다 먼저 인구감소를 경험한 일본 사례들을 자원 발굴, 생활 공감, 상품 생산, 사람 연결 프로젝트 등 4개 유형으로 분류하여 부문별 프로젝트의 특징과 시사점을 살펴보고자 한다.

　일본은 인구감소나 지역위기 문제에 일찍 직면했기 때문에 우리나라보다 상대적으로 많은 사례가 축적되어 있다. 당연히 우리와 일본의 생활조건이 다르므로 일본 사례를 그대로 가져와서 쓰는 것은 의미도 없고 가능하지도 않다.

　그러나 일본의 행정구조는 우리와 대단히 비슷하고 중앙정부나 지방정부의 사업진행방식이 매우 유사하다는 점에서 눈여겨볼 만한 지점이 많다. 그런 차원에서 일본의 지역 사례를 반면교사 혹은 참조용으로 살펴보고 공은 취하고 과는 피하는 관점으로 살펴보는 것이 필요하다.

03
책의 구성

▎관계인구의 역사

먼저 제2장에서는 일본에서 관계인구라는 새로운 개념이 형성되어 정책 사업으로까지 진행된 지난 15년의 과정을 간략히 정리하여 관계인구 개념이 시사하는 내용을 알아본다.

2011년 동일본대지진 후부터 관계인구라는 말이 형성되기 시작했고, 정책 용어로 채택된 시점은 2018년부터이며 우리나라에서 유사 개념으로 생활인구라는 말이 등장한 것은 2023년인데 15년에 이르는 일본 관계인구 형성 과정에서 주목할 만한 의견과 논쟁이 형성되었다. 제2장에서는 관계인구라는 낯선 용어에 접근하기 위해 특히 '관계'가 의미하는 내용을 좀 더 자세히 설명한다.

관계 형성 프로젝트 4개 유형

제3장에서는 지역의 관계인구 만들기 노력을 '관계 형성 프로젝트'라고 재정의하고, 이를 발굴, 공감, 생산, 연결 등 4개 유형으로 구분하여 소개한다. 지역에서 진행되는 관계 형성 프로젝트가 자원을 발굴하고, 지역살이를 공감하고, 지역 상품을 함께 생산하거나 지역 사람과 서로 연결하는 방식으로 지역에 스며드는 과정이라고 분류한 것이다.

결국 지역살이는 새로운 자원을 발견하고, 지역에 살만하다고 공감하고, 상품이나 서비스로 생산하여 지역 나름의 부를 늘리고 그 과정에서 사람과 조직이 연결되는 선순환 구조가 형성되어야 한다는 것을 강조한 유형 분류법이다. 여전히 아무것도 없고, 늘 빈곤하며, 사람이 떠나기만 하는 지역에서 작은 프로젝트라도 단단히 다잡고 옹골차게 성과를 축적하려는 시도가 필요하다는 것을 강조하고자 한다.

또한, 오래전부터 지역에는 사는 주민뿐만 아니라 다양한 목적으로 지역을 오가는 사람들이 있었는데, 새롭게 '관계 형성 프로젝트'를 진행하면서 이들과 좋은 관계를 형성하여 지역도 좋게 변하고, 주민과 관계인구의 삶도 나아지는 변화과정을 중점적으로 소개한다(15개 프로젝트의 유형별 설명 뒷부분에 참고할만한 일본 사례를 첨부했다).

관계 형성은 새로운 사람들을 지역으로 초대하여 이루어지는 경우도 있고, 출향민이나 출장 온 사람처럼 이미 어느 정도는 알고 오가는 사람들과 더 깊은 관계를 형성하는 등 다양하게 이루어질 수 있는데, 이러한 프로젝트 실천과정이 갖는 의미를 더 깊이 살펴본다.

관계 인구의 쟁점

관계인구 개념과 관계 형성 프로젝트라는 사례 소개와 사실 분석에 이어 제4장은 그 모든 과정의 진행 속에서 너무 쉽게 발생하는 오류들을 쟁점으로 정리했다.

억지로 이주만 독려하는 관계, 그 반대로 돈만 지원하면 자연스럽게 이주할 것이라는 맹목적 관계, 속성으로 빠르게 만들려는 관계, 지역의 준비 없이 인바운드만 요구하는 관계 그리고 관계만병통치론과 같은 유일론적 입장으로는 즐거운 변화, 의미 있는 변화를 도모하기 어렵고 서로 지치기만 할 뿐이다.

일본이나 우리나라나 이런 오류가 반복되는 한 관계인구 프로젝트는 그저 일시적인 유행으로 공허하게 끝날 확률이 매우 높다. 그래서 제4장에서는 관계인구의 증가와 관계 형성 노력과 함께 현실 조건에 대한 깊은 자각도 필요하다는 것을 강조한다.

관계인구의 의미

마지막으로 결론에서는 인구감소시대의 차선책으로서 관계인구 논의가 우리사회에 시사하는 바를 정리한다. 관계인구보다 인구관계가 중요하다는 관점에서 기존의 공간 건설, 자본 투입, 인구 증가 정책보다는 사람 중심, 실익 중심, 관계 중심으로의 전환이 필요하다고 강조한다. 사회가 단시간에 이런 가치를 수용하기 어려운 것이 현실이지만 본질적으로 중요한 것을 수용하지 못하는 한 그 어떤 시도도 성공하기는 어렵다.

▎ 관계인구의 과제

후기에서는 우리 사회의 지역재생론이 직면한 과제를 정리하고 인구, 관계, 지역 등의 논의를 통해 '우리는 무엇을 생각해 보아야 하는가'를 검토하며 책을 마무리한다.

참고로 이 책에서 다루는 '지역'은 주로 비수도권 지역을 의미한다. 보통은 수도권과 비수도권, 해외 어디나 지역이지만 소위 인구 위기를 겪는 지역을 주요 연구대상으로 설정했다.

제2장
관계인구란 무엇인가

"처음부터 관계인구가 되려는 목적을 갖고 지역에 가는 사람은 없다. 그리고 지역의 관계인구가 된다고 해서 '지자체'와 관계를 맺는다는 의미는 아니다."

01
사람의 이동 이유

관계인구 개념을 소개하기 전에 사람이 이동하는 이유를 좀 더 자세히 알아볼 필요가 있다. 사람이 이동하는 데에는 여러 이유가 있지만 2000년대부터 우리 사회에서 진행되는 이동에는 과거와 다른 경제·문화·제도적 이유가 작동하는 것이 특징이다.

이동 이유는 부정적 이유와 긍정적 이유가 동시에 나타나는 것도 특징이다. 한쪽에서는 먹고 살 기회를 찾아 도시로 가지만 한쪽에서는 도시에도 별거 없다며 귀향귀촌을 한다. 그리고 누군가는 비수도권 지역이야말로 새로운 기회가 있는 곳이라며 개척자처럼 이동한다.

그 어느 이유라도 압도적으로 큰 이유라고 증명하긴 어렵지만 과거에 비해 거주와 이동에 대한 유동성이 확대되고 있다는 것은 분명한 사실이다. 늘 경제조건, 사회 인프라, 가치 정향이 변하는 유동적 사회이기 때문이다.

1) 경제적 이유 : 고용 불안, 탈도시

▎위기, 위기, 위기

　1997년 IMF와 2008년 글로벌 경제 위기, 그리고 2020년부터 3년간 진행된 팬데믹 위기 등이 발생하면서 경제 구조는 지속적으로 악화되고 있다. 비정규직과 실업 문제가 심화되면서 더 많은 취·창업 기회를 찾아 수도권으로 인구 유입이 계속 증가하고 있다. 비수도권 지역에 거주하는 청년의 고용 불안도 수도권 인구 집중의 큰 이유로 작동하고 있다.

　최근 30년간 인구이동 패턴 분석 자료에 의하면, 최근 3년 동안에는 시도 간 이동이 과거에 비해 많이 감소한 반면, 수도권 유입은 여전히 많이 이루어지고 있는 것으로 나타났다. 2024년 전입 최고 지역은 55만 8,997명이 전입한 경기도, 그다음은 서울(42만 9,614명), 인천(15만 6,000명)으로 모두 수도권 지역으로 나타났다.[8]

▎광역시의 경유지화

　이런 인구유입-인구유출 경로는 일정한 패턴이 있다. 수도권 유입 인구는 곧바로 수도권으로 향하지 않고 인근 광역시에 일정 기간 머물다가 수도권으로 진입한다. 즉 광역시의 경유지화 현상이 나타나고 있다.

---

[8] 행정안전부. 2025.01.10. 「2024년 주민등록 인구통계」.

일단 비수도권 중소도시에서 도시 생활의 적응이나 더 많은 일자리를 찾기 위해 인근의 가까운 광역도시로 간다. 2~3년을 머물다가 도시생활이 어느 정도 견딜만하다고 판단하면 본격적으로 수도권으로 이동한다. 광역도시는 수도권으로 가기 위해 일시적으로 머무는 '경유지'가 된다. 이런 형편이니 수도권 외 지역에서는 (광역시도 예외 없이) 늘 인구증가나 지역 활력을 발견하기 어렵다는 우려가 크다.

지역생활의 기본 조건

그 연장선상에서 지역의 기본 생활 중요성 문제가 드러난다. 지금 살고 있는 지역에서 다양한 일자리나 문화 조건이 마련된다면 굳이 익숙한 삶의 터전을 떠나기 싫다고 말하는 청년이 많다. 그 이상의 수입은 무슨 일을 해서라도 채울 수 있으므로 고향에서 매월 200~300만 원 정도만 정기적인 수입이 나온다는 보장만 있으면 좋겠다는 말들을 한다.

낙후 지역에는 병원도 없고 사회 인프라도 없고 심지어 아르바이트생에게 최저시급조차 주지 않는 상점도 많다는 비판도 있다. 지역 조건이 밀어내는 형국이라 완전한 자의에 의한 이동은 아니라는 말인데 역으로 생각해보면 지역의 생활조건, 생활기본권은 무엇인가를 모색할 필요가 있는 상황인 것이다.

▎청년 도시 탈출 증가

또한 도시탈출인구가 점점 젊어지는 특성이 나타나고 있다. 많은 지방 청년의 수도권 유입과 동시에 수도권 이탈 현상도 발생하고 있는데 과거에는 도시 은퇴자가 평온한 전원생활을 그리며 귀농귀촌하는 경우가 대부분이었다면 지금은 대도시 직장생활 3년 후, 대략 30대 초반부터 탈도시화가 진행되고 있다.

이 가운데 여성 비율이 상대적으로 높게 나타나고 있는데 이 부분에 대한 해석이 좀 어렵다. 도시의 직장생활을 해보니 생각보다 공평하지 않은 기회와 끊임없이 피로한 경쟁, 그리고 자존감 저하 등이 여성의 도시 이탈 원인으로 제시되기도 하는데 이 부분에 대한 명확한 원인 분석은 아직 제시되지 않고 있다. 다만 "나는 이해할 수 없는 시스템을 위해 살다가 죽고 싶지 않기 때문에 서울을 떠난다."[9]는 말로 어느 정도는 설명이 되지 않을까 한다.

▎그저 쉬는 인구 증가

언젠가부터 구직 상태가 길어지면서 갭이어(gap year)라는 특정 기간을 지칭하는 말이 유행했지만 지금은 일반적인 구직 상태가 아니라 '쉬었음' 상태가 확산되고 있다. 대도시 청년 고용률 50% 미만 시대에 고용의 질 악화 및 비경제 활동인구 중 '쉬었음' 인구가 지속적으로 증가하고 있다. 특별한 사유나

---

9) 『빅이슈』(일본판) 편집장 이케다 하야토(2016)의 표현.

교육훈련 없이 노동시장에 참여하지 않는 인구가 청년층을 중심으로 증가하고 있는 것이다.[10]

특히 고령층(60세 이상)과 핵심 연령층(35~59세)에 비해 청년층의 '쉬었음' 비중은 팬데믹 시기에 증가한 후, 2024년부터 급증하고 있다. 대부분 취업 경험이 있는 청년층에서 이런 현상이 나타난다. 이들은 노동시장에 진입하지 않고 쉬는 것이 아니라 취업 경험 후 더 이상 구직활동 없이 '쉬었음'으로 이탈한 사례다.

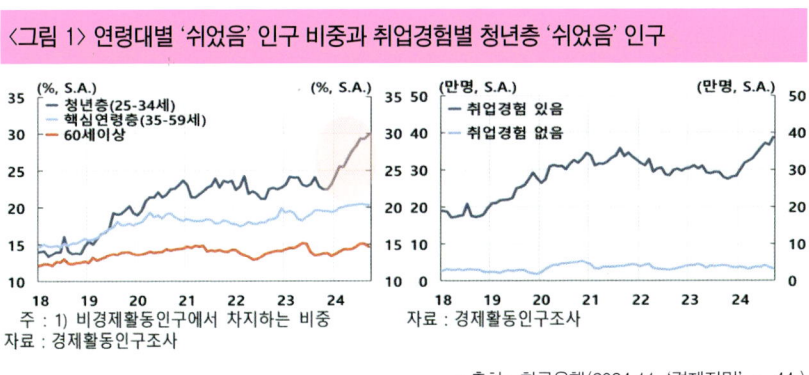

〈그림 1〉 연령대별 '쉬었음' 인구 비중과 취업경험별 청년층 '쉬었음' 인구

* 출처 : 한국은행(2024.11. '경제전망'. p. 44.)

인구유입 - 인구유출의 원인을 찾기 어려운 매우 답답한 이 상황에서 사람들이 전출하는 이유 중 직업(생계)이 가장 중요한 원인이라는 것은 분명한 사실이다.[11] 먹고 살기 위해 이동하는 것은 당연하다고 여길 수도 있지만 굳이 움직이고 싶지 않은데 너무 힘들어서 다른 기회를 찾아 이동한다고 보면 그

---

10) 한국은행. 2024.11. '경제 전망'.
11) 민보경(2022.11.28 : 10, 15)

건 그렇게 자연스러운 현상은 아니다. '피곤하고 고단한 이동의 반복', 그것이 지금 우리 사회에서 나타나는 이동의 가장 어두운 특징이다.

2) 문화적 이유 : 적극적인 삶의 질 추구

▎내 삶의 질의 중요성

2023년 3월 20일 UN 지속가능발전해법네트워크는 『세계 행복 보고서(World Happiness Report)』를 발간했다. 이 조사는 매년 140여 개 국가를 대상으로 행복지수 순위를 매기는데, 우리나라는 137개국에서 57위를 차지했다. 특히 삶의 만족도 부문에서 OECD 38개국 중 36위를 차지했다. OECD의 더 나은 삶 연구소에서 발행하는 『삶의 질 보고서(How's Life in 2020)』에서도 한국인의 삶의 만족도는 33개국 중 32위로 최하위에 속한다.

이런 상황에서 여유 있는 생활에 대한 선호, 도시생활에 대한 회의, 새로운 기회 발견에 대한 욕구를 실현하고자 이동이 증가하고 있다. 여기에 워케이션(workation), 한달살기 등 노마드(nomad)적인 이동 문화 확산도 한몫한다. 수도권과 대도시의 경쟁적 노동 조건이나 생활 조건이 아닌 비수도권 지역에서 다른 환경을 체험하고자 하는 새로운 관광 혹은 일 방식이 형성되고 있다. 과거에는 주로 제주도 한달살기 등에 제한되었던 일부 관광체험 문화가 전국적으로 확산되어 코워킹 스페이스(coworking space)나 한달살기 프로그램을 통해 (한시적 관광체험이 아닌) 체험·체류형 지역 알기와 지역과 관계 맺는 다양한 방식의 실험이 전개되고 있다.

귀농귀촌이 아니라 귀'향'귀촌

과거에도 귀농귀촌 현상이 있었고, 지금 이 순간에도 귀농귀촌이 진행되고 있지만 최근의 탈도시 현상은 과거와 다른 특징이 있다. 바로 귀농귀촌이 아니라 귀 '향' 귀촌이라는 것이다. 농림부가 매해 발표하는 귀농귀촌인구 통계를 보면, 매해 50만여 명이 귀농귀촌하다가 2022년부터 40만 명대로 줄고 있으며, 귀농보다 귀촌이 대부분을 차지할 정도로 높게 나타난다.

〈표 1〉 년도별 귀농귀촌인구 및 가구 현황

〈단위 : 명, 가구〉

구분	2016년	2017년	2018년	2019년	2020년	2021년	2022년	2023년
귀농귀촌인구 (가구)	496,048 (335,383)	516,817 (346,759)	490,330 (340,304)	460,645 (329,082)	494,569 (357,694)	515,434 (377,744)	438,916 (332,131)	411,383 (317,464)
귀농 인구 (가구)	20,559 (12,875)	19,630 (12,630)	17,856 (11,961)	16,181 (11,422)	17,447 (12,489)	19,776 (14,347)	17,810 (13,362)	11,290 (11,023)
귀촌 인구 (가구)	475,489 (322,508)	497,187 (334,129)	472,474 (328,343)	444,464 (317,660)	477,122 (345,205)	495,658 (363,397)	421,106 (318,769)	400,093 (306,441)

* 출처 : 농림부 보도자료(2017~2024년) 재구성

통계를 보면 다른 유형에 비해 고향으로 돌아가는 U턴형 귀촌이 많은 편이다. 전혀 모르는 곳으로 가기보다 그나마 익숙한 곳으로 귀촌하는 것이다 (이 통계에는 역귀촌인구 즉, 귀농귀촌했다가 다시 수도권으로 돌아오는 인구통계는 제시되어 있지 않다. 다분히 도시 중심 통계인 것이다).

이 부분에 착안하여 마강래 교수는 총인구 1,685만 명에 이르는 베이비부 머들의 50~60%는 중소도시와 농촌 지역 이주를 희망하고, 10~20%는 구체적인 이주 계획도 있으므로 이들이 귀향귀촌해야 한다고 주장한다. 물론 이때에는 귀향인에 대한 정책(사람 지원)과 귀향지역에 대한 정책(지역 지원)이 패키지로 시행되어야 비로소 정책효과를 제대로 발휘할 수 있다고 덧붙였다.[12]

3) 제도적 이유 : 정부 지원과 지역 가치 창업

직장을 찾아 대도시로 이동하고, 새로운 삶의 기회를 찾아 도시를 탈출하여 귀향귀촌하는 이동도 있지만 정부 지원사업에 의해 이동이 촉진되는 경우도 점점 늘고 있다. 즉 우리 사회의 지역 이동은 경제적·사회적 요인 뿐만 아니라 제도적 요인 때문에 촉발되는 특징이 있다.

2010년부터 2024년까지 시행된 정부의 지역 지원 사업은 쇠퇴해 가는 지방에 대한 인적 유입 촉진과 물적 지원이 주를 이루고 있다. 사업 개요는 〈표 2〉와 같은데, 제도적 지원으로 지금 이 순간 지역을 '흔들고' 있는 사업들은 다음과 같다.

---

[12] 마강래(2020 : 9, 11)

<표 2> 정부의 지역 지원 및 지역활동지원사업(2010~2024년)

부처	사업	주요 내용 및 특징
행안부	지역주도형 청년일자리 (2018)	• 지자체가 청년 일자리를 창출하도록 지원 • 4개 유형 : 지역 혁신형, 상생 기반 대응형(소멸위기지역 창업), 상생 기반 대응형(창업 성장 플러스), 지역 포용형
	청년마을사업(2018년)	• 연평균 12개 마을을 선정하여 3년간 6억 원 지원 (심사 시 인구감소지역 가산점 : 3점) • 연차별 평가에 기반하여 3년간 단계적 지원 • 사업체에 직접 지원 • 평균 경쟁률 10:1 이상 • 51개(2018~2025년) 운영
	지방소멸대응기금(2022년)	• 2031년까지 연 1조 원씩 지역 주도의 지방소멸 대응사업 추진을 위한 재정 지원
	고향올래(2023년)	• 생활인구확대 사업(생활인구란 정식 명칭을 사용한 최초 전국 단위 사업) • 두 지역 살아보기, 지역 워케이션, 농촌 유학, 은퇴자 공동체 마을, 청년복합공간 조성을 중심으로 사업 선정 • 매해 12개 정도 지역에 총 200억 원 지원(지방비 50% 포함) • 21개(2023년), 12개(2024년) 운영
	지역활성화펀드(2024년)	• 지방소멸대응기금 등 정부 재원과 민간 재원을 연계하여 지방소멸 위기에 대응하기 위한 대규모 사업 추진 • 3조 원 규모 펀드 조성
	고향사랑기부금(2023년)	• 개인의 자발적 기부를 통한 지방재정 확충(지역간 재정 격차 완화 기대) • 지역현안을 프로젝트로 제시하고 지정기부를 유치하고 지역발전 도모 • 지역특산품 등을 기부 답례품으로 제공하여 지역경제 활성화
	생활인구(2023년)	• 주민, 체류자, 등록 외국인 확대 • 분기별 생활인구 산출 ※ 경북도 생활인구지원센터 운영(2024년) ※ 강원, 남원 생활인구 조례 제정
	소통협력공간(2019년)	• 거점별 소통협력센터 설치 및 운영 • 군산, 대전, 밀양, 전주, 제주, 청도, 춘천, 충남 운영
중기부	Tips(Tech Incubator Program for Startup, 2013년)	• 기술 아이템 보유 창업팀을 민간 주도로 선발하여 미래 유망 창업기업 집중 육성. 민관 공동 창업자 발굴육성 • 대상 : 국내외 민간 투자사로부터 투자·추천받은 7년 이내 창업기업

	동네상권발전소(2023년)	• 동네상권의 주체들이 직접 참여하는 상권문제 해결과 전략 수립을 위해 지자체·상인·상권기획자 등으로 구성된 연합체(컨소시엄) 지원 • 전략수립형과 네트워크형으로 구분하여 최대 1.5억 원 지원(지방비 매칭) • 2024년까지 25곳 지원
	로컬크리에이터(2020년)	• 지역 자원과 문화 특성을 소재로 혁신적인 아이디어를 결합해 사업적 가치를 창출하는 로컬 크리에이터(지역가치 창업가) 발굴·육성 • 7대 분야 모집 : ① 지역가치, ② 로컬푸드, ③ 지역기반 제조, ④ 지역특화관광, ⑤ 거점 브랜드, ⑥ 디지털 문화체험, ⑦ 자연친화활동 • 최대 4천만 원 지원
	라이콘(2023년)	• 기업가형 소상공인(Licorn, lifestyle+Local innovation+unicorn) 육성
문체부	관광두레PD(2013년)	• 지역 관광두레 조성을 위한 촉진자 육성 • 19세 이상 선발된 성인에게 1인당 월 250만 원 지원 • 2022년까지 66개 지역에서 69명의 PD활동을 기반으로 506개 주민사업체 운영
	문화도시(2019년)	• 주민의 문화적 삶의 질 함양을 위해 2022년까지 24곳 지정 • 2025년 'K-문화도시' 12곳 지정, 3년 지원
	DMO 육성(2020년)	• 지역별로 주민, 업계, 지자체 등이 협의체를 구성해 지역 관광 역량을 결집하고 주도적으로 이끌어가는 DMO 선정 • 1, 2년차 1억 원, 3~5년차 1억 5천만 원 등 최대 국비 6억 5천만 원 지원 • 2024년 22개 선정
	디지털관광주민증(2023년)	• 지역 관광을 통해 인구감소지역에 생활인구를 늘려 지역 경제 활성화에 기여하는 것을 목표로 설정 • 34개 지역에서 시행(2024년)
	배터리(BETTER里)(2023년)	• 한국관광공사가 추진 • 스타트업의 혁신 아이템을 통해 지방소멸 위기 해결 도모 • 최대 8개 스타트업 선발, 사업화 지원금 최대 3천 만원, 액셀러레이팅 프로그램 지원
해수부	어촌신활력증진(2018년)	• 2018년 '어촌뉴딜 300'에 이어, 어촌 지역의 활력과 어촌 주민 삶의 질을 높이기 위한 사업
국토부	도시재생(2013년)	• 물리적 환경 개선과 주민들의 역량 강화를 통해 도시를 종합 재생 • 2017년부터 도시재생 뉴딜사업으로 명칭 변경 • 최소 3년간 50억 원에서 최대 6년간 250억 원 지원
	지역활력다운(2023년)	• 은퇴사와 귀농인의 지역 정착 지원

농림부	농촌유학(2010년)	• 도시에 사는 어린이, 청소년들이 농촌에 있는 학교에 다니며, 지역주민과 함께 농촌(농가 또는 유학센터)에서의 6개월 이상 생활 지원
	청년후계농(청년창업형 후계농)(2021년)	• 한국판 농업뉴딜사업의 일환 • 독립경영 3년 이하 또는 영농 초기 소득이 불안정한 청년 후계농 지원 • 3년간 월 100만 원 바우처 지원
	시골언니(2022년)	• 청년 여성 농촌 체험 및 정착 지원
교육부	글로컬대학(2023년)	• 지역 인재 육성

    이런 제도적 지원 사업들은 일본 사례와 10년 정도 격차를 두고 국내에 도입되는 경향이 있다. 일반적인 관점에서 보면 지역을 살리는 것은 결국 지역에 공간, 사람, 돈이 많이 확보된다는 것을 의미하기 때문에 사업도 공간 지원 사업, 인력 지원 사업, 자본 지원 사업으로 나타난다.

    한일간에 제도적 유사성이 높은 사업들이 다수 존재한다는 것은 부정할 수 없는 사실이다. 그렇기 때문에 일본의 지역지원사업들의 공과를 따져보고 현명하게 현지화할 필요가 있다. 반면교사의 사례로 삼자는 것이다.[13]

---

13) 2024년 6월, 일본 총무성은 과거 10년간 진행한 지방창생정책의 성과가 미흡했다고 평가했다(https://www.cas.go.jp/jp/seisaku/digital_denen/dai16/siryou3-2.pdf).

<그림 2> 한일 지역지원사업 종류와 제도 경로 유사성

	기본 정책	물적 지원 정책	인적 지원 정책	새로운 주체/조직 지원 정책
일본	· 지방창생정책(2014년) · 제2기 지방창생정책(2020-24년) · 디지털전원도시국가 구상(2021년) · 지방창생정책 실패 평가(2024년)	· 고향납세(2008년) · 지방창생교부금(2014년) · 지역활성화기금(2015년) · 기업판 고향납세(2016년)	· 산촌유학(1968년) · 지역재생 매니저(2004년, 전문가) · 청년마을만들기사업(2005년) · 마을지원보조금(2008년, 총반장) · 시골에서 일하고 싶은대(2008년, 2016년 지역부흥협력대로 통합) · 지역부흥협력대(2009년, 2004년 주메쓰 지진 후 2007년 지역부흥지원인+1994년 녹색고창협력대가 원형) · 고향워킹홀리데이(2017년) · 지방창생인턴십(2017년) · 관계인구(2018년) · 지역력 창조 어드바이저(인재 풀) · 지역운영조직(2021년) · 제2의 고향만들기(2021년)	· 로컬벤처(2010년) · 로컬스타트업(2012년, 1만 육성 프로젝트) · DMO(2015년) · 시험위성사무실(2017년)
한국	· 제1차 지방시대 종합계획(2023-2027년) · 인구감소지역지원특별법(2023년) · 인구감소지역대응기본계획(2023년)	· 고향사랑기부금(2023년) · 지역소멸대응기금(2022년) · 지역활성화투자펀드(2024년)	· 전남청년마을로(2017년) · 도시청년시골파견제(2018년) · 청년마을(2018년) · 넥스트로컬(2019년) · 시골언니(2022년) · 생활인구(2023년) · 생활인구지원센터/조례(2024년 경북, 남원, 강원)	· 관광두레PD(2013년) · 로컬크리에이터(2014년) · 소통협력공간(2018년) · 문화도시(2019년) · 라이콘(2023년) · 고향올래(2023년) · 지역활력타운(2023년) · 농촌크리에이투어(2024년) · 청년활력타운(2024년)

한일 모두 중앙정부뿐만 아니라 지자체도 나름대로 지역 지원 사업을 하는데, 사업 확대로 인해 대도시권과 그 외 지역을 잇는 새로운 경로가 형성되고 있다. 다만 지방이 극적으로 발전할 가능성이 매우 희박한 상황에서 이런 사업들은 (명칭은 달라질지라도) 한동안 계속 이어질 전망이다.

02
관계인구 개념의 등장과 형성과정

우리는 지난 19~20세기 동안 돈의 순환이 부가가치를 창출하며 시장을 형성하는 것을 확인했다. 그러나 21세기에는 (돈의 순환만큼) 사람의 순환이 존재가치와 지역의 가치를 창출하며 새로운 가치체계를 형성할 수 있다는 사실에 주목할 필요가 있다. 관계인구 개념의 본질적인 의의는 '사람의 가치'에 주목하는 바로 이 부분에 있다.

우선, 일본에서 관계인구 개념이 언제, 왜 등장하여 어떻게 확산하였고, 어떻게 정부의 정책용어로 채택되었으며, 어느 정도의 관계인구가 지역 활동을 전개하고 있는가를 알아본다.

1) 자연재해와 자원봉사자(2011년)

▎ 전통적인 지역관계 유형

모리토 사토시에 의하면 (관계인구 개념이 본격적으로 등장하기 시작한 2010년대보다 훨씬 전인) 1980년대부터 지금의 관계인구 활동과 유사한 성격을 갖는 지자체의 도농 교류 방식이 활발하게 전개되었다.

구체적으로 교류의 특성을 구분하면 ① 자매도시 제휴, ② 전시회 교류, ③ 농산물 매매 교류, ④ 특별주민제도, ⑤ 농지 오너 제도, ⑥ 이벤트 교류, ⑦ 농업 체험 교류, ⑧ 요양시설 교류, ⑨ 도시 거점시설, ⑩ 시민 농원 교류, ⑪ 산촌 유학, ⑫ 리사이클 교류 등이 있다.[14]

즉, 과거의 지역 간 교류방식은 제도, 경제, 교육 부문의 교류와 시설 이용 교류 등으로 진행되었으며 주로 도시가 농산어촌을 지원하는 일방향의 교류가 이루어졌다는 것이 특징이다.

▎ 자원봉사와 새로운 지역 관계

이러한 흐름이 이어지다가 2010년대에 새로운 관계 형성이 나타나기 시작했다. 자연재해가 많은 일본에서 수도권 청년들이 재해복구를 위해 지방에 자원봉사를 가서 지역살이를 경험하고 자원봉사 후에도 그 지역에 가서

---

14) 모리토 사토시(2001 : 170~174)

일을 한다던가 주민들과 교류하는 과정이 이어지게 되었다.

아무리 노마드 사회라고 해도 교통비가 비싼 일본에서 타지역을 많이 경험하지 못했던 수도권 청년들은 빡빡한 도시를 떠나 '지역'이라는 존재의 가능성을 새롭게 실감하는 계기가 되었다. 그래서 지역을 계속 방문하고 모내기 등 농사 활동을 함께 하면서 밥도 얻어먹고 같이 일했던 지역주민들과 친밀감도 형성했다. 우연히 일자리를 발견하거나 농번기 모내기라도 할 참이면 이 기회에 이 지역에서 살아볼까 하는 생각을 하게 된 것이다(그래서 관계인구 개념을 너무 농촌과의 관계로만 한정한다는 평가도 있다).

그런 청년에게 주변에서 요즘에 뭐 하냐고 물어보면 청년은 "음.. 출장? 유학? 관광? 그런 것은 아닌데… 난 지역에 '관계'된 일을 하고 있어"라고 답했다. 그래서 생긴 말이 '관계'인구다.

즉, 소셜미디어 등 관계 맺기에 개방적인 태도를 갖고 있는 청년층이 2011년 동일본 대지진 등의 자연재해를 경험하면서 사회적 부조 활동을 하다가 (과거처럼 도시가 일방적으로 농촌을 지원하는 식의 교류가 아니라) 수평적 관계를 형성하며 지역에 호감과 관심을 느껴 지역사회의 중요한 인적 자원으로 급부상하게 되었다는 것이 관계인구의 기원에 대한 분석이다.

물론 일본 사회에서는 고베 대지진 등 과거에도 대규모 자연재해가 있었고 당시에도 수많은 시민단체의 자원봉사와 지원활동이 전개되었다. 특히 2011년 동일본 대지진을 관계인구 형성의 원년으로 평가하는 이유는 관계를 형성하는 사람, 즉 세대가 과거와 다른 세대로서 새로운 가치정향을 갖고 있다는 점, 그리고 조직화된 비영리단체가 아닌 개인 차원에서 자유롭게 관계인구가 형성되었다는 데에서 찾을 수 있다.

2) 관계인구 개념의 사회적 확산(2016년)

▎다카하시 히로유키와 『먹거리 통신』

『먹거리 통신(食べる通信)』 발행인 다카하시 히로유키는 2016년에 관계인구라는 말을 처음 회자시킨 사람이다. 2011년 동일본 대지진 후 2013년 도호쿠 지역에서 비영리법인이 창간한 『먹거리 통신』은 단순한 먹거리 정보 소식지가 아니라 1차 산업과 소비사회의 과제를 극복하고 음식을 통해 도시와 지방을 연결하는 새로운 커뮤니티를 지향하는 대안 가치를 지향하는 미디어다.

〈그림 3〉 먹거리 통신

* 출처: https://taberu.me

2016년 다카하시는 그의 저서에서 동일본 대지진 당시 자원봉사자 사례를 언급하면서 '정주와 이주 사이에 다양하게 관계를 형성하는 인구'로 관계인구 개념을 처음 제시했다.[15] 이처럼 최초의 관계인구 개념은 도시인이 관점에서 가질 수 있는 다분화된 선택지 중의 하나였다.[16]

다나카 데루미와 시마네현

국내에 『인구의 진화』의 저자로 알려진 시마네현 대학의 다나카 데루미 교수는 관계인구 전문가다. 그녀는 두 권의 저작에서 관계인구 개념의 형성 과정을 잘 정리하여 소개했다.

일본의 극심한 과소지역인 시마네현 출신으로서 자기 고향의 지역재생 방안에 대해 고민하던 다나카 교수는 '실제로 지역에 살지 않아도 지역에 다양하게 참여하는 사람'을 관계인구로 정의하고 2017년 저서에서 10개 유형의 관계인구를 제시했다(주창자별 관계인구 종류는 제2장의 3. 관계인구 유형과 특징 부분에서 정리하여 소개한다).

〈그림 4〉 국내에 소개된 관계인구 전문가 다나카 데루미의 저작
『인구의 진화』, 『관계인구의 사회학』

* 출처: (좌) https://product.kyobobook.co.kr/detail/S000001987082
(우) https://product.kyobobook.co.kr/detail/S000212055925

---

15) 다카하시 히로유키(2016 : 107)
16) 류영진(2020 : 8)

사시데 가즈마사와 『소토코토』

사시데 가즈마사는 로컬라이프 전문지 『소토코토』 편집장으로서 관계인구의 대중화를 위해 가장 활발하게 활동하는 인물이다.

<그림 5> 소토코토의 관계인구 세션

* 출처 : https://sotokoto-online.jp/connected_mind

사시데 편집장은 일본 관계인구의 기원을 (2011년 동일본대지진이 아니라) 2004년 쥬에스(中越) 지진 당시의 자원봉사자로 거슬러 올라간 견해를 제시한다. 2011년 동일본 대지진 이전에 이미 사회적 교류와 개방적 협력에 익숙한 세대들이 능동적으로 지역에 참여하면서 관계인구 활동을 시작했다는 것이다.[17]

특히 '봉사활동 원년'이라고 평가되는 1995년 고베 대지진 때의 구호활동은 '구호' 활동은 맞지만, '도시' 지역에서 진행된 것이기 때문에 요즘과 같은 시골 중심의 교류와 성격이 다르고, 현재 활동하는 관계인구에서 보이는 '소셜'한 관계성을 보이지 않는다는 점에서 2004년을 관계인구의 시작이라고 평가한다.

총무성 관계인구사업의 자문위원이기도 한 사시데 편집장은 지역에 관여하면서 지역의 잠재력이 되어 이후에 지역 만들기 역할을 수행하는 사람들에게 주목한다. 그는 '(일상적으로 관광객처럼 그저 오가기만 하는) 교류인구와 달리 관계인구는 적극적으로 주민과 관계 맺고, 그 사회적인 기록이나 효과를 가시화하는 사람'[18], '지역에 관여하러 오는 사람'[19], '관광 이상 이주 미만의 사람'[20], '특정 지역과 계속 다양한 형태로 관여하는 제3의 인구'라고 말한다.

관계인구와 함께 많이 거론되는 '교류인구'는 목적지를 정하고 여행하는 일종의 관광인구를 의미한다. 하시모토 고시는 (총무성에서 관계인구에 '단기적' 교류인구를 포함시키지 않은 것과 달리) 관계인구는 총인구의 변화가 없는 상태에서 집계하는 것이기 때문에 교류인구의 일부가 관계인구로 중복 집계될 수 있다고 지적한다. 관광학 연구자들 또한 교류인구를 관계인구에 포함시켜야 한다고 주장한다. 그러나 이 부문은 교류인구의 정의를 협의와 광의의 어느 범위까지 정하는가에 따라 논란의 여지가 있다.[21]

사시데 편집장은 일본에서 가장 적극적으로 관계인구 개념을 전파하고

---

17) 『ソトコト』(2023.03 : 60)
18) 사시데 가즈마사(2016)
19) 사시데 가즈마사(2016 : 219)
20) 사시데 가즈마사(2018 : 2)
21) 하시모토 고시(2022 : 58), 일본상공회의소(2019.04.18)

있는데, 특히 실천적 관점에서 관계인구를 만드는 관계안내소의 역할, 지역 내에서 관계인구를 만들고자 노력하는 주체로서 관계안내인 개념 등을 최초로 제시했다. 이와 같은 사시데 편집장의 관계인구 개념은 같은 시기에 제시된 다카하시의 개념보다 지역 입장에서 보다 적극적으로 관계인구를 해석한 개념으로 평가된다.[22]

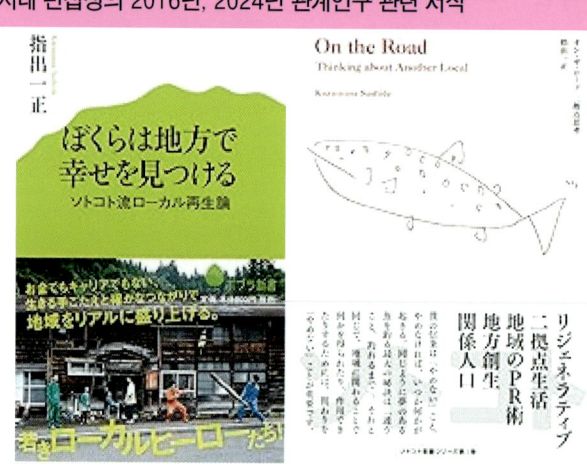

〈그림 6〉 사시데 편집장의 2016년, 2024년 관계인구 관련 저작

* 출처 : (좌) https://tinyurl.com/2aef6rs8   (우) https://tinyurl.com/2c4bkguf

오다기리 도쿠미와 학계의 논의

총무성 '앞으로부터의 이주·교류 시책의 방법에 관한 검토회'의 좌장인 메이지대학 농학부의 오다기리 도쿠미 교수는 관계인구 개념을 체계적으로 유

---

[22] 류영진(2020 : 8)

형화하여 일본 관계인구 정책에서 특히 중요한 인물로 평가받는다.

오다기리 교수는 지역으로의 이주·정주 지향성과 지역에 대한 관심도를 중심으로 ① 특산물 구입, ② (고향납세 등) 기부, ③ 자주 방문, ④ 지역 자원봉사, ⑤ 두 지역 거주라는 5개 관계인구 유형을 제시했다. 그가 제시한 <그림 7>은 국내외 관계인구 소개에서 자주 인용되는 '관계의 계단' 그림이다.

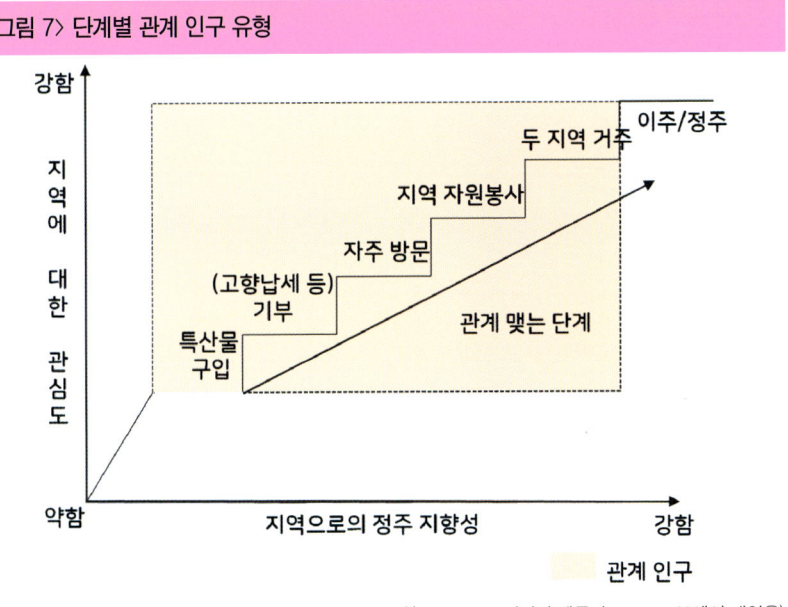

<그림 7> 단계별 관계 인구 유형

* 출처: 오다기리 도쿠미(2017.6.4., 다나카 데루미. 2017 : 48에서 재인용)

그러나 오다기리 교수의 단계별 관계인구 유형에 대해서는 몇 가지 비판이 제기되었다.

첫째, 성장론의 오류다. 반드시 단계별로 거쳐야만 성숙한 관계인구가 될 수 있다고 오해할 수 있다. 실제로는 지역에 전혀 무관심하다가 자원봉사활동을 거쳐 이주하는 등 단계 추월 현상이 발생할 수 있는데 이 그림에 의하면 반드시 단계별로 모두 경험하고 관계를 깊게 형성해야만 한다는 의무감을 부여하는 식으로 부자연스러움이 발생할 수 있다.

실제로 연구팀이 그동안 연구 진행 과정에서 본 바에 의하면, 정부의 체류 프로그램에 참여한 사람들은 지역명이나 지역의 위치도 모른 채 처음 방문하여 경험하면서 문득 이주를 결정한, 이른바 '단계 점프' 사례가 빈번한 것으로 나타났다. 이들이 단계적 과정을 모두 거치지 않고 특정 단계에서 바로 이주했으므로 관계인구가 아니라고 말할 수는 없는 것이다.

둘째, 불가역성의 역설 문제다. 즉 '계단을 (올라가는 것이 아니라) 거꾸로 내려오는 현상은 발생하지 않는가'이다. 관계인구의 다양한 이동 행태를 고려해 보면 단계를 밟는 성장 모델이 아니라 다음 단계에서 이전 단계로 역전이 이루어질 수도 있는데 그런 행동이 불가능한 것처럼 표현되어 있다.

셋째, 구체성이 결여되어 있다. 각 단계 유형의 형성과정에 대한 고려 없이 결과로서의 유형만 제시하고 있다. 이럴 경우에는 '관계인구와 무엇을 하는가'보다는 '유형별 관계인구가 몇 명인가'라는 식으로 생각하기 쉬워져 각 유형의 관계인구 늘리기에만 매몰될 가능성이 매우 높다. 또한, 각 유형을 구성하는 방법·목적·주체에 대한 설명이 부족하다.

넷째, 이주 유일론의 오류다. 관계인구는 뚜렷한 목적성을 가지기보다는 자유롭게 지역을 오가는데, 지역 입장에서만 관계인구의 유일한 목적을 이주로만 한정하는 것은 너무 일방적이고 편협한 시각으로 평가될 수 있다. 인구를 유치하고 싶은 쪽의 입장도 있지만 새로운 인구가 되는 쪽의 입장도 있다는 관계 중심 관점이 결여되어 있다.

다섯째, 대등한 관계성이 결여되어 있다. 관계의 결과만 중심으로 유형을 구분하여 지역에서의 효과, 즉 관계인구를 받아들이는 지역의 입장만 강조하고 있다. 그러다 보니 지역이나 주민은 외지인에게 관계해달라고 일방적으로 요청(love call)하는 수동적 주체인 양 오해할 가능성도 있다. 동시에, 주민들이 지역 내에서 오랫동안 진행해 온 능동적 활동의 가치가 폄하될 가능성이 있는 것이다.

여섯째, 주체 배제의 오류 문제도 있다. 마을 만들기 주체로서 지역 관심도가 낮은 주민은 아예 처음부터 배제해 버리는 편협함이 존재하며 일반적인 관광인구 혹은 교류인구의 포함 여부도 불분명하다는 문제가 발생한다.[23] '다양한 주체가 형성하는 지역의 삶'이라는 개방적이고 포괄적인 관점이 부족한 것이다.

이러한 비판에 대해 오다기리 교수는 관계 점프 가능성이나 관계방식의 다양성, 이주 외의 다른 목적 설정의 가능성, 심지어 어느 한 단계에 멈춘 관계인구에 대한 존중까지 지속적으로 강조하고 있다.[24] 아울러, 단계를 직선으로 진전시키는 것은 교류인구이고 유선형으로 유연하게 진전하는 것이 관계인구라고 설명한다.

사시데 편집장은 관계 형성에 필요한 이러한 유연함을 '카카와리시로(関わりしろ)', 즉 '폐쇄적이거나 완결되지 않은 반쯤은 열린 상태'라고 묘사한다.[25] 이에 대해 류영진은 '관계 맺을 수 있는 여백'이라고 해석했다.[26] 그런

---

[23] 하시모토 고시(2022 : 70, 76), 고모토 다이치(2019 : 112), 히라이 다로(2020 : 64)
[24] 오다기리 도쿠미(2021), 류영진(2020 : 12)
[25] 사시데 가즈마사(2021 : 10)

데 이러한 부연 설명은 일견 유연하고 포용적인 관점일 수 있지만 경우에 따라서는 앞서 제시한 여섯 가지 모순에 대한 논란을 증폭시키는 지점도 있다. 해석을 확대하면 '모든 좋은 것은 다 관계인구'라는 일종의 동어반복(tautology) 모순이 나타날 수 있는 것이다.

사쿠노 히로카즈의 관계성 심화 모델

비교적 최근의 관계인구 연구자인 사쿠노 히로카즈는 오다기리 교수와 함께 총무성 위원으로 활동하고 있으며 기존 관계인구 개념이 놓치고 있는 부문, 그리고 코로나19 이후 변화한 관계인구 지형을 검토하며 관계인구 개념의 정교화에 기여했다.

그는 관계인구는 인구 증가와 감소처럼 계량적 자원으로만 한정할 수 있는 것이 아니라 관계의 '깊이'와 '강도'가 더 중요하다고 강조한다.[27] 즉, 관계인구는 양적인 차원에서 보면 정주인구의 보완 기능이 있고, 질적인 차원에서 보면 도농관계 활성화나 지역 혁신 기능을 한다고 평가한다.

---

26) 류영진(2020 . 9)
27) 오타니 히로시(2019:54), 야마자키 슈고(2021 : 18)

<그림 8> 사쿠노 히로카즈의 관계인구의 두 차원과 영향력

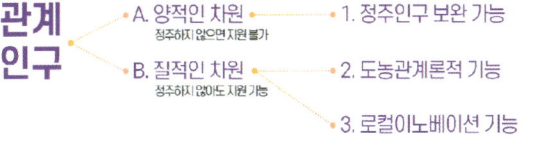

* 출처 : 사쿠노 히로카즈(2019. :13)

사쿠노 교수는 특히 도농관계와 가치 지향성을 중심으로 4개 관계인구 유형을 제시한다.

<그림 9> 도농관점 중심의 관계인구 유형

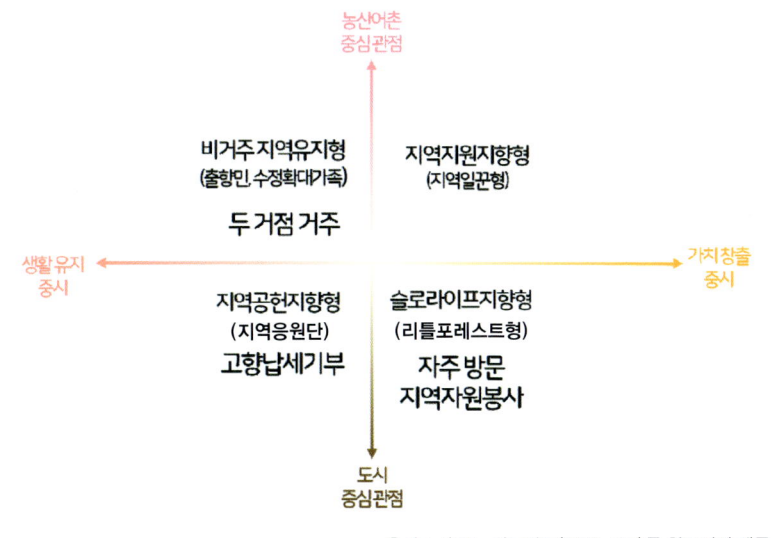

* 출처 : 사쿠노 히로카즈(2019. :17)를 참조하여 재구성

첫째, '지역 지원 지향형'은 농산어촌 지역의 관점에서 새로운 가치를 창출하는 유형으로서 지역의 생활과제를 해결하고, 지역 자원을 활용하고자 한다. 적극적인 청년 활동가들이 이 유형이다.

둘째, '슬로 라이프(slow life) 지향형'은 영화 '리틀 포레스트(Little Forest)'처럼 농산어촌의 가치를 인정하면서도 도시 중심 관점으로 그것을 구현하고자 하는 유형이다. 그렇기 때문에 지역의 생활과제에 대한 관심도는 상대적으로 낮다고 볼 수 있다. 물론, 의식과 관계의 심화는 일단 지역에 진입하고 활동하는 과정에서 형성될 수 있는 것이기 때문에 이런 유형이 낭만성이 과하거나 비현실적이라고 비판할 것만은 아니다.

셋째, '지역공헌 지향형'은 도시 중심 관점이지만 지역의 생활과제에 대한 의식이 높고 그 문제를 해결하기 위해 함께 노력하는 지역응원단의 성격이 강하다. 다나카 데루미의 관계인구 개념이 이 유형에 속한다.

넷째, '비거주 지역 유지형'은 농산어촌의 생활과제를 충분히 인식하면서 해당 지역의 생활을 지키려는 자세가 강한 사람들로서, 지역 결속력이 강한 출향민일 확률이 높다. 도쿠노 사다오 등은 이렇게 빈번하게 고향을 오가며 부모의 일손을 돕거나 지역 행사에 적극적으로 참여하는 출향민을 '수정확대가족'이라고 부른다.[28]

이제까지는 지역 지원 지향형이나 지역공헌 지향형 등 협의의 관계인구 개념이 주류였으며 비거주 지역 유지형에 대한 관심이 적었다. 사쿠노는 이러한 계층도 적극적으로 관계인구로 포함하여 주체의 포용 범위를 확대할 것을 주장한다. 그리고 현실에서 여전히 다수의 사람들은 슬로 라이프 지향

---

28) 도쿠노 사다오 외(2014)

형 경향이 강하다고 평가한다.[29]

　사쿠노는 총무성이 수집한 지자체 관계인구 사업을 기능과 목적별로 분류하여 <표 3>과 같이 유형별로 정리했다. 분석에 의하면 대부분 지자체에서 정주인구 보완 기능이나 로컬 이노베이션 기능을 목적으로 하는 관계인구 사업은 매우 부족하고, 관계론적 기능을 확대하는 사업에 주력하는 것으로 나타났다.

<표 3> 관계인구의 기능과 목적을 중심으로 전개된 유형별 정부지원사업

유형		비거주 지역 유지형	지역공헌 지향형	슬로라이프 지향형	지역 자원 지향형
중심권역		농산어촌	도시	도시	농산어촌
중시하는 요소		생활 유지	생활 유지	가치 창출	가치 창출
관계인구의 기능	정주인구 보완 기능	수정확대가족 (출향민)	고향워킹홀리데이 관계안내소	—	—
	도농관계론적 기능	—	고향응원클럽 응원시민학교 고향지원요원(員)	고향납세 고향응원단	도농교류사업 고향주민증제도 고향 기금
	로컬이노베이션 기능	—	—	—	시험위성사무실 고향텔레워크 응원시민제도 플래티넘 국민

　이와 같이 관계인구 개념의 사회적 확산에는 다카하시 히로유키, 다나카 데루미, 사시데 가즈마사, 오다기리 도쿠미, 사쿠노 히로카즈 등 5명이 핵심 인물로 기여하고 있다.

　2011년부터 2017년까지 일반적으로 비공식 차원에서 일부 영역에서 회

---

[29] 사쿠노 히로카즈(2019 : 17)

자되던 관계인구 개념은 2018년 총무성의 보고서에 정책 용어로 등장하면서 공식화되었다.

3) 정부의 관계인구사업(2018년)

일본에서는 총무성, 국토교통성, 농림수산성, 경제산업성, 관광청 등에서 주로 관계인구사업을 진행한다. 총무성은 국가 전체의 지역 활성화 관점에서 2018년부터 관계인구 사업을 진행하고, 국토교통성은 주로 관광 활성화 관점에서 관계인구사업을 진행한다. 또한 농림수산성은 농어촌 활성화 관점에서 관계인구사업을 진행한다.

우리나라의 행안부가 국가 전역의 생활인구를 도모하고, 국토부가 도시재생을 주도하고, 농림부가 농어촌 인구 활성화 사업을 주도하고, 문화부는 지역문화를 통해 지역 활성화를 도모하고, 중기부가 지역창업을 독려하는 것과 비슷한 현상이다.

일본 지자체의 관계인구사업 운영 규모를 보면, 2022년 기준 총 1,788개 지자체 중에 1,171개 지자체가 관계인구사업을 진행하고 있다.[30] 그러나 65%에 달하는 지자체들이 추진하는 관계인구사업은 본래적 의미의 교류 활성화 사업이라기보다는 관광사업을 약간 업그레이드한 수준에 머물러 있는 경우가 많다.

---

30) 안도 신고 외(2022a : 204)

I 총무성

총무성은 2016년부터 운영한 '앞으로부터의 이주·교류시책의 방법에 관한 검토회(これからの移住·交流施策のあり方に関する検討会, 좌장 : 오다기리 도쿠미 교수)'의 2018년 중간보고서[31]에서 그 전까지 사회에서 회자되는 정도였던 관계인구 개념을 최초 공식적으로 언급했다(보고서 부제는 '관계인구 창출을 향하여(「関係人口」の 創出に向けて)'다).

총무성은 관계인구 전문 홈페이지를 운영하며 관계인구 정책 동향과 전국의 관계안내소 정보를 제공한다. 지자체별 관계안내소 정보를 클릭하면 일반적인 관광안내소 같은 곳도 많지만 의미 있고 독창적인 관계안내소도 많다.

〈그림 10〉 총무성의 관계인구 포털 사이트

* 출처 : https://www.soumu.go.jp/kankeijinkou/index.html

---

31) https://www.soumu.go.jp/menu_news/s-news/01gyosei08_02000136.html

<그림 11> 총무성의 관계안내소 안내

* 출처 : https://www.soumu.go.jp/kankeijinkou/matching_navi/information.html#tbl_top

　최근에는 단계별 관계인구 유형보다는 총무성의 포괄적인 관계인구 유형이 더 많이 통용되고 있다. 총무성은 단순 왕래자, (지역 내 근린 지역과 원거리 지역 등) 지역 내 연고자, 근무·체류 경험자 등을 관계인구로 정의한다. 즉, 단순 교류인구로 왕래하는 부류와 정주인구 사이에서 다양한 지역 만들기에 참여하는 사람을 관계인구 범주로 분류한다.

　<그림 12>는 오다기리 도쿠미 교수의 관계 계단 그림보다 훨씬 자주 인용되는 총무성의 관계인구 개념 그림이다.

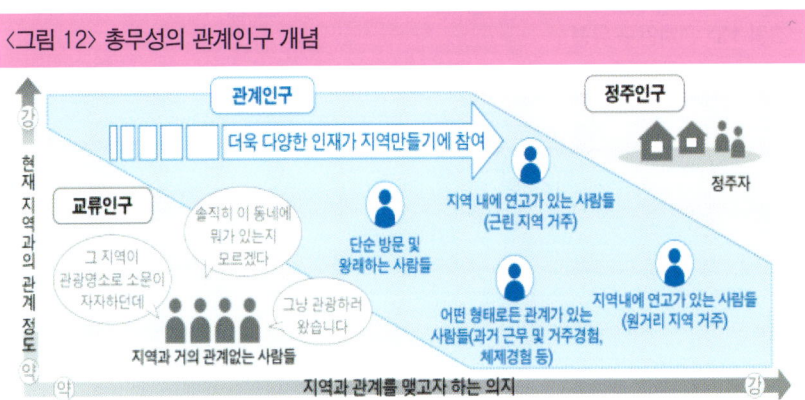

* 출처 : https://www.soumu.go.jp/kankeijinkou/about/index.html(번역본은 임화진(2022 : 33)에서 재인용)

국토교통성

관광 활성화 차원에서 관계인구사업을 전개하는 국토교통성은 정기적으로 관계인구를 산출한다. 2020년 도쿄, 오사카, 나고야 3대 도시권 18세 이상 거주자 3만 명을 대상으로 진행된 관계인구 현황 조사에 의하면 3대 대도시권에 전국 관계인구의 약 20%인 1,080만여 명이 존재하는 것으로 나타났다.[32]

---

[32] 오다기리 도쿠미(2020.01.10)

<그림 13> 관계인구 유형

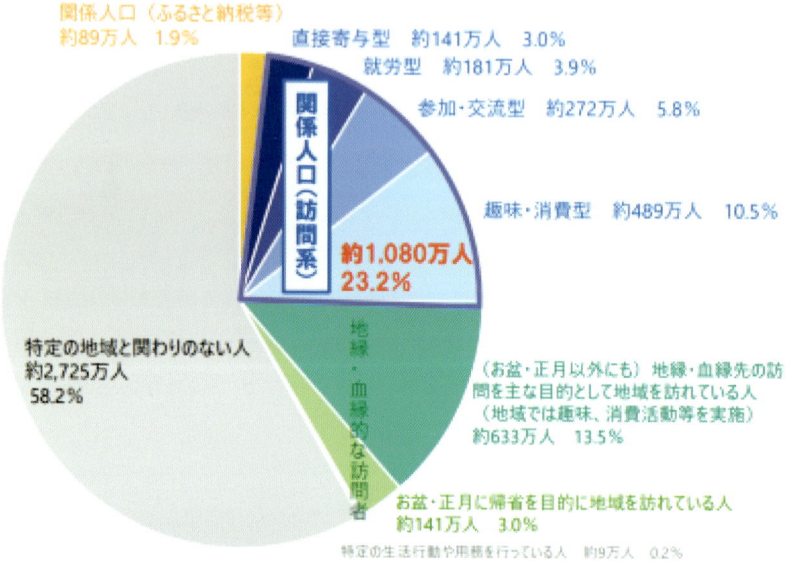

* 출처 : 국토교통성 국토정책국 종합계획과(2020.02.18. : 2)

그 유형은 취미·소비형(10.5%), 참가·교류형(5.8%), 취로형(3.9%), 직접 기여형(3%) 순이었고, 지연·혈연 때문에 지역을 방문하는 사람 13.5%, 고향납세 기부자 1.9%, 기타 0.2% 등이었다.

취미·소비형은 지연과 혈연관계가 없는 지역에서 지역생산품을 구입하거나 취미와 지역환경을 즐기는 사람들로서 가장 많은 유형을 차지하고 있다.

참가·교류형은 지역주민과 교류, 축제, 이벤트, 워크숍, 지역체험 프로그램 등에 참여하는 사람들로서 관광보다 좀 더 깊게 지역과 교류하는 유형이다.

취로형은 원격근무, 부업, 겸업을 하는 사람으로서 이와 같은 워케이션 목적의 인구가 증가하는 추세다.

　직접 기여형은 관계인구 전체에서 제일 적은 비율이지만 '진정한 관계인구'라고 평가되기도 한다. 지역에서 산업 창출과 마을 만들기 프로젝트 기획·운영을 하는 등 게스트(손님)보다는 호스트(주체)로서 참여하는 유형이다.

　관계인구의 직업은 회사원(31.2%), 주부(16.7%), 무직(14.4%), 파트타임(12.7%), 자영업(5.9%) 순으로 나타났다. 방문 행태는 혼자(55%), 가족·친척(48.4%), 친구(12.5%), 동료(6.3%), 사업관계 지인(8.5%), 기타(0.3%) 순이다.

　방문 빈도와 이동시간 간에는 큰 상관관계가 나타나지 않지만 비숙박 관계인구가 많은 편이고, 이동시간은 2시간 내외가 대부분이었다. 숙박 장소가 부족하다는 것도 하나의 요인으로 작용하는 것이다(우리나라는 2024년부터 생활인구 통계를 발표하고 있는데, 우리나라 생활인구에서도 이와 유사한 결과가 나타났다).

　방문 빈도는 연 1회 정도(30.8%), 연 수회(27.6%), 월 수회(12.9%), 월 1회 정도(12.1%), 월 10회 이상(6.5%) 등으로 월 단위 방문보다 연 단위 방문이 반 이상의 비중을 차지한다. 취미·소비형은 규모는 크지만 연간 방문 빈도가 제일 낮고, 직접 기여형은 규모는 제일 작지만 가장 많이 방문하는 것으로 나타나 목적성이 강할수록 자주 방문하는 것으로 나타났다.

　체류기간은 반나절 정도(당일 귀가. 32.1%), 1박 2일 정도(24.6%), 하루 종일(당일 귀가. 21.6%), 2~4박 정도(17.9%), 1~2주 정도(2.6%) 순으로 반나절 정도가 가장 많았다. 여기에 하루종일(당일 귀가) 규모를 합치면 절반 이상이 비합숙형 관계인구인 것으로 나타났다.

　지역활동 참여도는 지역활동을 하고 있음(5.6%), 정기적 또는 계속적으로 참가(15.2%), 참가한 적이 있음(27.5%), 참가한 적이 없음(51.4%) 순이었는데,

취미·소비형의 70%가 '참가한 적 없다'고 응답했다.

마지막으로 관계 심화를 위한 과제는 시간적 여유(37.2%), 지역과 연결될 수 있는 장소(35.6%), 경제적 부담 해결(30.8%), 가치관이 맞는 동료(28.2%), 자신의 능력과 경험을 살리는 기회(27.8%)로 나타나 장소 만들기 혹은 관계안내소의 필요성을 반영한 의견이 많았다.

가장 최근 조사를 보면 2024년 기준 47개 도도부현의 관계인구는 지역별 평균 189만 명, 잠재적 관계인구는 1,290만 명으로 추산되고 있다. 관계인구가 가장 많은 지역은 2024년 1월에 대규모 지진을 경험한 이시카와현(1,831만 명, 2023년에 비해 20배 급증), 교류인구가 가장 많은 지역은 교토부(4,989만 명)로 나타났다.[33]

관광청

관광청은 2021년부터 제2의 고향 만들기 프로젝트[34]를 통해 고향이 없다고 생각하는 청년층을 대상으로 교류인구 및 관계인구사업을 진행하고 있다.[35] 2024년까지 36개 지역에서 집중 사업을 전개하고 있는데, 만나다, 배우다, 기르다, 먹다의 4개 분야로 구분하여 좀 더 편하게 지역에 접근할 수 있는 프로그램을 진행하고 있다. 아울러 프로젝트 전문 웹사이트를 통해 지역별 사업의 상세한 내용과 효과를 안내한다.

---

[33] https://www.dreamnews.jp/press/0000306288/

[34] https://www.mlit.go.jp/kankocho/anewhometown/

[35] 전체 사업의 추진 개요는 https://tinyurl.com/28v7ovtq 참조

<그림 14> 제2의 고향만들기 프로젝트 전문 웹사이트 '이쿠다비'(관광청)

* 출처 : https://ikutabi.go.jp/

관광청의 조사에 의하면 사업 참여자의 85%가 지역생활에 흥미가 생겼고, 94%가 지역에서 진행하는 프로그램에 만족했다고 답했고, 6개월 내에 재방문하고 싶다는 응답도 33%로 나타났다.[36]

4) 온라인 관계인구와 출향민 관계인구(2020년)

2020~2022년 팬데믹 시기를 거치면서 관계인구가 적어질 것 같은 분위기가 되었지만 실제로는 이전보다 관계인구에 대한 연구가 더 활발해졌다. 특히 비대면 과정을 거치면서 온라인으로 지역상품을 구매하고, 검색하며 관심을 갖는 온라인 관계인구에 대한 관심이 활성화되었다.

---

36) https://www.mlit.go.jp/kankocho/content/001732640.pdf

사시데 편집장은 ① 팬데믹 이후 이동이 어려워지면서 소통 장소 중심으로, 반드시 지역에 가지 않더라도 온라인으로 가상 지역체류를 하거나 소통하는 온라인 관계인구, ② 과거의 물류가 유역(강)을 중심으로 이루어진 것에 착안하여 유역 지역끼리 교류하는 유역 관계인구, ③ 무조건 그 지역이 좋다는 단순 소통 관계인구, ④ 도시에서 지역 홍보 활동을 하거나 도시와 지역을 연결하는 역할을 하는 외지 허브(hub) 관계인구, ⑤ 지역에 살면서 행정과 협력하여 도시재생이나 마을 만들기 기획 등 여타 프로젝트를 운영하는 디렉터(director) 관계인구 등이 활성화되는 중이라고 강조한다.[37]

일본의 이주지원사업과 지역 정보를 제공하는 전문 서비스 스마우토(SMOUT)[38]는 지자체에 대한 온라인의 반응을 평가하여 '스마우토 넷 관계인구 스코어(SMOUT ネット 関係人口 スコア)[39]'를 발표하고 있다.

산출 근거는 정주인구수, 공식 페이스북의 좋아요 수, 공식 트위터, 인스타그램, 유튜브의 플로어 수, 인스타그램 포스팅 수, 행정구역명별 포스팅 수, 스마우토에 게시하는 지역 프로젝트에 대한 반응 수, 스마우토에 게시하는 글에 대한 반응 수, 스마우토 이용자들의 거주지, 관계되는 지역의 수 등이다.

참고로 최근 일본에서는 2024년 5월 일본관계인구협회[40]까지 만들어지면서 관계인구사업이 더욱 활발하게 진행되고 있다.

---

37) 사시데 가즈마사(2021 : 10)
38) 스마우토는 지역을 연결하는 관계인구 플랫폼으로서 매우 적극적인 활동을 전개한다.
39) https://smout.jp/popscore
40) https://kankeijinko.jp

03
관계인구의 유형과 특징

1) 관계인구 유형

인구학자들은 인구 이동 행태를 평생 비이동, 단순 이동, 귀환 이동, 순환 이동, 단계 이동 등으로 정의하는데 그 기준으로 본다면 관계인구는 귀환 이동과 순환 이동 및 단계 이동 유형에 속한다.

관계인구 개념이 사회적으로 회자되다가 정책 용어로 전환되는 과정에서 수많은 관계인구 유형이 등장하며 세분화되었다. 가장 먼저 관계인구를 유형화한 사람은 오다기리 도쿠미 교수다. 그는 관계의 계단 모델로 특산물 구입부터 두 지역 거주를 하게 되는 5개 관계인구 유형을 제시했다. 이어서 2017년 다나카 데루미 교수는 지역과 관계맺는 방식을 10개 유형으로 제시했다.[41] 관계인구 개념에 대한 연구자별 개념과 일본 총무성, 국토교통성의 개념을 정리하면 <표 4>와 같다.

---

41) 다나카 데루미(2017)

<표 4> 관계인구 유형

오다기리 도쿠미 (2017년)	다나카 데루미 (2017년)	사쿠노 히로카즈 (2019년)	총무성 (2020년)	국토교통성 (2020)	사시데 가즈마사 (2021)
① 지역 상품 구입 ② 기부 ③ 반복 방문 ④ 자원봉사 ⑤ 두 지역 거주	① 실험 이주 (노마드) ② 두 지역 거주 ③ 반복 방문 ④ 지역행사 참여 ⑤ 원격 수강 ⑥ 타지역에서 지역기업과 협업 ⑦ 지역기업의 대도시 지사에 근무 ⑧ 상품으로 대도시와 지역 연결 ⑨ 대도시에서 지역을 위한 행사 개최 ⑩ 지역에 관심있는 연구회 운영	① 슬로라이프 지향형 (자주 방문, 자원 봉사) ② 비거주 지역 유지형 (출향민, 두 지역 거주) ③ 지역공헌 지향형 (기부) ④ 지역지원 지향형	① 관계심화형 (연고형, 고향납세형) ② 관계창출형 ③ 주변 확대형 ④ 주변 확대형 (외국인)	① 취미·소비형 ② 참가·교류형 ③ 취로형 ④ 직접기여형 ⑤ 지연·혈연형 ⑥ 기부	① 온라인형 ② 유역형 ③ 단순 소통형 ④ 외지 허브(hub)형 ⑤ 디렉터(director)형

정리하면, 관계인구 유형에는 (외지인의) 관심, 만남, 대화, 실천, 학습, (단기/반복) 방문, 업무, 지원, 응원, 우정이라는 가치가 공통적으로 내재되어 있으며, 이를 범위와 실천유형으로 종합 정리하면 <그림 15>와 같다.

관계인구 개념이 내포한 가치에 대한 충분한 이해를 전제로 하되, 관계인구 확보 과정은 관여도를 중심으로 호의와 만남(방문과 체류), 지원과 응원(구매, 기부, 자원봉사), 관심과 실천(학습, 반복 방문), 연결과 협업(다주체 협업, 도시 개최형 프로젝트, 관계인구의 능동적 지역활동)이라는 네 개의 목적을 중심으로 구분할 수 있다. KPI(Key Performance Indicator, 핵심성과지표)도 (관계인구 수 보다는) 이와 같은 유형을 중심으로 구체적 프로젝트 중심으로 설정하는 것이 효과적이다.

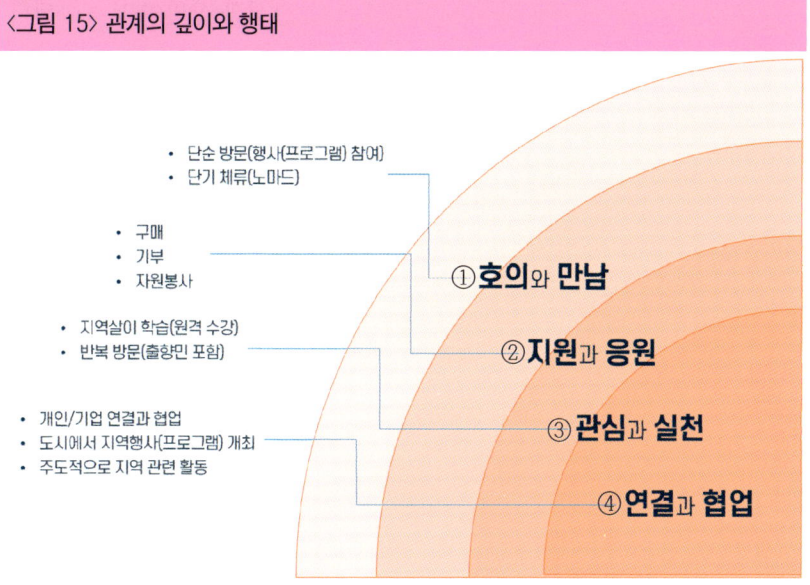

〈그림 15〉 관계의 깊이와 행태

　좀 더 자세히 설명을 덧붙이자면 우선 약한 관계 단계, 처음 낯선 지역을 경험한 단계는 단순 방문이나 단기 체류를 한 경우다. 이 경우에 좋은 경험이 이루어지면 그 이후에 ① 호의가 형성되고 만남이 지속될 수 있다.

　둘째, 구매·기부·자원봉사 관계인구도 가능하다. 지역에 대한 관심으로 지갑을 열게 되는 경우인데 돈이 움직이는 것은 마음이 움직이는 것이라고 평가할 수 있다. 온오프라인으로 지역 상품을 구매하거나 고향사랑기부에 참여하는 이들이 이런 유형이다. 자원봉사형 관계인구도 있는데 마음이 움직이면 몸도 움직이는 유형이다. 이 정도 단계가 되면 지역에 대한 ② 지원과 응원 의지가 있다고 평가할 수 있다.

　셋째, 지역살이를 배우고자 하며 반복 방문하는 유형이다. 이 정도면 그저 좋은 것이 진짜 좋은 것이 되어 지역에 대한 ③ 관심과 실천이 본격화된다.

넷째, 협업형 관계인구는 관계의 끝단이라고 볼 수 있다. 관계가 아니라 아예 본업이 되어 이주나 두 지역 거주도 기대해 볼 수 있는 단계로서 ④ 연결과 협업은 가장 난이도가 높은 관계라고도 볼 수 있다.

2) 관계인구의 특징

관광 이상, 이주 미만의 관여 인구

일본 총무성이 제시한 공식적인 관계인구의 정의는 '관광 이상, 이주 미만의 인구로서 자신의 거주지 외 특정 지역과 계속 다양한 형태로 관여하는 인구'다. 이렇게 보면 주민 아닌 모든 외지인은 관계인구라고 할 수 있다.

그러나 상대적으로 보면 외지인도 어느 지역에서는 주민이 될 것이므로 결국 관계인구는 '주민과 주민 간의 사회적 관계를 형성하는 인구'라고 볼 수 있다(이 부분에서 주민과 주민의 관계이지 외지인과 지자체의 관계라고 착각하지 않는 것이 중요하다).

같은 맥락으로 관계인구를 외지인으로만 한정하기 어려운 측면이 있다. 관계인구를 확보하는 것이 중요해지면서 지역에서는 그래도 완전 외지인보다 지역 사정에 익숙한 출향민을 관계인구로 포함시키려는 관점이 확대되고 있다. 출향민은 명절이나 가족 대소사에 정기적으로 방문하고 고향 일에 익숙하며 어느 정도는 고향의 일에 참여할 의사도 있기 때문에 관계인구로서 충분한 자격이 있다.

　이런 관점을 우리나라에 적용하면 군인 역시 훌륭한 관계인구가 될 수 있다. 특히 접경지역에 군인 관계인구가 많을 텐데 휴가를 오가며 지역을 보고, 지역 내에서 소비하고, 그중에 직업군인이나 군 간부 같은 경우는 상대적으로 더 오래 체류하기도 하기 때문에 지역과 관계를 형성할 기회가 많다.

　혹자는 어차피 떠날 군인이므로 지역에서 관계 형성 노력을 해봐야 소용없다고 한탄할 수 있지만 사람은 원래 움직이게 마련이고 잠시나마 지역과 관계 형성이 되었다면 그리고 그 관계가 좋은 기억으로 남는다면 그건 그것대로 의미 있고 좋은 것이고 어디서 어떻게 관계가 형성될 것인가는 그야말로 열린 결말이므로 군인 관계인구에 대한 고려도 필요하다.

　또한 정부기관 및 공공기관 이전으로 집 외의 지역에서 근무하는 공무원 역시 관계인구가 될 수 있다. 물론 이들 대부분이 업무에 대한 피로감이나 근무지 외 지역에 집이 있는 경우 매주 이동하는 부담 등 기꺼이 관계인구가 되기 어려운 여러 가지 현실적인 부담은 존재한다.

　그러나 한편으로는 정부의 관계인구사업이 적극적으로 확산되는 상황에서 수많은 타지역 거주 공무원, 외지인 공무원의 관계 형성 가능성에 대한 고려는 어떤 식으로든 진행할 필요도 있다.

▌관계인구 규모 보다 관계 농도가 중요

　관계인구 '자격'이 따로 있는 것은 아니다. 다만 관계인구의 종류가 매우 많기 때문에 뭉뚱그려서 관계인구, 체류인구, 생활인구라고 부를 뿐이다. 마치 청년인구, 중년인구 등으로 부르는 것처럼 특정 관계 계층을 부르는 명칭인 것이다.

이런 차원에서 특히 유념해야 할 것은 관계인구를 무작정 늘리려는 접근은 하지 말아야 한다는 것이다. 즉 '관계인구 10만 명을 만들겠다'는 식의 정책이나 공약은 공허한 수사에 그칠 확률이 높다. 관계인구가 아무리 많다 해도 그들의 삶의 질이 좋아진다거나 지역에 뭔가 이로운 점이 없다면 복잡하고 어려운 개념을 하나 더 만드는 것에 불과하다.

관계인구는 규모보다 관계의 농도를 중심으로 주민과 관계 맺으며 어떤 일과 활동을 하는가가 중요하고 그러한 프로젝트 성과물이 서로에게 상생효과를 야기하는가가 중요하다.

시간축이 아닌 관계축 중심의 인구

처음부터 관계인구가 되려는 목적으로 지역에 가는 사람은 없다. 각종 기회비용과 심리적 부담 때문에 관계 맺기 힘들다는 일본 정부의 조사 결과도 있다. 실제 현실과 관계 형성 사이에는 큰 장애물이 강물처럼 흐르고 있는 것이다.

관계인구는 지역 거주 기간이라는 '시간축'이 아니라 지역에 대한 관심이라는 '관계축'을 중심으로 의미를 부여하는 개념이다. 즉, 규모 늘리기보다는 '깊이'와 '강도'가 훨씬 중요하다. 관계에서 중요한 것은 결국 빈도, 밀도, 농도인 것이다. 그래서 사람 수보다 관계의 깊이가 더 중요하다.

관계인구를 인구로만 생각하여 관계인구 확보 쟁탈전이 선개되는 양상을 비판한 오타니 히로시는 그러한 과정을 통해 '관계의 소모'가 이어지고 관계인구의 본질적인 의의가 훼손된다고 비판한다.[42]

따라서 관계성 중심의 인간관계가 형성되어야 한다. 일방적으로 도시 거주자들에게 우리 지역만 방문해 달라고 부탁하는 방식의 관계가 아니라 관계인구는 마음(생각)을 공유하는 동료이므로 손님으로 취급하지 않고 수평적으로 소통할 수 있는 관계를 형성할 필요가 있다.

농경사회와 산업사회에서는 노동력으로서 인구수가 중요했기 때문에 조혼과 다산을 사회적 힘의 원천으로 평가했지만, 인구감소가 진행되는 지금은 개인의 창조적이고 독립적인 존재가치와 삶의 질에 대한 관심이 더 중요하다.[43]

즉, 특정 지역과 관계 맺고 활동하는 관계인구는 경제·사회·문화 부문에서 다양하게 형성될 수 있고 이전보다 지역 활력을 높일 수 있는 존재로서 의미가 있다. 관계인구활동이 활발해지면 기존의 지역 정치·경제·사회·문화 자원보다 더 많은 인적·물적 자원을 형성할 수 있기 때문이다.

정주인구는 감소할 수 있지만 관계인구는 사람 간 접촉·교류 빈도(frequency), 물건·돈·정보의 유통 및 순환 속도(velocity)를 증폭시켜 개인의 삶의 질을 증진시킬 뿐만 아니라 지역 활성화에도 기여하며 무한 증가할 수 있다.

---

42) 오타니 히로시(2019 : 54)
43) 이해영(2017 : 2~3)

▎사회적 이동 중심의 인구

관계인구 개념은 기존의 선거인구, 주간인구, 아동인구 등과 같은 법적 인구 개념과 다른 차원에서 사회적으로 등장한 인구개념이기 때문에 단일의 목적이나 기능을 전제하지 않는다. 여기에서의 이동은 그동안 진행되어 왔던 출장, 진학, 관광과 같은 단순 이동을 의미하지 않는다(일본에서는 이 계층을 교류인구라고 정의한다). 그동안 계속 교류인구는 있었지만 여전히 인구는 감소하고 있기 때문이다.

즉, 관계인구에서 전제하는 이동은 그동안 지역이 담당해 온 상호부조, 생산, 지역 자원 관리와 같은 기능을 공유할 수 있을 정도의 관여도를 갖는 이동을 의미한다.[44]

관계인구가 효과적으로 증가하기 위해서는 정주(stock) 중심의 인구 개념이 이동(flow) 중심의 인구 개념으로 전환되어야 한다. 기부나 자원봉사를 하더라도 인구 자체가 움직이고 있다는 관점으로 바라보아야 관계인구라는 존재가 더 명료하게 보일 것이다.

이는 주민세 등 납세와 같은 물질적 토대와 농경사회의 거주와 같은 정주라는 개념적 토대에 기반한 인구 개념이 아니라 교통 편리성, 가치 구현을 위한 기회의 장소, 힐링과 같은 새로운 사회적 요구를 토대로 한 이동성 중심의 개념이다.

---

44) 사쿠노 히로카즈(2019 : 10, 14)

소비와 납세에 얽매이지 않는 제3의 인구

관계인구는 '소비와 납세에 얽매이지 않고 지역과 관계를 형성하는 인구'다. 주민이 부담하는 주민세 의무가 없으며 경제적 의미에서 지역 내에서 생산 의무가 있는 것도 아니다.

또한, 이미 지역에 거주하는 주민(제1인구)이나 관광객 같은 단기 교류인구(제2인구)가 아닌 외부에서 유입되는 중간 범위의 인구(middle range population)이자 제3의 인구로 평가되기도 한다. 그러나 제 1, 2, 3과 같은 양적 차원의 인구 구분으로는 관계인구의 의미를 제대로 파악할 수 없다. 아울러 관광객을 관계인구에 포함시키는지 여부에 대해서는 이견이 존재한다.

'수요자-공급자' 인구가 아닌 대등한 관계의 인구

(수요자인) 지역 입장에서는 관계인구를 '관광 이상, 이주 미만'의 범위에 있는 사람들로 규정하면서 이들이 상품 구매-기부-자원봉사-반복 방문-두 지역 거주-이주로 이어질 수 있다고 기대하지만, 실제로 (공급자인) 사람들이 지역에 갈 때에는 관계인구가 되겠다는 목적으로 방문하는 것이 아니며, 방문·향유·관심·교류 등 소비나 활동 목적이 분명하지 않은 경우가 많다.

즉, 수요와 공급 간에 가치 불균형이 존재하기 때문에 수요측의 입장만 요구하는 것은 효과적이지 않으며, 지역의 이익이나 이해와 공감이 필요하기 때문에 공급자의 입장에만 맞춰가는 것도 바람직하지 않다. 따라서, 무조건 확대해야만 하는 인구로 접근하기보다는 가능한 범위 내에서 활동 범위와 깊이를 유연하게 고려해야 의미 있는 관계인구가 형성될 수 있다.

▍사람-사람 사이의 관계인구

관계인구는 지자체에 '관계인구가 되고 싶다'고 오지 않는다. 지자체와 관계 형성을 하는 것도 아니다. 즉, 사람과 사람 사이의 관계 형성이 관계인구의 핵심이다. 따라서, 법적으로 생활인구가 규정되어 있고, 관계 '인구'라는 표현 때문에 마치 '*명'이라는 식으로 산출해야 한다는 강박에서 벗어날 필요가 있다.

또한 관계인구의 '관계'나 생활인구의 '생활'에 대한 검토 없이 그저 법적으로 정의된 하루 3시간 월 1회 이상 방문하는 사람을 생활인구로 정의한다면, 그 이면에 정작 중요한 관계성과 사람은 배제되고 숫자만 앙상하게 남게 된다.[45] 핵심은 사람과 사람 사이의 관계를 통해 지역 활성화 효과가 나타나는 순환 과정을 형성하는 데 있다.

▍관계인구와 생활인구

우리나라「인구감소지역법」에서 제시하는 '통근·통학·관광·휴양·업무·정기적 교류 등의 목적으로 특정 지역을 방문하는 생활인구'와는 차이가 있지만 생활인구와 관계인구 개념 모두 ① 인구 감소에 대한 지역 활력 저하라는 문제의식에 착안하여 만든 새로운 인구 개념이고(원인 진단), ② 지역 활동의 목

---

45) 조아신(2023.09.07.)

적성을 전제하는 개념이며(목적성), ③ 기존에 존재하는 주민 외 인구를 가리키는 개념(범위 규정)이라는 점, ④ 이미 2021년경부터 우리나라의 광역 지자체 단위 조직도에 '생활(관계)인구 담당' 등의 표현이 나타났고, 지방소멸을 위해 관계인구를 확보해야 한다는 보도자료가 나오는 점에 주목할 필요가 있다. 즉 생활인구와 관계인구는 원인 진단, 목적성, 범위 규정에서 공통점이 있다. 우리나라의 생활인구 개념에는 일정 정도는 일본 정책에 대한 제도적 경로 의존성(path dependency)도 작동하고 있다.

반면, 일본의 관계인구는 ① 특별법으로 생활인구를 규정한 우리나라와 달리 법적인 정의가 존재하지 않으며, ② 우리나라는 관광인구를 생활인구로 포함하고 있지만 일본에서는 관광인구를 관계인구에 포함할 것인지 여부가 논쟁점이라는 차이가 있다.

04
관계인구를 만드는 관계안내소

1) 관계안내소의 필요성

　지금 이 순간에도 전국에는 한달살기, 워케이션 프로젝트 등을 통해 이주를 촉진하려는 노력이 진행되고 있다. 그러나 지역살이를 체험하고 배우는 더 다양한 여러 방식들이 있다. 이제까지는 외지인이 지역을 방문하여 지역을 알고 싶은 경우, 관광안내소에서 유명 관광지 정보나 지도를 받는 정도가 일반적이다.
　그러나 막상 좀 더 깊게 지역살이를 알고 싶어 찾아갈 수 있는 곳은 별로 없었다. 군청을 찾아가서 물어보기도 애매하고 관광안내소를 찾기도 애매하고 그렇다고 넉살 좋게 마을회관에 찾아가서 어르신들에게 지역살이를 물어보는 것은 언감생심 꿈도 꾸기 어려운 난이도 최상의 방법이다.
　'그렇게 관심 있다면 인터넷에 정보가 많으니 사전에 공부하고 가면 될 것 아닌가'라고 말하는 사람도 있겠지만 비수도권 지역 현장의 생생한 정보는 검색으로 거의 접하기 어렵다. 공간 정보만 보아도 수도권에 넘쳐나는 그 흔한 부동산 매물 정보조차 비수도권 정보는 없는 것이 현실이다. 많은 이주자들이 IT 강국 시대에 '지역에 가서 발품으로 혹은 지인의 소개로 부동산 정보를 찾을 수 밖에 없었다'고 말한다.

이렇듯 지역살이를 알 수 있는 거점이나 안내소가 부족한 상황에서 지역의 관계인구를 만들고자 하는 곳을 '관계안내소'라고 부른다. 일본 총무성은 '관계안내소는 지역 이벤트 정보를 제공하고 지역 내외의 사람들이 부담 없이 만나는 장소'라고 설명한다.[46] 누구나 편하게 드나들 수 있는 제3의 장소라는 의미다.

2) 관계안내소의 특징

주민 참여 장소

관계인구를 만드는 관계안내소는 특산품 판매만 주력하는 것이 아니라 평범한 지역살이를 연결한다. 유명한 장소 홍보뿐만 아니라 지역의 평범한 장소와 공간을 안내하며, 무엇보다 전문 안내자가 아닌 일반주민이 참여한다는 점에서 기존의 관광안내소와 다르다.

---

46) https://www.soumu.go.jp/kankeijinkou/matching_navi/information.html#tbl_top

▎장소이자 프로젝트

또한, 관계안내소는 특정 장소만 의미할 뿐만 아니라 '관계 형성 프로젝트'를 의미하기도 한다. 즉, (유형의) 장소가 아니라 장소를 매개로 (무형의) 프로젝트를 진행한다는 것이 더 본질에 가까운 설명이다.

▎목표는 관계 형성

관계안내소는 단기 이익을 추구하는 여행사가 아니다. 장기적인 관점에서 관계를 축적하는 것이 목표다. 관계가 축적되려면 시간과 반복 경험이 필요하다. 쉽게 맺은 관계는 쉽게 끝나기 때문이다.

지역에서 열리는 수많은 축제, 유명 관광지 등에 아무리 많은 사람이 방문해도 관계가 형성되기 어려웠던 것은 관계 형성을 목표로 하는 프로젝트가 없었기 때문이다.

이 부분에서 용어 정리를 할 필요가 있다. 일본의 관계안내소들은 관계안내소라고 소개되기보다는 각각의 이름이 따로 있다. 직접적으로 '○○현 관계안내소'라고 부르기보다는 고유의 가치를 표현하는 다른 단체명이나 프로그램명 혹은 건물 이름을 부른다.

한편, 관계안내소가 관광안내소와 전혀 다른 곳이긴 하지만 역시나 사람들에게 익숙한 것은 관광안내소라는 명칭과 이미지다. 즉, 아무리 관계인구 형성의 중요성을 이야기하고, 관계가 중요하다고 강조한들 '관계'를 '안내'

한다는 의미를 쉽게 전달하기는 어렵다.

또한, (앞서 강조한 것처럼) 관계안내소는 장소 뿐만 아니라 '관계 형성 프로젝트'가 본질이기 때문에 이 책에서는 관계안내소 활동을 '관계 형성 프로젝트'로 표현한다.

3) 지역 관계 형성 프로젝트의 공통점

이 책에서 소개하는 일본의 각 지역에서 진행하는 관계 형성 프로젝트는 4개 유형 공히 몇 가지 공통점을 가지고 있다.

첫째, 대부분 복합공간 운영, 프로젝트 기획, 지역 체험, 시골유학, 관광 및 교류, 지역 서포터 양성, 이주 상담 등의 내용을 기본적으로 수행한다. 이 가운데 특히 복합공간, 교류, 프로젝트 기획, 이주상담은 모든 프로젝트에 포함되어 있다. 즉, 어떤 식으로든 공간을 확보하고 있으며, 주민 - 방문자 - 기관 간 교류를 형성하며, 작든 크든 프로젝트의 기획을 주도하고, 방문자를 위한 이주 상담을 중요한 활동 요소로 포함한다.

둘째, 공유공간, 복합문화공간 부문에서는 서점, 공연장, 게스트 하우스, 특히 이 모든 기능을 수행할 수 있고 교류할 수 있는 카페 형태로 운영하는 경우가 많다. 부담 없이 차를 마시며 이야기하는 공간 정도의 무게감으로 공간을 운영하는 것이다.

셋째, 프로젝트 기획은 주최팀이 기획하거나 참여자에게 기획 과제를 요청하는 방식으로 운영한다. 이때 포인트는 누가 기획하는가보다는 지역에서 의미를 가질 수 있는 새로운 시도인가를 중요하게 평가한다.

넷째, 대부분 지자체 주도로 여행 느낌의 지역 체험 프로그램이 압도적으로 많다. 단 이런 경우에는 단기간의 이벤트에 끝나거나 이후의 활동으로 이어지지 않는 것이 단점이다. 일단 한번 경험하면 관심과 애정이 생길 수 있다 해도 누군가 짜놓은 일방적인 시혜적 체험 프로그램으로는 효과를 거두기 어렵다.

체험 방식은 지역 둘러보기, 걷기 등과 같이 관여도가 낮은 경우가 대부분이지만 경우에 따라서는 주민과 상담, 지역 장인·경영자와의 교류 등 깊은 교류도 진행한다.

다섯째, 많은 사례는 아니지만 산어촌 유학, 시골유학 등 교육 관련 프로젝트와 같이 (교육위원회가 개입하는) 교육정책의 일환으로 진행되기도 한다. 부모가 같이 지역에서 체류하면서 학습하는 경우가 많지만 현실적으로는 매우 어려운 편이다. 구체적인 산어촌유학, 시골유학 프로그램을 제시한 경우는 그렇게 많지는 않았다.

여섯째, 교류, 커뮤니티, 협업 프로젝트는 단순 교류만 하는 경우도 있고, 커뮤니티 형성을 유도하는 경우도 있으며 협업 프로젝트를 진행하는 경우도 있다. 지역 장인, 전문가, 실무자, 활동가 그리고 일반 주민이 연결되면 관계가 형성될 가능성이 높다.

일곱째, 지역 서포터 모집도 공통적으로 진행하는 프로젝트다. 제2의 주민, 크루(crew), 서포터(supporter), 응원군, 라이커스(likers), 팬클럽 등 관계인구에게 정체성을 주기 위해 다양하게 이름 붙이거나 명함을 제작해 주는 경우도 있다. 그러나 정체성을 부여받아도 실제로 고유의 이름으로 활발하게 활동하는 관계인구 그룹은 거의 없었다. 누가 내게 이름 붙여줬다고 해서 곧바로 정체성이 확고해지는 것은 아니기 때문이다.

여덟째, 거의 모두 이주 상담을 진행하는데 상담 진행시 지역 공무원이나 지역 사업자 등이 적극적으로 함께 하는 점은 매우 특징적이었다. 다만 이 경우에 본격적인 이주 상담이 이루어진다기 보다는 우선 관계 형성을 위한 지역 안내 활동이 좀 더 적극적으로 전개되는 편이다.

아홉째, 프로젝트 기획과 운영을 위한 주민 활동인구 육성도 중요하다.[47] 지역에는 실제로 프로젝트를 기획하고 운영할 수 있는 조직이나 사람이 매우 부족하기 때문에 프로젝트의 비전과 미션을 이해하고 활동하도록 활동인구를 더 많이 확보하며 지역사회 내에서 네트워크를 확장하는 것도 관계인구 확보만큼 중요하다.

4) 지역 관계 형성 프로젝트의 키워드(해시태그)

관계 형성 프로젝트들의 활동 특징을 키워드로 정리하면 ① 범위, ② 공간(거점), ③ 경제(산업), ④ 문화예술, ⑤ 학습, ⑥ 환경, ⑦ 사회, ⑧ 홍보(기록), ⑨ 가치, ⑩ 생활 등 10개로 구분할 수 있다.

---

47) 사시데 가즈마사는 활동인구를 관계안내인이라고도 부른다.

〈표 5〉 일본 관계 형성 프로젝트의 키워드(해시태그)

구분	키워드
범위	#대도시 교류, #대도시 교육, #인근지역 연계, #전국 단위 운영, #지역 네트워크, #지역 내외부 운영, #지역 연결, #지역연계 운영, #학생 운영, #신공공경영, #민관 운영, #사설공민관, #지역 내부 운영, #지자체 운영, #지자체 참여, #관계인구×마을 만들기
공간 (거점)	#게스트 하우스, #코워킹스페이스, #공간 관리, #공간관리활동, #공간 개조, #다목적 공간, #복합문화공간, #빈집 개조, #전통가옥 개조, #공연장, #광장, #국도휴게소, #민관협력커뮤니티센터, #어촌, #체어링, #챌린지 키친, #카페, #지역의 관문, #모험의 거점, #모두의 장소, #누구나 도전할 수 있는 장소, 지역 매력을 발신할 수 있는 장소, #제3의 장소, #지역생활연구소, #랩, #생활밀착형 마을사무소, #틈새 시간 운영, #개방적 운영
경제 (산업)	#강한 농가, #마르쉐, #유리공예산업, #특산품 가공, #지산지소, #개인 프로젝트 지원, #인력 매칭, #일 편의점, #계절 노동, #리조트 아르바이트, #고향사랑기부금, #고향사랑기부 답례품, #출향기업의 응원, #크라우드펀딩, #운영비 공동부담, #기업지원자금, #기업 참여, #기업 지원, #기업연합 출자, #로컬 MBA, #비즈니스 관계인구, #상가 연계 운영, #상가 협업, #부동산 협업, #비즈니스 모델, #지역상가, #창업 지원, #제3섹터 방식의 주식회사, #지역경제 활성화, #마을만들기 주식회사, #온라인숍, #안테나숍, #플래그 스토어, #유튜브, #팝업 스토어
문화 예술	#문화 교류, #문화예술, #예술마을 만들기, #지역문화 계승, #창의적인 관문, #지역 디자인 전략실, #크리에이션센터, #AIR(Artist In Residence), #디자인, #co-디자인, #친근한 디자인, #유니버설 디자인, #fishingcation, #게이미피케이션, #게임, #미션 수행(퀘스트), #아웃도어 레저 스포츠
학습	#강연, #시민 교육, #시민대학, #지역 교육, #지역 역사, #대도시 교육, #평생 교육, #온라인 아카데미, #소셜대학, #관계인구 공부회, #어른의 방과후 활동, #어린이, #고등학생 이용, #고등학생 참여, #대학생 이용, #대학 연계, #대학생 중심, #도서관, #듀얼 스쿨, #랩, #방과후교실, #초중고 수업, #학생용 콘텐츠, #독서회, #소셜인재 육성강좌, #역사, #지역안내 교육코스, #마을 캠퍼스, #지역 역사, #해양 교육, #장인 교육, #전문가 멘토, #주민 멘토
환경	#SDGs, #sea glass, #업사이클, #그린 공간, #그린인재제도, #비치클린, #숲 테라피 #공유자전거, #자전거, #자전거 대여
사회	#NPO 협업, #프로보노, #고령자, #실버인재 육성, #출향청년 지원, #취약계층 지원
홍보 (기록)	#아카이빙, #연간활동보고서, #뉴스레터, #이용자 서베이
가치	#ID, #제2주민권, #지역 응원 크루, #에조락커, #포인트제도, #쿠폰, #SAT(Service Area Town), #가출 티켓, #이주 컨시어지, #감성, #관계의 순환, #관계의 여백, #관계인구는 주민의 제자, #더블 로컬, #도전, #소셜루매틱컴퍼니, #여백, #이름, #치유, #쿠폰

생활	#마을 교과서, #action map, #지역 가이드, #지역역사코스, #지역음식코스, #관광안내, #주민 안내, #지역 일기, #주민일상생활, #일상 공유, #지역 체류, #현장 조사, #지역을 행성이라는 별로 비유, #아침 밋업, #아침 산책, #저녁 산책, #지역 산책, #면허 유학, #사회적 인구 추이, #자연적 인구 추이, #혼종팀 단위 지역과제 해결

5) 지역의 관계 형성 프로젝트

앞서 제시한 일본의 관계 형성 프로젝트의 10개 부문을 지역 현장에서 바로 적용할 수 있도록 주제별로 알기 쉽게 4개 유형 15개 프로젝트로 재구성할 수 있다.

〈표 6〉 지역 관계 형성 프로젝트의 4개 유형, 15개 프로젝트

유형	목적	프로그램
① 지역 자원 '발굴' (Local Digging Project)	① 지역 자원 발굴 ② 지역 자원 기록 ③ 지역 자원 홍보	① 자원 발견·분류·재가공 ② 아카이빙, 주민일기, 맵핑 ③ 뉴스레터, 미디어
② 지역살이 '공감' (Lifestyle Empathy Project)	④ 부담 없는 공감대 형성 ⑤ 지역 생활권 안내 ⑥ 지역 창작력 신장 ⑦ 지역 자원 향유 ⑧ 지역 자원, 지역살이 연결	④ 가벼운 만남, 출퇴근 밋업, 안부 공유, 함께 식사, 케어와 상담 ⑤ 소소한 마을산책(그저 걷기), (주민도슨트와) 마을 둘러보기 ⑥ (온오프라인) 창작·전시·관람 ⑦ 자연 향유, 힐링, 테라피, 캠핑, 아웃도어 액티비티 ⑧ 한시적 체류(전문 레지던스), 워케이션, 마을호텔 (고택 재생, 상가 네트워크)
③ 지역상품 '생산' (Local Economy Project)	⑨ 지역경제 인력 육성 ⑩ 지역산업 성장 ⑪ 지역경제 가치 강조(순환 자본주의, 농촌 자본주의)	⑨ 로컬벤처, 지역상사, 마을주식회사, 마을 MBA, 일편의점, 단기 인턴, 장인대학, 멘토링, 고향워킹 홀리데이 ⑩ 로컬 브랜딩, 팝업 스토어, 안테나 숍, 프래그십 스토어, 마르쉐, 펀딩, 마이크로뱅크, 고향납세 답례품 생산

		⑪ 지산지소, 수평경제, 순환 구조
④ 지역사람 '연결' (Networking Project)	⑫ 지역살이 학습 ⑬ 지역 정체성 공유 ⑭ 지역 내 활동인구 육성 ⑮ 지역 현안 대응	⑫ 출장 아카데미, 지역 학습회(지역학, 마을교과서), 농산어촌 유학, 대학 학과 운영, 생애교육 ⑬ 지역응원단(서포터, 팬 클럽), 제2주민권(제2멤버십, 앰버서더, 크루, 지역 주주) ⑭ 제3의 장소, 마이크로 커뮤니티, 국도 휴게소 ⑮ 환경(비치 클린, 플로깅), 지속가능성(SDGs), 취약계층, 주민의견 수렴(리빙랩, 의제 발굴) 등 협업 문제해결

▎포괄적 유형

4개 유형은 지역에서 생활하거나 한시적으로 지역을 체험할 때 할 수 있는 모든 활동이다. 즉 인간의 기본 생활을 영위하는 4개 요소를 의미한다. ① 인적·물적 자원을 발굴하고 재해석하여 지역을 알리고(발굴형), ② 지역에 머물며 지역살이를 이해하고 즐기며(공감형), ③ 지역에서 새로운 창업 기회를 찾아 부가가치를 창출하고(생산형), ④ 다양한 플레이어와 연결되며 깊은 관계를 형성(연결형)하고자 하는 프로젝트를 진행한다.

▎복합적 유형

4개 유형은 배타적 유형으로서 각각 따로따로 분리되어 시행되는 것이 아니다. 대부분의 지역에서는 사실상 이 4개 유형을 복합적으로 수행하는 경우가 많다. 사람이 친해지다 보면 자발적으로 지역 자원을 안내하게 되고 기회가 되면 지역에 와서 창업하라고 도움 줄 수도 있는데 통상적으로 이런 일은 동시에 일어나는 경우가 많다. 실제로는 내부에서 거의 모든 유형을 시행하고 활동 비중이 다를 뿐이다.

비선형적 유형

15개 프로젝트는 시간에 따라 단계별로 진행되는 심화 프로젝트가 아니다. 즉, 자원 발굴이 먼저고, 상품 생산은 나중이 아니라 순서는 얼마든지 바뀔 수 있다.

> 제3장에서는 이 15개 프로젝트 사례를 자세히 소개하며 지역의 관계 형성 프로젝트의 의미를 분석한다.

제3장
발굴·공감·생산·연결 프로젝트로 만드는 새로운 관계

❝'삶터 되살림 5원칙'은 다음과 같다.
첫째, 삶터 되살림의 궁극적 '목표'는 삶의 되살림이다. 즉, 삶터에서 시민들이 건강하고 행복하게 살도록 해야 한다.
둘째, 삶터 되살림의 '우선 순위'는 수도권, 대도시, 신도시가 아니다. 지방과 시골과 구도심을 살리는 것이 우리가 지향해야 할 과녁이다.
셋째, 삶터 되살림의 '방향'은 외연 확장에서 내부 재구축으로 바꿔야 한다. 과거처럼 기존 도시의 바깥을 개발하는 방식을 그만두고 도시의 내부를 채우는 방식으로 전환해야 한다.
넷째, 삶터 되살림의 '접근 방법'은 각자도생이 아닌 연대와 협력이어야 한다. 승자독식이 아닌 상생이어야 한다.
다섯째, 삶터 되살림의 속도는 '천천히'다. 서두르지 말고 조급해지지 말자. ❞

(정석. 2019: 16~17)

01
지역 자원 '발굴' 프로젝트

〈표 7〉 지역 자원 '발굴' 프로젝트(Local Digging Project)

목적	프로그램
① 지역 자원 발굴	① 자원 발견·분류·재가공
② 지역 자원 기록	② 아카이빙, 주민일기, 맵핑
③ 지역 자원 홍보	③ 뉴스레터, 미디어

▌낙담과 자랑 사이

대부분의 인구 감소·초고령화 지역에는 자원이 부족하다. 공간이 없고, 사람이 없고, 돈이 없다. 아무것도 없는데 어떻게 관계를 형성해야 할지 난감하다.

물론 풍족한 공간·사람·돈이 있는 대도시라고 깊은 관계가 풍성하게 형성되어 있다고 보긴 어렵다. 다만 비수도권 지역에 가면 유독 "우리 지역엔 뭐가 없고 뭐가 없고 뭐가 없다"고 한탄하거나 (깊게 공감하기도 전에) "우리 지역엔 이런 게 있고 이런 게 있다"는 앙상한 자랑만 반복해서 듣는 경우가 많다.

왠지 한탄은 슬프고 자랑은 공허하게 들린다. 한탄 한들 달라지는 것은 없고, 자랑 한들 모두 자주 가는 것은 아니기 때문이다.

'되는 집은 단 하나의 이유만으로도 행복하고, 안되는 집구석은 불행한 이유가 수만 가지'라는 톨스토이의 안나 카레니나 법칙[48]을 굳이 들먹이지 않더라도 부정적이고 낙담하는 태도로 수만 가지 이유를 이야기한다면 될 일도 안 될 형국이다. 마찬가지로 늘 변하는 현실 속에서 세상 돌아가는 물정은 나 몰라라 한 채 자부심 과잉이 되는 것도 공감을 얻기는 힘들다.

지금 지역은 한탄과 자랑을 넘어선, 하나라도 제대로 된 성과 축적이 필요하다. '되는 꼴'을 한 번이라도 보아야 의지라도 만들 수 있다. 일본의 마을호텔 성공으로 유명해진 고스게 지역에서 이장은 하늘에 드론을 띄워놓고 말했다. "보세요. 저건 까마귀가 아니라 드론이라는 겁니다." 주민을 말로 설득하는 것이 한계라고 느껴 일단 주민들 눈에 구체적으로 뭔가를 보여준 것이다. 이후 고스게 지역은 일본 최초 드론 택배 지역이 되었다.

▎필요가 만든 익숙함의 반전

눈을 돌려 주변을 살펴보자. 언뜻 보면 자원은 한정된 것처럼 보인다. 매일 보는 산과 강, 매일 숨쉬는 공기, 지겹도록 보아온 논과 밭, 아무도 들어가지 않지만 누군가는 관리하고 그럼에도 불구하고 입구 앞에 설치된 역사적 설명문을 절대로 읽지 않는 전통가옥과 문화유산. 모든 것이 너무 익숙해져 전혀

---

[48] 안나 카레니나 법칙(Anna Karenina rule)은 톨스토이의 작품 『안나 카레니나』에 나오는 '행복한 가정은 서로 닮았지만, 불행한 가정은 모두 저마다의 이유로 불행하다'는 말을 법칙으로 표현한 것이다.

새롭게 느껴지지 않고 마치 내가 매일 갈아 입는 옷보다 익숙하게 느껴진다.

그러나 언제나 그런 것은 아니다. 산책처럼 아주 사소한 경험으로 지역의 자연환경을 찬찬히 둘러보면서 새롭게 느낄 수 있다. "어? 우리 지역에 이런게 있었다고?"하는 의아함을 발견하기도 한다. 때로는 없는 것조차 자원이 되어 '아무것도 없는 지역'을 체험하라며 권유하는 프로그램을 만든 지역도 있다.

자신이 사는 지역 터전에 기반하여 살 궁리를 모색하는 노력이 필요한 시점이다. 느리더라도 새로운 모습을 갖추는 것에 대해 함께 고민해야 한다. 오래된 것을 오래된 상태로 유지하는 것도 좋지만 역사와 전통이 오래된 명소에 IT를 더하여 스마트 관광을 유도한다던가 명소를 더 많은 사람들이 알게끔 정성스럽게 홍보하려는 시도가 필요하다. 스스로 변화해야 주변도 움직인다.

자원에 대한 낯선 시각

지역에 대한 관심을 보다 생산적으로 유도하려면 한탄과 자랑 사이를 메꾸는 중간 전략이 필요하다. '지역 자원 발굴 프로젝트'는 바로 이 지점을 포착하려는 노력이다. 한탄과 자랑처럼 일방적이고 폐쇄적인 자의식 과잉 상태가 아니라 자기 객관화 관점에서 끊임없이 낯선 눈으로 지역의 유무형 자원을 발굴하는 것이다.

관계란 상호적으로 맺어지는 것이기 때문에 자의식에 갇혀 주관적으로 한탄과 자랑만 해서는 관계가 형성되기 어렵다. 그래서 '상대방은 어떻게 볼까'하는 일정 정도의 자기 객관화가 필요하다. 그리고 뭐라도 밑천을 만들어야 일을 도모할 수 있다.

관계인구는 그저 지역에 왔다고 만들어지는 것이 아니기 때문에 그리고 관계인구는 지역의 준비과정을 공유하는 것에서 시작하기 때문에 관계 형성의 첫걸음은 지역에 뭐가 있는지 알아가는 과정부터 시작한다.

지역에서 일상을 보내는 사람들은 늘 보는 풍경과 자원의 중요성을 깨닫지 못할 때가 많다. 몰라서가 아니라 너무 익숙해서 그렇다. U턴한 많은 사람들이 "예전에 살면서 지긋지긋하게 보던 익숙한 풍경인데 막상 다시 돌아와 새롭게 뭔가 하고 싶어서 다시 돌아보니 우리 지역에 쓸만한 자원이 이렇게 많았는가 하는 생각이 들었다. 새로움이 느껴지기도 하고 자원을 잘 가공하면 이런저런 용도로 쓰임새가 있을 것 같다"고 이야기한다.

즉 익숙한 자원을 좀 더 가치 있고 활용 가능한 자원으로 만들기 위해서는 익숙한 것을 낯설게 볼 수 있는 새로운 시각이 필요하다. 하루이틀 사이에 갑자기 새로운 자원을 발견하기는 어렵지만 지속적인 훈련과 노력 속에서 새로운 자원을 발견하는 노력을 해야 한다. 이런 의미에서 '지역 자원 발굴 프로젝트'는 '발견형 프로젝트'라고 부를 수 있다.

유형 자원과 무형 자원 모두 포함

크게 보면 '지역 자원 발굴 프로젝트'는 유무형의 자원(전통문화유산, 일반 문화)을 발굴하고, 발견한 자원을 알기 쉽게 잘 분류하고(큐레이션), 쓸만하게 재가공하고(가치 부여, 브랜딩), 다음에 더 잘 활용하고 널리 알리기 위해 꼼꼼하게 기록하고(아카이빙, 맵핑, 주민일기) 홍보(미디어, 뉴스레터)하는 과정으로 진행된다.

발굴이라고 하면 석탄 발굴이나 유물 발굴처럼 유형 자원을 발굴하는 것만 생각할 수 있지만 지역 자원은 유형 자원과 (사람, 지역의 스토리, 지역 고유의 경험, 취향, 문화 등) 무형 자원이 모두 있기 때문에 실물 자원을 알아가려는 노력과 사람 자원을 알고자 하는 노력도 같이 진행되어야 한다.

뭐든 알아가는 과정을 경험하면서 그 과정에서 배운 보람과 발견한 자원에 대한 애착심이 생기고, 더 새로운 자원을 발견하고 싶은 욕구가 형성될 수 있다. 물론 이러한 효과를 거두기 위해서는 장기간의 반복 경험이 필요하고 절대로 혼자 할 수 있는 일이 아니라 누구라도 함께 진행해야 한다.

▎발굴 - 기록 - 홍보 과정

지역 자원 발굴 프로젝트는 많이 발견하고, 많이 기록하고, 많이 홍보했다고 마냥 좋은 것은 아니다. 하나라도 실생활에 활용할 수 있는 의미 있는 실천이 필요하다. 대도시라면 일단 많이 발견해 놓으면 어떻게든 활용처를 찾을 수 있지만 인구 30만 명 이하만 되어도 많은 결핍을 토로하는 상태에서, 양적인 관점에서만 자원을 발굴하는 것은 매우 지치고 소모적인 과정일 뿐이다.

무엇에 쓰는지 알지 못하는 상태에서 죽어라 하고 모아놓고 기록해 봐야 제대로 아카이빙된 그 흔한 플랫폼조차 없는 지역이 허다하다. 애써 돈 들여 플랫폼을 만들어놔도 몇 푼 안 되는 호스팅 비용을 누가 부담하느냐의 문제에 봉착하여 홈페이지 업데이트조차 안되는 곳도 많다. 위탁기관같은 관리 주체가 바뀌면 모든 걸 다시 새로 시작해야 하는 개미지옥이 반복되기도 한다.

즉, 단 하나라도 왜 모으는지 이야기하고 모은 자원을 어떻게 살릴지 논의하며 의미를 공유하는 것이 제대로 된 순서고, 필요한 수순이다. 바쁜 세상에 한가한 소리라고 비판할 수 있을지 모르지만 지금 지역에 필요한 것은 깊은 고민이 반영된 꼼꼼한 자원 모음과 자원 활용 노력이다.

프로젝트 1 **지역 자원 발굴**
자원 발견·분류·재가공

1-1. 자원 발견 (현장 조사, 자원 탐구)

◆ 왜 발견이 필요한가

지역 자원 발굴 프로젝트는 유무형의 자원 발굴을 함께 하는 프로젝트로서 주로 전통자원, 지역문화, 지역 내외 인적 자원을 발굴한다.

전통자원은 지역에 존재하는 오래되고 유명한 자원들이다. 지자체 홈페이지에 들어가면 이런 자원들이 차고 넘친다(물론 많이 나열되어 있을 뿐 잘 설명되어 있는가는 전혀 별개의 문제다).

많은 지역들이 자기 지역들만의 수려한 자연환경과 오랜 역사유산을 강조하지만 불행인지 다행인지 우리나라는 어느 지역이나 공기가 좋고 자연이 아름답다. 매번 놀란다. '이렇게 좋은 곳이 우리나라였다고?'

이미 잘 알려져 있고 많은 사람들이 방문하지만 그 중요성과 활용 가능성에 대한 반응은 사람마다 다르다. 특히 젊은 세대의 관심을 받기에는 역부족인 경우도 많다.

　그래서 새롭게 현대적인 시각으로 재해석하여 의미 부여를 한다. 이 경우에 발굴되지 않은 전통자원을 발굴하여 창조자원으로 만들 수 있다. 발굴되지 못한 전통자원과 역사자원을 찾아가는 과정을 통해 지역에 대한 친밀도가 높아지고 참여자 간 유대가 형성될 수 있다.

◆ 부담 없는 시작

　지역 자원 발굴 프로젝트는 어디에 무엇이 있는가를 파악하는 작업이 우선이다. 모두 전문가가 아니기 때문에 본격적인 지역탐사를 하는 것은 어렵고 부담스럽게 느낄 것이다. 또한 아무리 필요가 발명을 낳는다고 해도 자원을 발견하고자 하는 욕구는 사람마다 다르다. 그래서 절실함의 강도에 따라 자원 발견의 성과도 다르게 나타날 수 있다. 그저 즐기러 왔는데 "자! 자원을 탐구하러 갑시다!"라는 말을 들으면 도망가고 싶어질지도 모른다.

　따라서 처음에는 지역살이 공감 프로젝트('프로젝트 2' 유형)의 프로그램처럼 가벼운 산책부터 시작해야 한다. 자주 보고 익숙해져야 관심이 생기고 어느 정도 마음이 여유로워야 자신이 본 자원의 활용 가능성을 상상해 볼 수 있다 (관계인구의 모든 프로젝트에서 이런 여유는 매우 중요하다. 목표 달성을 위해 초조해하는 지역에 누가 가고 싶겠는가).

　통상적인 현장 조사(field work)나 답사는 조사 대상과 목적을 구체적으로 정해놓고 **빽빽**한 체크 리스트를 작성하며 조사 내용을 채우지만 일반인을 대상으로 한 자원 발견 과정은 일단 이 지역에 어떤 자원이 있을까 하는 호기심을 만드는 과정부터 먼저 천천히 시작해야 한다.

◆ 의문과 궁금증이 생기면 대성공

성급하게 자원을 발견하는 것이 목적은 아니기 때문에 지역 제대로 알기부터 시작하는 것이 훨씬 현실적이고 부담 없는 방법이다. 지역을 안다는 것은 지역의 역사와 위인을 텍스트로 학습하는 것이 아니라 지역의 일반 생활을 파악하는 것이다. 뭘 먹고, 어디에서 활동하며, 대부분의 시간에 무엇을 하는가 등이다.

이런 의미로 본다면 지역 고등학생들의 커뮤니티 활동도 지역의 일상을 구성하는 소중한 자원이다. 고등학생의 커뮤니티 활동부터 일반 주민의 커뮤니티 활동까지 이야기를 듣다 보면 '아, 이 지역의 사람들은 이런 것을 좋아하는구나' 하고 이해하게 된다. 다른 지역에 없는 독특한 커뮤니티라도 발견하게 되면 흥미를 느끼고 왜 그런지 알아보고 싶어질 수도 있다.

이 과정에서는 산책에 대화라는 방법이 더해질 수 있다. 그 대화는 본격적인 인터뷰라기 보다는 생활 속의 소소한 스몰토크(small talk)에 가깝다. "요즘 근황은 어떠시냐?", "이 동네에서 얼마나 사셨냐?", "누가 좀 왔다갔다 하는 동네인가?", "시간 남으면 어디에서 주로 뭘 하며 보내시냐." 하는 이야기를 하염없이 나누다 보면 공통점과 차이점 혹은 새로운 흥밋거리를 발견할 수 있다.

도쿠시마현 가미야마의 중학교 학생들은 수업시간에 마을에 나가서 마을 어른들의 이야기를 듣는다.[49] 그 동네 아이들만 학생이 아니고 인근 지역에서 온 경우도 있기 때문에 마을 어른들의 입을 통해 듣는 마을 이야기와 공간의 역사 등은 아이들로서는 처음 듣는 이야기가 된다. 어르신들은 어린 학

---

49) 가미야마 학생들의 마을 변화 스토리는 모리야마 마도카(2022) 참조.

생들이 와서 말을 걸며 관심을 보여주니 대화상대가 생겨서 신난다.

그런 소박한 필드 워크(field work)를 통해 마을의 삶과 일상생활, 나아가 마을의 경제활동, 문화 등에 대한 이해가 깊어진다. 고학년이 되면 필드 워크가 자신의 프로젝트가 되어 "그동안 내가 돌아본 이 마을에서 이번 학기 수업에는 이런 일을 하고 싶다"는 학생들이 나타난다. 프로젝트를 하는 과정에서 조언해준 어른들의 지원으로 미국에 견학을 간다던가 일찌감치 진로를 정해 상점의 견습생으로 들어가기도 한다. 그렇게 마을이 조금씩 움직이게 되는 것이다.

부담 없이 시작하는 발견 과정이지만 참여자들이 꼬리에 꼬리를 물고 의문이 생기고 관심이 생긴다면 그 자체로 자원 발굴 과정은 대성공이다. 이미 '아무것도 없는 상태는 아닌 상태'가 된 것이고 관심이 실천으로 이어질 확률이 '제로(zero)' 상태보다는 높아졌기 때문이다.

◆ 답은 현장에 있다

이바라키현 오와라이의 민간단체 오와라이 퀘스트는 지역 자원을 물건, 사람, 일 등 3개로 구분하여 주민 의견 듣기, 교류회, 조사 결과 발표회 등을 반복 실행한다. 이 물건이 좋은가, 매력적인가, 잘 팔릴 것 같은가, 우리 지역에 추천할 만한 사람이 있는가, 추천하는 이유는 무엇인가, 우리 지역에서는 주로 무엇을 먹고 사는가 하는 매우 일반적인 질문을 한다.

인터뷰나 서베이 같은 조사는 다다익선이다. 언제, 누구에게 뭘 물어볼지, 시기, 대상, 항목을 결정하는 것부터 조사가 시작된다. 조사하는 사람도 조사에 응하는 사람도 처음 해보는 그런 시도 속에 초보자여도 열심히 고민하여 질문하고 답한다. 고도화된 질문지를 통해 어려운 방법론으로 지역을 연구하는 연구자도 지역에 대해 제대로 알기 위해서는 결국 주민들이나 그 지역의 단체 활동가, 공무원에게 질문한다.

언제나 그렇듯 모든 답은 '현장'에 있기 때문이다.

◆ 주민 가이드에서 주민 도슨트로

이 과정을 함께 할 수 있는 사람을 확보하는 것도 중요하다. 자원 발견이 중요하긴 하지만 누군가 안내자는 반드시 있어야 한다. 단체의 적극적인 활동가나 전문성이 뛰어난 공무원을 의미하는 것이 아니다(그분들은 '충분히 바쁘다'고 한다). 이런 일은 오히려 지역 현장에 있는, 가급적이면 지역을 잘 알면 좋지만 온 지 얼마 안 된 이주자 등 '아무나'여도 좋다.

누구나 지역에 관심이 큰 것은 아니기 때문에 이런 사람을 발견하는 것이 쉽지는 않다. 지역에 무심하지 않은 이런 사람들을 지역의 '활동인구'라고 한다(활동인구의 중요성에 대해서는 '프로젝트 4'에서 설명한다). 많은 사람들이 '관계인구, 관계인구'라고 하지만 사실 활동인구가 없으면 관계인구는 결코 만들 수 없다.

생각해보자. 『상록수』같은 농촌 계몽 스토리도 아니고 아무도 꿈쩍하지 않고 변하지 않는 마을에 들어가 "제발 이 마을에서 관계인구가 되게 해주세요"라며 애걸복걸하는 스토리가 가능하겠는가. 어느 지역에서는 다들 생업에 바빠 대낮에 길을 걸어도 사람 한명 마주치기도 어려운데 언감생심 무슨 관계인구란 말인가.

즉 누군가 지역 내에서 '지역 자원 발굴 프로젝트'에 참여해야 하는데 그런 주민을 어디에서 무슨 명분으로 끌어와서 활동인구로 만들 수 있을까? 이 부분에서 잠시 다시 생각해보자. 이 책은 관계인구를 만드는 방법과 그 의미를 이야기하지만 도대체 왜 관계인구가 필요한지에 대해 함께 생각해보자는 것이 목적이다.

답은 하나다. 관계인구든 주민이든 내가 있는 곳에서 행복하게 살고 싶어서이다. 따라서 주민 활동인구를 만드는 것은 관계인구를 많이 만들기 위해서가 아니라 더 나은 지역을 위해 누군가는 조금씩 이전과 다른 '활동'을 하면 좋겠다는 말이다. 생업 현장, 생업 활동 시간이 아닌 자투리 시간이라도 조금씩 시간을 내어 내가 기꺼이 나와 지역을 위해 할 수 있는 일을 고민하고 실천하는 것, 그것이 활동인구가 되는 시작점이다.

만약 지역 안내인으로서 주민 가이드를 하고자 한다면 관광 가이드처럼 일방적으로 안내만 해서는 안 된다. 관계 형성 프로젝트는 서비스 제공 프로젝트가 아니다. 외지인보다 그 지역에 오래 산 것은 맞지만 일정 정도는 협력하는 동료로서의 자세를 가지는 것이 서로에게 좋다. 관계 형성의 모든 프로젝트를 어느 일방의 서비스로만 진행하면 결국 서로 감정 소모와 육체적 피로만 발생할 뿐이다.

한편, 주민 가이드는 지속적인 교육과 훈련을 통해 주민 도슨트(docent)[50]로 거듭날 필요도 있다. 아무래도 좀 더 전문성을 갖추게 되면 더 좋은 자원

---

[50] 도슨트는 박물관이나 미술관 등에서 관람객들에게 전시물을 설명하는 안내인을 말한다. 유럽 일부국가의 대학에서 사용하는 교수 직위를 말하기도 한다. '가르치다'라는 뜻의 라틴어 'docere'에서 유래한 용어로, 소정의 지식을 갖춘 안내인을 의미한다. 1845년 영국에서 처음 생긴 뒤, 1907년 미국에 이어 세계 각국으로 확산된 제도이다. 일정 교육을 받고 박물관·미술관 등에서 일반 관람객들을 안내하면서 전시물 및 작가 등에 대한 설명을 제공함으로써 전시물에 대한 이해를 돕도록 하는 데 목적이 있다. 우리나라에는 1995년 처음 도입되었다. 도슨트가 되기 위해서는 문화재나 미술에 대한 애정과 일정한 수준의 전문 지식이 있어야 하며, 소정의 교육과정을 마쳐야 한다(출처 : https://ko.wikipedia.org/wiki/%EB%8F%84%EC%8A%A8%ED%8A%B8).

가이드를 할 수 있기 때문이다. 그렇다고 무슨 자격증 취득하듯이 전문적인 하드 트레이닝 코스로 교육받는 것은 의미 없다. 그저 마을 협동조합이나 작은 커뮤니티에서 도슨트 역할에 대해 자발적으로 고민하는 학습 정도면 족하다. 모든 과정은 참여자의 여유와 만족을 중심으로 관심이 낮아지지 않도록 무리하지 않는 방식으로 진행해야 한다.

필요한 경우에는 프로젝트의 방향성을 함께 할 수 있는 지역 외부의 인적자원을 동료, 파트너, 협력자로 발굴할 수도 있다. 이들과 지역 공무원, 사업자, 활동가, 커뮤니티 등과 협력하여 기존 자원을 재해석하고 관계인구 양성 프로젝트를 위한 역할을 부여할 수 있다.

◆ 언젠가 전수조사는 가능하다

지역 자원을 발굴하는 것은 현장에서 이루어지는 작업이다. 무작정 지역을 걸어 다니며 낯선 것을 보려고 노력하는 방법도 있고, 내가 못 찾으면 오래 산 주민이나 다양한 주민들의 의견을 들어보는 것도 방법이다. 보통은 전문가에게 물어보면 답이 나올 것이라는 접근을 하기 쉬운데 모든 관계 형성 프로젝트는 일단 다양한 주민이 최대한 많이 참여하는 것에서 시작해야 한다.

목소리 큰 사람뿐만 아니라 아이, 노인, 직장인, 육아세대, 소상공인 등 평범한 사람들의 의견을 수집하여 사실에 가까운 조사 결과를 만들도록 노력해야 한다. 우리나라 지역에서는 보통 인구 30만 명만 되어도 (상대적으로) 큰 도시로 평가하는데[51], 1년 내내 30만 명의 생활조건과 의견을 거의 모두 들어보

---

51) 100만 명 이상의 대도시를 제외하고 지역에서 소위 번화가로 평가되는 주요 도시의 인구 규모는 대략 강릉(20만 명), 목포(20만 명), 군산(25만 명), 춘천(28만 명), 원주(36만 명), 세종(40만 명) 등이다.

겠다는 노력이 필요하다.

물론 지자체에서 정기적으로 사회조사를 실시하지만 주민 자체적으로 현실을 파악하지 못한 채 새로운 관계 형성 프로젝트만 진행한다면 그것 또한 매우 공허한 노력이라고 볼 수 있다.

많은 지자체에 지자체 통계 데이터가 넘쳐나지만 사실 주민의견조사의 조사대상 규모를 보면 의아할 때가 많다. "이 정도만 조사하고 주민 의견을 조사했다고 말할 수 있을까?"하는 의문이 든다. 한편으로는 통계 전문가도 몇 시간, 며칠을 들여 조사해야 할 만큼 데이터 자체가 접근하기도 어렵고 가공하기 힘든 경우는 비일비재하다.

통계 이야기는 복잡하니 차치하고 보더라도 공식 통계가 알려주지 않는 지역의 소리와 일상의 기록이 필요한 상황이다. 큰 도시에서 불가능한 일이 오히려 작은 지역에서는 가능하다. 쉼없이 '임팩트 있는 생활 데이터 발굴과 해석'이 이루어져야 한다. 지금 우리가 알고 싶은 것은 앙상하고, 엉성한, 무미건조한 데이터가 아니라 '맥락 있는 경험치'다.

1-2. 자원 분류(자원 큐레이션)

◆ 지역의 자원 체크 리스트

물론 일상의 기록만 치중하는 것이 능사는 아니다. 어느 정도 자원 발견 규모가 확장되면 좀 더 쓸모 있게 분류하는 것이 필요하다. 일목요연한 체크 리스트가 필요하다.

지역 자원의 종류는 매우 많은데 이것을 좀 더 체계적으로 기록하면 이후에 활동하는 주민들에게 더 도움이 될 것이다. 바로 이것이 정보의 힘이다. 우선 최대한 자세히 지역 자원의 체크 리스트를 만들어서 빈칸을 채우고 활용 방법을 고민하는 과정을 반복하는 것이 필요하다.

자원을 아무리 조사하고 분류해도 체크 리스트의 모든 칸을 완벽히 다 채울 수 있는 지역은 별로 없다. 그리고 빈칸을 다 채운다해도 그렇게 잘 채운 항목들이 현실에서 제대로 다 작동하는가는 전혀 별개의 문제이다.

중요한 것은 조사와 분류과정을 통해 무엇이 부족하고 무엇이 많은가를 눈으로 확인하면서 암묵지를 습득하는 것이다. 자원 발굴 프로젝트의 목적이 자원 발굴에만 있는 것은 아니라는 의미다. 뭔가 조사하고 분류한다는 것은 뭔가를 알기 위해 하는 것이다.

〈표 8〉 지역 자원 목록 예시

종류	주제	체크항목
사람	인구구성	• 총인구 • 권역/연령별 인구 구성 • 관광인구 규모 • 권역/연령별 1인 가구 수 • 출향민(출향 지역) 및 연령 분포, 가구 구성
	인구이동	• 유출/입 인구 규모, 이동이유 • 기간별 교통량(외지인 유입 정도, 외지 방문 정도) • 이동인구의 주요 방문지, 체류시간
경제	산업 현황	• 산업 규모, 종류, 분포, 매출 • 산업 이윤의 지역 유인 규모 • 지역 특산품 종류, 판매 현황, 문제점 • 소상공인 수 • 전통시장 현황

사회	주민활동	● 주민 소비활동의 특징 ● 중간지원조직·단체·기관 수, 분야, 분야 특징 ● 주민자치회 유무·운영 현황 ● 지역커뮤니티 수, 종류, 활동 현황
문화	문화 자원	● 지역 고유의 스토리 ● 지역 고유의 문화 ● 지역주민의 인생 스토리, 지역에 대한 생각 ● 특징적인 지역 경험
전통	관광 자원	● 역사자원(주요 유적지 분포, 특징, 방문 현황, 문제점) ● 자연자원 ● 기후 환경
교육	교육 자원	● 교육기관 현황
인프라	활용성	● 교통 인접성(철도, 항공, 고속도로, 해운, 도보) ● 공원, 체육시설, 문화시설 ● 주요 거점공간, 교류공간 ● 빈집, 유휴공간 수·규모·소유주·임대조건
제도	행정, 법	● 조직체계(지역안내 부서 및 이주안내 부서 유무) ● 공무원 수(공무원 1인당 주민 수) ● 관계인구 관련 법령(법, 조례, 특례) ● 자매도시 교류 현황 ● 기본권 보장 현황(거주권, 접근권, 이동권, 건강권, 치유권, 회복권, 노동권, 문화향유권, 학습권, 참여권, 생활권 등)

◆ 지역에 대한 좀 더 근거 있는 암묵지 형성

자원을 발견하고 분류하는 과정을 함께 하면서 자연스럽게 지역에 대한 경험 암묵지가 형성된다. 우리 마을은 '굴뚝이 많다', '목욕탕이 많다', '택시 운전사가 친절하다', '주민들이 느긋하다', '5일장이 5개다', '대학이 있다, 없다', '아이들이 충분히 놀 공간이 부족하다', '여가를 즐길만한 장소가 없다', '보행자에게 너무 위험한 도로가 많다' 등 지역의 특징과 현안을 발견하게 된다. 모두 학교에서 배울 수 없는 생활현장의 살아있는 정보들이다.

조사 결과물을 토대로 유형 2 지역살이 공감 프로젝트('조사했으니 이런 것을 함께 경험하자'), 유형 3 지역상품 생산 프로젝트('조사한 것을 한번 팔아보거나 만들 수도 있겠다'), 유형 4 지역사람 연결 프로젝트('조사한 것을 서로 연결하면 뭐가 되도 되겠는데?')를 진행할 수 있다. 이렇듯 유형 1 지역 자원 발굴 프로젝트는 다른 프로젝트의 좋은 재료다.

◆ 분류와 조사

'지역 자원 발굴 프로젝트'는 부존자원을 발견하고, 전통자원을 재해석한다. 유형 자원뿐만 아니라 인적 자원으로서 동료나 협력자도 발견한다. 발견 후에 자원을 분류하는 이유는 자원의 활용 가능성을 타진하기 위해서다.

분류는 일정 기준에 의해 진행되어야 한다. 분류 기준은 자원 형태나 주어진 기준이 아니라 스스로 자발적으로 만든 기준이어야 효과적이다. 보통은 자원의 매력도와 만족도를 중심으로 분류하면 실전에 활용하기 좋다.

자원의 매력도와 만족도는 지역마다 다르고, 누가 평가하는가에 따라 다르게 나타난다. 이미 활용한 자원이든 미래에 활용할 자원이든 분류 결과와 매력도가 낮으면 홍보를 늘리는 전략으로 가야 하고, 만족도가 낮으면 품질을 높이는 전략을 시행해야 한다. 이렇게 잠재적 자원, 원 자원, 현재 활용자원, 미래 활용가능 자원으로 체계적으로 분류할 필요가 있다.

1-3. 자원 재가공 (자원 재해석, 자원 큐레이션)

◆ 구슬이 서 말이라도 꿰어야 보배

자원 브랜딩은 기존에 있는 자원 이미지를 알릴 수 있는 새로운 정체성으로 구성하는 것이다. 고유명사로만 존재하는 전통자원이나 자연자원에 대해 새로운 가치를 해석하여 의미 부여하는 방식으로 좀 더 이해하기 쉽도록 누구나 접할 수 있게 다양한 계층의 참여가 필요하다. 초·중·고등학생이나 청·중·장·노년층의 자원에 대한 이해도와 선호하는 접근방식이 다르고 직종·성별·주거지 등에 따라서도 자원에 대한 이해도와 선호하는 접근방식이 다를 수 있기 때문이다.

◆ 이름표가 아닌 이음표[52]

유럽의 전통자원 유지와 새로운 지속에 대해 소개한 김정후는 우리나라에서 전개되는 지역 자원 발굴, 스토리텔링, 브랜딩 과정이 마치 발명가나 발명품을 만드는 것처럼 접근한다고 비판한다.

중요한 것은 성급한 스토리텔링이나 브랜딩이 아니라 해당 지역에 쌓인 유무형의 자산에 뿌리 내린, 레거시(legacy)를 존중하는 마음에 시작해야 한다는 것이다. 그런 의미에서 유무형의 자산은 화려하지 않아도 되고 장소에 쌓인 역사와 일상의 흔적만으로 충분하다고 주장한다.

지역에서 우리가 살고 머무는 장소에 붙이는 이름 자체의 가치에 대해 강조하면서 그러한 이름들은 단순히 식별을 위한 '이름표'가 아니라 지역의 과

---

[52] 김정후(2025)

거와 현재 그리고 미래를 잇는 견고한 '이음표'라고 평가한다.

살고 싶은 지역의 레거시는 그 이름을 신중하게 결정하고 철저히 계승하면서 만들어진다는 것이다. 이런 관점에서 보면 지역 자원의 모든 '명칭' 자체도 또 다른 '자원'이 된다고 볼 수 있다. 마음과 고민이 반영된 '명칭'은 타인의 마음에 울림을 준다.

◆ 마음을 움직이는 큐레이션

자원의 리브랜딩(rebranding)과 큐레이팅은 일반적인 자원 브랜딩보다 좀 더 특화되고 전문적인 해석과 의미 부여가 필요하다. 이 경우에는 참여자들의 니즈(needs)를 우선적으로 파악하는 것이 중요하다. 니즈에 따라 맞춤 코스를 안내하는 것이다.

앞으로는 이 모든 자원 발견과 재가공 프로젝트를 기술과 연결하는 것도 중요하다. 자원이 부족한 지역에서 기술을 능동적으로 활용하면 더 좋은 데이터 가공을 할 수 있고, 더 넓은 범위에 지역활동을 알릴 수 있다.

사례 1 **오와라이 퀘스트**(Owarai Quest, 이바라키현 오와라이)

'오와라이 퀘스트'[53]는 인구 1만 5천여 명의 해안가 지역에서 아웃도어와 레저스포츠로 지역을 모험 거점으로 만들어 '관계인구x마을만들기'를 동시에 추진하는 것을 목표로 하는 민간 임의단체다.

뭔가 새로운 것을 시작하는 곳, 내부와 외부의 사람들을 만나는 곳, 체험이 성장으

---

53) https://owaraiquest.studio.site/

로 이어지는 곳을 지향한다.
　① 다른 사람의 가치관을 존중하는 다양성(Diversity-Inclusion)
　② 개인 중심의 유기적 연결로 상호작용하고 순환하는 커뮤니티(Circular-Community)
　③ 지역 내외의 사람이 협업하여 지역 매력 발굴과 과제 해결에 공헌(Co-Work & Co-Creation)
　④ 지역에 이미 존재하는 것·사람·일 등의 자원이나 정보를 살려 새로운 가치 창조(Re-Think & Re-Design)
　⑤ 지역 매력이나 과제를 스스로 발굴하여 지역 만들기에 참여(Relevance) 등 5개 원칙을 중심으로 운영한다.

2022년 지역 관광협의회에서 추진한 프로젝트 '크리에이트 오와라이(Create Owarai)'에 응모한 관계인구 세 명이 지역 캠프장에서 아웃도어×아트를 체험 할 수 있는 놀이 만들기 이벤트를 기획·운영하면서 프로젝트가 본격화되었다.

로컬 퀘스트 랩(Local Quest Lab)은 월 1회 아침에 지역활동 단체의 활동에 대해 듣는 프로그램으로서 지역 내 고등학교 클럽활동 내용을 듣는 등 다각적인 방법으로 지역 자원을 발굴한다.

매력 발굴 프로그램은 장소나 하드웨어보다는 그런 것을 느끼는 사람 중심으로 매력을 찾는 활동이다.

워크 앤 크리에이션(Work & Creation)은 지역 체험형 작업 프로그램으로서 2박 3일 동안 한시적인 워케이션 프로그램을 진행한다.

크리에이트 오와라이(Create Owarai)는 지역공생형 마을 만들기를 주제로 제작, 사람, 일이라는 3개 팀을 구성하여 지역특산품 가공식품 등에 대한 소비자 의견조사(현장 대면 조사), 고등학생, 주민, 공무원, 상인 등의 교류회 개최, 교류활동 사진전 등 지역활동을 3개월간 진행하는 팀 작업이다.

■ 크리에이트 오와라이 프로그램의 3개 팀(이바라키현 오와라이)

* 출처 : https://www.youtube.com/watch?v=Dyst-k7HlYY&t=150s

■ 크리에이트 오와라이 프로그램의 지역특산품에 대한 소비자 반응 조사(이바라키현 오와라이)

* 출처 : https://www.youtube.com/watch?v=Dyst-k7HlYY&t=150s

사례 2   SMO 미나미오구니(구마모토현 미나미오구니마치)[54]

지역 유명 온천의 쇠퇴를 막고, 온천 외 농촌 지역의 활력을 높이기 위해 설립된 미나미오구니마치의 DMO[55], 'SMO(Satoyama Management Organization) 미나미오구니'는 발견한 마을 자원의 활용성을 알아보기 위해 본격적인 사업 시행 전에 주민을 대상으로 매력도와 만족도를 조사했다.

■ SMO 미나미오구니(구마모토현 미나미오구니마치)

* 출처 : https://smo-minamioguni.jp/company/

매력도 조사는 사전에 자원이 어느 정도 매력적으로 보이는가를 평가하는 것이고, 만족도 조사는 실제로 자원 활용 후에 어느 정도 만족했는가를 평가하는 것이다. 매력도 조사를 하지 않고 모니터 투어를 통한 만족도 조사만 하고 끝내는 경우도 왕

---

54) 자원의 매력도와 만족도 조사방법 및 중요도는 야나기하라 히데야(2021 : 46~49). 참조.
55) DMO(Destination Marketing Organization)는 지역관광을 촉진하기 위해 설립한 조직으로서 보통 '지역관광 마케팅 기관'이라고 부른다.

왕 있지만 그럴 경우에 만족도 조사만 하면 '좋았다'와 '나빴다'는 추상적이고 막연한 의견만 나와서 문제를 제대로 파악하기 어렵다. 따라서 매력도 조사와 만족도 조사를 함께해야 한다.

어떤 자원에 대해 "체험 전에는 매력적이지 않았는데 체험해 보니 꽤 만족스러웠다"라는 결과가 나왔다면 체험 전에 자원의 매력을 보여주기 위한 무언가가 부족했다는 것을 의미한다. 따라서 보다 체험자의 마음을 움직일 수 있는 매력적이고 유용한 정보를 제공하려고 노력하면 된다.

SMO 미나미오구니는 발견 자원으로 8가지 콘셉트의 가상상품을 만들어 매력도 조사와 만족도 조사를 했다. 통계학과 관광 분야에서 오래 일한 전문 스태프가 정확한 응답을 얻을 수 있는 설문을 설계했고, 일본인, 외국인, 각 연령층, 성별 대상을 설정하여 조사했다.

■ 발견한 지역 자원의 매력도와 만족도 조사 사례(구마모토현 미나미오구니마치)

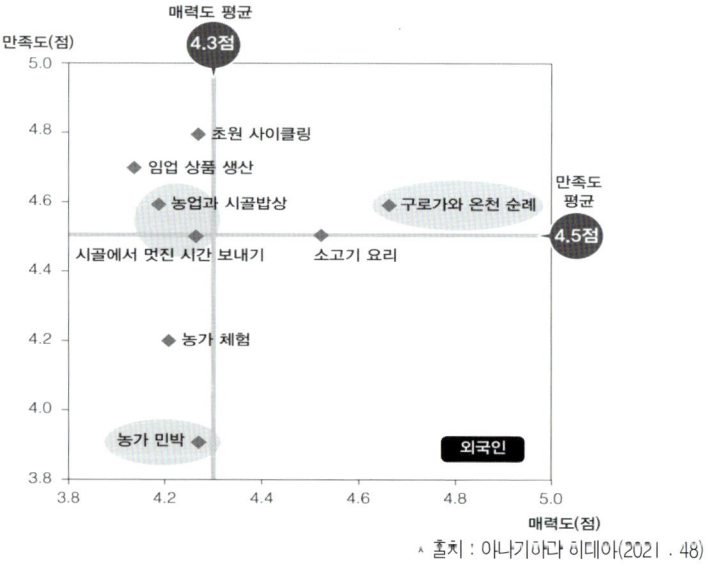

※ 출치 : 야나기하라 히데야(2021 . 48)

조사를 통해 상품 개발 포인트를 파악했다. 매력도가 낮고 만족도가 높은 상품은 정보제공을 좀 더 충실하게 할 필요가 있다. 이런 과제는 매력도 조사와 만족도 조사를 함께하지 않았다면 결코 파악하지 못했을 것이다.

가설 검증을 하지 않으면 소비자에게 잘못된 상품을 판매할 수 있다. 좋은 상품을 만들어도 공급자와 수요자의 필요가 맞아떨어지지 않으면 실패한다. 그래서 마을 만들기에서는 객관적인 매력도 조사와 만족도 조사가 꼭 필요하다.

지역 자원 기록
아카이빙, 주민일기, 맵핑

프로젝트 2

2-1. 아카이빙

◆ 이용자 친화적인 자원 기록

자원 아카이빙은 발굴한 자원으로 의미 있는 결과물을 만드는 것이다. 주제별로 만드는 지역자원도감, 혹은 지역을 잘 이해할 수 있는 마을교과서 등이 그것이다. 이미 많은 지역에서 이런 형태의 아카이빙이 이루어지고 있지만 실제로 그 결과물이 재미있는 콘텐츠로서 유통되고 활용되거나 업데이트되는 경우는 거의 없다. 그저 자료 구축과 정리에만 만족하는 경우가 많다.

물론 협업을 통해 참여자 모두가 하나의 결과물을 만드는 과정 자체만으로도 매우 의미 있지만 기왕에 모은 수고를 생각해서라도 활용성을 염두에 둔 아카이빙 작업이 이루어져야 한다.

아카이빙의 방식은 매우 여러 가지다. 시간 순서대로 혹은 장르, 장소, 연령, 주제 등을 기준으로 다양하게 구성할 수 있다. 어쨌든 모든 데이터가 정보로 기능하기 위해서는 이용자 친화적인 아카이빙을 원칙으로 구성해야 한다.

니가타현 사도섬의 사도 팬클럽은 주민과 관계인구가 103가지 지역 자원을 발굴하여 전시, 판매 등을 한다. 온라인샵에서는 발굴한 지역상품을 판매하고 온오프라인에서 전시회를 하는데 특히 '온라인 사도섬 미술관'에서는 많은 사람이 찍은 지역 현장의 사진을 전시한다.

그걸 본 사람들은 '이 지역에는 보일 만한 자원이 103개나 있구나' 할 테고, 살고 있는 주민들로서는 '우리 지역에는 이러이러하게 103개의 자원이 있어요'라고 할 것이다. 더 나아가 103개보다 많은 1,030개 자원을 발견하고 싶어질지도 모른다.

물론 이런 모든 경험은 더 좋은 지역변화의 소중한 자산이 된다.

2-2. 주민 일기

주민일기는 지역 내외 플레이어들의 지역일기, 즉 일종의 다이어리다. 그렇다고 개인의 시시콜콜한 사적인 내용을 노출하는 것은 아니고, 지역의 일상을 좀 더 자세히 소개하는 것을 말한다.

사소한 내용이지만 매일의 일상을 기록하며 지역살이의 구체적인 내용을 알리고 추상적인 지역살이가 아니라 구체적인 삶을 알린다는 의미가 있다. 또한 유명하고 거창한 지역 자원이 아니더라도 삶 그 자체도 훌륭한 자원이 될 수 있음을 강조하는 의미가 있다.

지역살이를 제대로 알기 위해서는 그 흔한 한 달 살기가 아니라 적어도 사계절은 살아봐야 제대로 알까 말까 한다고 이야기를 하는데 거주지가 아닌 지역에서 1년 살기는 거의 불가능하다. 따라서 주민일기를 통한 지역 안내는 쉽게 접근할 수 있는 소박한 콘텐츠를 통해 최대한 지역살이의 실체를 알리고 지역 자원의 새로움과 가능성을 알린다는 점에서 의미가 있다.

〈그림 16〉 누구나 쉽게 올리는 가미야마 주민 일기장(도쿠시마현 가미야마)

* 출처 : https://www.in-kamiyama.jp/diary

2-3. 맵핑

자원 맵핑(지역 자원 지도) 역시 자원 아카이빙처럼 어느 지역에서나 진행하는 프로젝트다. 지역을 이해하기 위해 어디에 무엇이 있는지부터 파악해야 한다는 문제의식으로 지도 만들기 작업을 하는 것이다.

자원 맵핑 역시 그 활용성을 염두에 두어야 한다. 즉, 단순 안내가 아닌 지도의 자원 활용성도 함께 고려해야 한다. 수많은 지역 지도가 있지만 지도 한 장에 보이지도 않는 작은 글자를 빽빽이 써넣은 경우가 많은데 사실 이런 지도는 이동할 때 활용하기 너무 어렵다.

이바라키현의 오와라이 퀘스트는 명사 중심이 아닌 동사 중심으로, 즉 활동 목적을 중심으로 지역 자원을 구성하였다. 이와테현 모리오카시의 플래닛 모리오카는 '지역을 탐구해야 할 행성(planet)'이라는 세계관으로 가고 싶은 곳과 살고 싶은 곳이라는 테마를 중심으로 지도를 제작했다.

사례 3 　오와라이 퀘스트(Owarai Quest, 이바라키현 오와라이)

'오와라이 퀘스트'의 지도 만들기 활동은 기차역을 중심으로 명사가 아닌 동사로 지역 지도를 만든다. '어디에 무엇이 있다'를 넘어 '어디에 있는 무엇으로 어떻게 할 수 있다'를 제시하는 것이다. 이런 세심한 디자인과 고려가 지도의 자원 활용성을 좀 더 높일 수 있다.

주민과 관계인구가 지도 만들기 워크숍을 반복 실시하면서 지도 이용자층(타깃)을 설정하고, 느끼는 곳, 모이는 곳, 노는 곳, 혼합형, 시작하는 곳, 교류하는 곳을 중심으로 38개 거점을 발굴하여 단순 지도가 아닌 활용할 수 있는 지도, 새로운 행동이 만들어질 수 있는 계기를 제공하는 지도(action map)를 구성했다.

지도를 만드는데 그치는 것이 아니라 더 나은 지도를 만들기 위해 지도 이용자들의 의견도 지속적으로 수렴한다.

■ 오와라이 퀘스트의 지역 활동지도 만들기 과정과 결과물(이바라키현 오와라이)

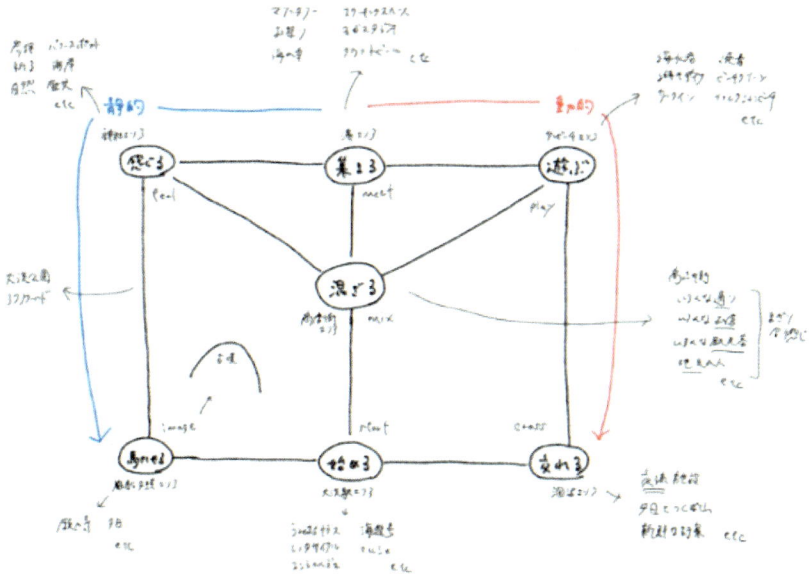

* 출처: https://note.com/owarai_quest/n/nb1cc2e852967

사례 4　플래닛 모리오카(The Planet Morioka, 이와테현 모리오카시)

'플래닛 모리오카'는 '지역을 탐구해야 할 행성(planet)'이라는 세계관으로 가고 싶은 곳과 살고 싶은 곳이라는 테마를 중심으로 지도를 제작했다. 세계관이라는 말이 유행한지 오래지만, 모리오카시는 지역 고유의 매력적인 세계관을 제시하며 관계인구를 형성하는 것이다. 이렇듯, 어떤 테마로 지도를 만드는가에 따라 맵핑은 다양하게 이루어질 수 있다.

■ 모리오카 행성에서 가고 싶고, 살고 싶은 곳의 지도 (이와테현 모리오카시)

* 출처 : https://tinyurl.com/24fakbxx

사례 5 사도 팬클럽(Sado Fan Club, 니가타현 사도섬)

'사도 팬클럽'[56]은 운영진의 독자적인 시각으로 촬영한 사도섬의 사진이나, 각각의 감성으로 제작한 사도에 관한 예술 작품을 사도시마(사도섬) 미술전을 통해 공개하고 있다.

관계인구를 늘리기 위해 지역 정보를 알리거나 인근 대도시인 니가타시에서 사도 관련 이벤트도 기획·개최한다. 사도 상품 디자인 개발 및 온라인샵도 운영한다.

주요 프로젝트로서 '사도섬에서 하고 싶은 활동 및 사고 싶은 상품 103가지' 아카이빙 프로젝트를 진행한다. 거점, 먹거리, 핫플레이스 등을 총망라하여 103개 콘텐츠를 제공한다.

■ 사도팬클럽(니가타현 사도섬)

* 출처 : https://www.sadofanclub.com/single-project

그 외에 전시회를 개최하며 전시회 개최 기간 중에 워크숍을 실시하고 여기에 외지

---

56) https://www.sadofanclub.com

의 지역홍보대원들이 대거 기획하고 참여한다.

■ **온라인 사도섬 미술관**(니가타현 사도섬)

船上から望む朝焼け。いざ出発。

島に着いたらカフェで朝食を。

BerriesでFreshなブルベリージュースを頂く。

朝一番の船で朝日を浴びる。

川と海のツートーンが梅雨明けを教える。

特等席から真野湾と小佐渡を眺める。

* 출처 : https://www.sadofanclub.com/photos

지역 자원 홍보
뉴스레터, 미디어

3-1. 이메일과 인스타그램 홍보

　지금 이 순간에도 전국의 각종 단체와 커뮤니티는 뉴스레터로 활동을 알린다. 소셜미디어로는 인스타그램(instagram)을 압도적으로 많이 활용한다. 많은 사람들이 이메일이라도 열어보고 인스타그램을 주로 사용하기 때문이다. 그 외에 노트(note)나 슬랙(slack)도 많이 사용하는 온라인툴이다. 좀 더 선도적으로 치고 나가는 조직에서는 숏츠(shorts)를 적극적으로 사용하기도 한다.

　일종의 미디어로서 뉴스레터 형식은 이미 보편화되어 있고 그 안에는 지역활동 소식과 지역활동가 소개, 지역의 주요 장소 안내 등이 담겨져 있다. 그리고 텍스트 기반 다이어리를 가공하여 동영상 콘텐츠로 만들고 이를 아카이빙하든 업그레이드하든 지속적으로 가공하여 살아있는 지역 정보로 활용한다.

　효과를 장담할 수는 없지만 외부에 도달할 수 있는 방법으로는 여전히 이메일 뉴스레터와 인스타그램 홍보가 당분간 유지될 것 같다. 기관과 커뮤니티 홍보가 아니라 지역 자원을 홍보하려면 어떻게 해야 할까? 정답은 없다. 그저 다수가 사용하는 매체를 활용할 뿐이다.

3-2. 지역학, 지역 매뉴얼

압도적인 미디어는 아니지만 공들인 지역학 교과서 혹은 독창적인 지역 안내서를 보완재로 구상하는 것도 하나의 방법이다. 그러나 지역살이 컨셉북(concept book)이나 다수가 참여한 지역 기록 그리고 좀 더 깊이 있는 지역 연구서가 매우 부족하다. 좋은 지역 안내서는 집에 갖고 오고 싶고 또 읽고 싶은 지역 안내서를 의미한다.

◆ 마을 교과서, 지역의 일상 심층 기록과 연구

지역에는 향토 사학자나 지역에 대해 깊게 잘 아는 주민들이 많다. 따라서 학술연구식의 건조한 지역연구보다 대화와 소통이 바탕이 되는 지역 탐구와 기록을 하는 전문연구팀을 구성하는 것도 효과적인 자원 기록 방법이다. 꾸준한 기록 속에 새로운 문제를 발견하거나 적어도 분야별 특징 목록을 만들 수 있다.

〈그림 17〉 이주자를 위한 마을 교과서 사례(교토 히요시)

* 출처 : https://www.nancla.jp/wp-content/uploads/2019/06/seki-kyoukasyo5.pdf

02
지역살이 '공감' 프로젝트

〈표 9〉 지역살이 '공감' 프로젝트(Lifestyle Empathy Project)

목적	프로그램
④ 부담 없는 공감대 형성 ⑤ 지역 생활권 안내 ⑥ 지역 창작력 신장 ⑦ 지역 자원 향유 ⑧ 지역 자원, 지역살이 연결	④ 가벼운 만남, 출퇴근 밋업, 안부 공유, 함께 식사, 케어와 상담 ⑤ 소소한 마을산책(그저 걷기), (주민도슨트와) 마을 둘러보기 ⑥ (온오프라인) 창작·전시·관람 ⑦ 자연 향유, 힐링, 테라피, 캠핑, 아웃도어 액티비티 ⑧ 한시적 체류(전문 레지던스), 워케이션, 마을호텔(고택 재생, 상가 네트워크)

◆ 한 번 경험이 반복 경험으로 이어지는 경로 만들기

지역 자원을 발굴하기 위해서는 일단 지역에 머물러야 한다. 하루이틀 경험으로 지역 자원이 발굴될 수는 없다. 또한 지역살이는 오직 한달살기만 목적으로 하기보다는 머무는 과정에서 마음이 움직여야 더 의미가 있다.

그런 차원에서 지역살이 '공감' 프로젝트는 지역살이를 하면서 '함께 실감하자'는 제안이다. 방문자가 지역에 일정 기간 머무는 동안 지역의 평범한 일상생활을 공유하고, 지역 자원의 가치를 알리며 지역주민과 관계 형성을 도모한다.

그 방식은 이름과 안부를 공유하며 소소한 마을 산책을 하거나, 멍하니 지역 고유의 좋은 장소에서 시간을 보내는 것부터, 특정 목적을 지향하는 ○○인 레지던스나, 마을의 모든 자원을 시스템화하여 안내하는 마을호텔까지 여러 가지 경로로 진행될 수 있다. 대부분 지역 고유의 경험과 정체성을 공유하는 방식이 많다.

방문자의 지역 경험 깊이가 깊을수록 그 지역을 재방문하거나 이주할 가능성이 높아진다. 하다못해 옆집으로 이사 가는 결정을 하는 것도 어려운 것이 현실인 만큼 아무리 인상적이고 감명 깊은 좋은 경험을 해도 이주할 가능성은 그리 높지 않지만 좀 더 깊은 기억을 각인시켜 반복 방문을 유도함으로써 더 깊은 관계를 형성하여 지역살이로의 경로를 만들고자 하는 노력이다.

◆ 환대보다는 분명한 메시지

방문자의 이러한 상황을 지역에서도 좀 더 냉철하고 여유 있게 생각할 필요가 있다. 성급하게 이주를 요구하며 과한 환대를 한다면 -환대 자체야 고마운 일이지만- 환대하는 사람이나 환대를 받는 사람이나 부담스러울 뿐이다. 솔직히 '이웃이 늘면 내 생활에 정말 좋은게 뭔지'에 대해 생각할 정도의 현실적인 판단도 필요하다. 지역인구 늘리기를 위해 헌신할 필요는 없기 때문이다.

무작정 외지인을 환대하는 것보다는 단기 체류든 장기 체류든 무엇을 위한 환대인가를 분명히 밝힐 필요가 있다. 예를 들어 단기 체류라면 짧은 시간

동안 지역의 경치나 사람의 이런 특징을 눈여겨봐 주길 바란다거나 장기 체류라면 보고 듣고 먹는 것들에는 이런 의미가 있다는 것을 부담 없는 방식으로 그러나 분명히 알릴 필요가 있다.

좋은 경험은 감정의 좋음으로도 깊어질 수 있지만 기본적으로는 유익함에 기반한 것이 오래 간다. 즉, 하나라도 새로운 사실을 알게 되고 그것이 나의 삶에 의미 있다고 판단하면 그 이후의 반복 경험으로 이어질 수 있는 것이다. 배움이 변화로 이어지지 않는 경험은 공허하다.

부담 없는 공감대 형성
가벼운 만남, 출퇴근 밋업, 안부 공유, 함께 식사, 케어와 상담

4-1. 가벼운 만남, 출퇴근 밋업, 안부 공유, 함께 식사(co-dining)
  : 조금만 개입한다

일단 누구라도 지역 매력을 부담 없이 느낄 수 있어야 하기 때문에 일회성 이벤트처럼 사소한 것부터 시작하며 반복하는 것이 좋다. "이런 게 프로젝트가 될 수 있다고?" 반문할지 모르지만 '지역의 매력'이 어디에서 어떻게 잠재력을 발휘할 수 있을지는 아무도 모른다. 직접 해봐야 아는 것이다.

우선, 서로가 서로를 아는 과정부터 시작한다. 일상을 공유하는 소박한 티타임(tea time)의 반복이나 그저 단순히 반복 만남을 통해 이름을 알게 되고 친밀감을 형성하는 것이다. 그저 한 시간 동안 아침저녁으로 만나다가 말을 섞고 대화가 깊어지면 본격적으로 프로젝트를 수행할 수 있는 상태가 되기도 한다.

대부분의 사람은 '하루일과'가 있다. 그 시작과 끝의 자투리 시간부터 공유하는 프로그램이 있다. 가고시마현 가고시마시의 바캉스 프로젝트는 사람들의 교류 공간을 만들고 싶다는 지방공무원의 소망에서 시작되었다. 그 뜻에 공감한 오래된 집의 건물주가 공간을 내주어 10명이 힘을 모아 공간을 고치고 프로젝트를 시작했다.

'스스로 즐기고', '적극적으로 표현하고', '조금만 개입한다'는 소박한 3대 원칙을 중심으로 아침저녁 1시간 티타임을 갖는다. 주민, 외지인, 외국인도 참여한다. 지역살이를 알기 위해 지방신문도 함께 읽는다. 공간 운영시간은 9~5시가 아니라 특정 요일의 오전, 오후에 1시간씩만 운영한다.

300여 명 규모의 작은 마을에서 시작한 이 프로젝트에 매회 30여 명이 참여한다. 밀접한 커뮤니티, 회칙이 강한 조직이 아니더라도 교류하려는 마음이 조금만 있으면 얼마든지 부담 없이 실천할 수 있는 프로젝트다.

이후에 이 프로젝트는 더 발전되어 공간도 유료로 운영할 만큼 인기를 끌었고, 그 공간을 운영할 좋은 단체도 발견했고, 공간에서 만든 상품에 의미를 담아 브랜딩하여 온라인으로 판매하게 되었다.

무료로 커피 한 잔을 나누거나 함께 식사하는 다이닝 프로젝트(dining project)도 있다. 일단 같이 먹어야 대화하며 더 친해질 수 있다는 식으로 운영되는 프로젝트들이다. 많은 인류학자와 역사학자, 사회학자들은 함께 식사하는 과정에서 서로 대화할 수 있는 기회가 생기고, 대화를 통해 집단 내 갈등을 용인할 수 있는 선에서 해결하는 등 집단의 생존 가능성을 높일 수 있는 많은 창의적 성과가 나타난다고 말한다.[57] 쉽게 말해서 '밥정'의 위력은 상당한 것이다.

4-2. 자유를 업데이트한다

'자유를 업데이트한다'는 슬로건으로 일본 전국에서 활동하는 파운딩 베이스는 지역의 경제적 자립을 적극적으로 지원하며 지역의 자유를 구현하고자 한다. 일종의 지역 컨설팅 기관이기도 한데 일단 프로젝트를 시작하면 지역에 사원이 이주하고 거점을 설치하는 방식으로 적극적으로 개입한다.

파운딩 베이스의 활동 거점 중의 하나인 니가타현 산조시는 프로젝트 시행을 통해 이주자 급증이라는 성과를 냈다. 발견(Discovery) - 관계(Engage) - 확인(Check) - 실천(Action)이라는 DECA 원칙으로 관계인구를 형성한다.

특히 카페 산조 블랑을 거점으로 식(지산지소), 교육, 복지, 다세대 교류, 문화예술, 관광 등 6개 부문의 복합 기능을 수행하고, 마르세, 주민 교류 등 1년에 60여 회의 이벤트를 개최하며 교류한다.

4-3. 케어와 상담

케어형 프로젝트는 일상의 만남 속에서 어우러지게 된 사람들의 어려움을 공유하며 고민 상담이나 마음공부 등을 하는 안부 공유를 진행하는 프로

---

[57] Annette Kehnel(2021 : 46)

젝트이다. 자연스럽게 프로젝트를 진행하면서, 인위적으로 이슈를 추출하는 리빙랩 과정보다 덜 부담스러운 프로세스로 참여자들의 과제를 도출할 수 있는 것이 장점이다.

대부분의 참여자들이 고민을 갖고 있는 상태에서 공동체 차원이나 지역 차원에서 해결할 수 있는 과제를 도출하며 서로 큰 부담이 없는 해결을 도모한다. 그렇기 때문에 고민의 종류는 난이도가 높은 것보다는 우선 해결할 수 있는 것부터 시도하면서 일상의 고민 공유 단계보다 좀 더 높은 효능감을 갖게 되는 것을 목표로 한다.

(앞서 소개한) 파운딩 베이스는 팬데믹 기간 동안 도움을 요청하는 출향 청년을 돕기 위해 지역에서 기부금을 모아 필요한 물품을 발송하며 케어 했다. 1주일에 100건의 신청이 들어올 만큼 인기를 끈 이런 프로젝트는 고도의 전문 심리상담이 아니어도 지역과 외부를 잇는 경로를 느끼게 해준 것만으로도 꽤 깊은 유대감을 형성했다. 고립과 외로움이 다반사인 현대사회에서 '혼자가 아니야'라는 메시지의 위력은 생각보다 강력하다.

일반 상담과 달리 관계 형성 프로젝트는 지역에 대한 자원 파악과 외지인에게 맞는 컨설팅 능력이 필요하다. 한편, 활동인구를 네트워킹하여 서로의 필요에 부합하는 매칭 서비스를 제공하는 방안도 있다.

라이프스타일 페어링(lifestyle pairing)은 개개인의 라이프스타일에 맞는 지역살이 형태를 찾아 매칭해 주는 프로그램이다. 자전거 타기가 취미라면 더 나은 자전거 도로를 발굴해 준다던가 지역 내 라이더 커뮤니티를 매칭해주는 식의 방식으로 좀 더 풍요로운 라이프스타일을 제안하는 것이다.

농업을 배우고 싶으면 가르쳐줄 의시가 있는 지역 농부를 소개하고, 그저 부담없이 일하고 싶다면 딱 그만큼의 노동이 필요한 지역의 상점주를 연결하는 방식이다.

이렇듯 취미뿐만 아니라 일상적으로 행동하는 많은 세세한 부분을 발견하여 지역에서 제공할 수 있는 요소들을 매칭하다 보면 연결이 연결로 이어져 어느새 지역에 새로운 흐름이 형성된다.

사례 6 바캉스(バカンス, 가고시마현 가고시마시)

'바캉스'[58]는 휴가(vacance)라는 의미뿐만 아니라, 가고시마 사투리로 '바보들이 모이는 장소(バカたちが集う場所, 바보들의 둥지(バカたちの巣))'라는 뜻의 애칭이다. 항구 옆의 개발이 어려운 300여 명 규모 마을의 작은 골목에 바캉스의 거점이 있다.

바캉스 활동의 3대 원칙은 ① 우선, 스스로 즐긴다(즐거움), ② 적극적으로 표현한다(부담 없는 안부 인사), ③ 조금만 개입한다(상대에 대한 배려)이다.

공무원이 나서서 공간을 구매했고, 뜻을 같이하는 13명이 집세(2만 3천 엔, 한화 20만 원 정도)를 분담하고, 매주 특정 요일의 오전과 오후에 한 시간동안 영업하면서 일상에서 꾸준히 만나는 프로그램들을 운영한다. 외지인이 이주 상담을 요청할 경우에는 공무원과 기업인이 함께 참여한다는 점도 중요한 특징이다.

바캉스에서 일하는 직원들의 자세는 '모두 내 집 손님처럼 대접하는 느낌'으로 응대하는 것이다. 바캉스의 활동에 대해 '도시에 대한 애착(civic pride)'을 느끼게 해주는 공간이라는 해석도 있다.[59]

물리적 거점이자 지원 플랫폼이기도 한 바캉스는 가고시마시 주최 리노베이션 스쿨 & 빈집 재생 사업 후에 시작되었다. 2017년 리노베이션 스쿨 프로그램 운영 후, 가고시마시 공무원이 직접 구매하여 리모델링한 공간이다. 1층 작은 주방과 2층 다다

---

58) https://www.facebook.com/vacancesmeizan/?locale=ja_JP
59) https://www.hilife.or.jp/cities/data.php?case_id=288

미방으로 구성된 2층짜리 낡은 건물이 거점이다. 항구 근처의 밀집 지역으로서 재개발이 어려운 좁은 골목에 위치해 있다.

■ '바캉스' 거점공간 (가고시마현 가고시마시)

* 출처 : https://sotokoto-online.jp/diversity/1032

사람들의 교류 공간을 만들고 싶다는 지방공무원의 열의에 공감한 70대 노부부 건물주가 기꺼이 공간을 빌려주었다. 공간 리모델링을 위해 DIT(Do It Together, 아마추어들의 공동 시공방식) 방식으로 사람들을 모으면서 참여자가 늘어나 현재의 멤버들이 구성되었다.

초기 멤버는 10명이었는데 2022년부터 13명이 분담하여 집세를 내고 있다. 2019년부터 운영되고 있는 바캉스는 각자 내 장소라고 느끼는 새로운 도전 장소로서 1차 목적은 여행자와 현지인이 함께 교류하는 것이다.

바캉스는 늘 같은 시간에 일정하게 만나는 취지의 프로그램이 많은 편이다. '아침, café de 바캉스(朝Café de バカンス)'는 매주 한 시간(매주 금요일 오전 7:15~8:15분) 운영한다. 다음날이 휴일(토요일)이면 부담 없이 열심히 참여할 수 있을 것 같아서 운영일을 금요일로 정했다.

이 프로그램은 바캉스에서 처음 시작한 카페 이벤트로서 직장인들이 출근 전에 잠깐 들러 아침체조도 하고, 커피 한잔하면서 담소를 나누는 프로그램이다. 처음에는 공무원이 수익활동을 하면 안 된다는 생각에 참여자들이 각자 커피를 가져오는 방식으로 모임 음료 등을 해결했지만 다른 민간 운영자가 운영인계를 받은 지금은 이런저런 식품과 커피 판매도 한다.

■ '아침, cafe de 바캉스'에 모인 사람들(가고시마현 가고시마시)

* 출처 : https://sotokoto-online.jp/diversity/1032

모든 프로그램에 매회 30~50여 명의 주민, 외지인, 외국인들이 참여한다. '좋은 아침, 바캉스(おはようバカンス)'는 매주 수요일 오전에 한 시간(7:30~8:30분) 동안 진행하는 아침 안부모임이다. 건물 바로 앞 골목에 의자와 해먹을 놓고, 지역 이슈가 담긴 지역신문 일주일치 기사를 읽고 토론한다. 지역에서 난 채소나 과일로 만든 다과, 주먹밥, 커피 등을 판매한다.

■ '좋은 아침, 바캉스' 패키지 (가고시마현 가고시마시)

* 출처 : https://www.instagram.com/p/B9BB-B2Htbh/?img_index=1

'수고했어요, バカンス'(おかえりバカンス)는 매주 목요일 오후 한 시간(18:30~19:30분)동안 운영하는 프로그램으로 일종의 퇴근 격려 모임이다. 열심히 일했으니 차 한 잔하고 가라고 건네는 것이다. 프로그램 장소에는 '수고했어요'라는 글자가 있는 등불이 주민들의 피로한 하루를 위로한다.

■ '수고했어요, 바캉스' 프로그램 장소에 밝혀진 등불 (가고시마현 가고시마시)

* 출처 : https://www.instagram.com/p/Cc3E4Agvqd_

이 외에도 매주 수요일 2시간(11시-13시)동안 '타니카츠 프리 커피(たにかつフリーコーヒー)'[60]라는 이벤트도 실시하는 데 간헐적인 날짜에 무료로 핸드드립 커피를 제공한다. 또한 온라인으로 마음을 전하는 티백 세트도 판매한다.

■ 카페에서 온라인으로 판매하는 티백 셋트(가고시마현 가고시마시)

* 출처 : https://sotokoto-online.jp/local/4167

사례 7 파운딩 베이스(Founding Base, 니가타현 산조시)

도쿄의 지역재생 전문 컨설팅회사 '파운딩 베이스'[61]는 '이주 컨시어지' 역할을 모토로 다양한 지역에서 지역재생 활동을 한다. 주 활동 영역은 관계인구 창출 사업, 관광 사업, 1차 산업 지원 사업, 교육 사업, 도시 프로모션 사업, 지자체 컨설팅 사업이다.

---

60) https://www.youtube.com/watch?v=VDYIL5dCwns

61) https://foundingbase.jp/

■ 파운딩 베이스의 이주 컨시어지

* 출처 : https://foundingbase.jp/n/n47428463594b

   2014년 설립된 파운딩 베이스의 슬로건은 '자유를 업데이트한다'이다. 시마네, 야마구치, 후쿠오카, 오이타, 니가타, 나가노, 교토, 고치, 홋카이도, 미야기, 후쿠시마, 도쿄, 시즈오카 등에 21개의 거점 활동을 전개한다.

■ 일본 전국의 파운딩 베이스 활동 현황

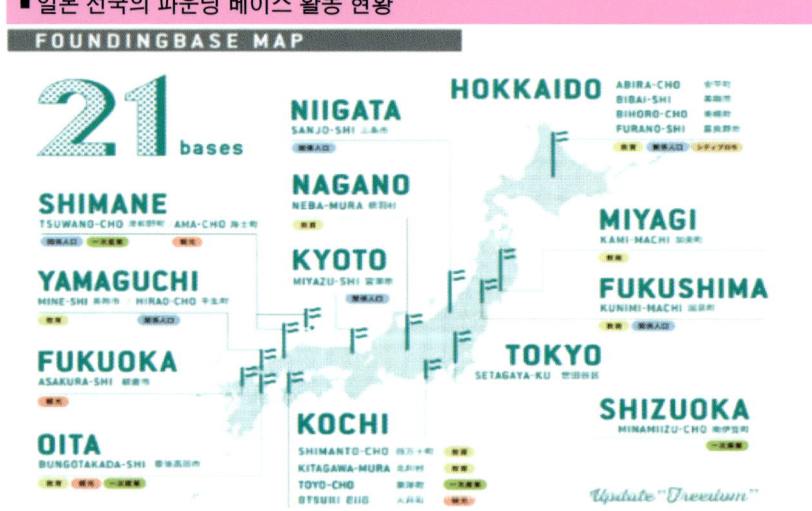

* 출처 : https://foundingbase.jp/n/n35b67e8ca907

파운딩 베이스는 지역과 공동 작업을 원칙으로 하는데, 주민 스스로 지역경제를 살리기 위해 제조와 서비스 창업이나 사업을 전개하도록 지원한다. 기존 지방재생이 정보 유동성만 확장하며 파견이나 사무 위탁 등을 통해 일시적 관계맺기로만 끝나지만, 파운딩 베이스는 사원 이주나 거점 설치 등을 통해 지속적인 관계 형성이 가능한 방식을 시행한다.

지방을 알게 하는 것만으로는 지방재생이 잘 이루어질 수 없으며 지방경제 활성화가 필수라는 것을 강조한다. 즉, 정부의 지방재생사업을 그대로 답습하는 것이 아니라 주체, 원칙, 방법에서 차별화를 추구한다. 또한 콘텐츠 생산에 있어 교류인구, 관계인구, 이주인구 그리고 주민 등 다양한 주체와 협업 필요성을 강조한다.

■ 파운딩 베이스의 프로젝트 운영 원칙

구분	지역공생	일반적 지역재생
주체	스스로	지역, 지원자
이념	지역경제 창조	정보교류 확대
방법	제조, 서비스 생산 혹은 활용 지속성 창출 (직원 이주, 거점 설치)	제조, 서비스 판매 혹은 납품 일시적 창출 (사람 교류, 업무위탁 인재 활용)

* 출처 : https://foundingbase.jp/n/n35b67e8ca907

파운딩 베이스는 2021년부터 니가타현 산조시에서 이주 컨시어지 활동을 하고 있다. 산조시는 전통적인 제조업 도시로서 기술과 품질이 세계적인 지역이다. 이 지역 이주 컨시어지 활동의 목적은 이주자들이 곤란을 느끼는 일, 생활, 커뮤니티 부문의 정보 부족 문제를 지원하는 것이다.

특히 파운딩 베이스의 고유 방법론인 DECA(발견(Discovery), 관계(Engage), 확인(Check), 실천(Action))를 통해 관계인구를 형성하고자 한다.

2021년 이주자가 52명 증가하여 스마우토(SMOUT)는 2021년 이주 어워드에서 산조시를 1위 지역으로 선정했다. '당신만을 위한 2일'이라는 1박 2일 체류 프로그램을 운영하는데 1년에 10명이던 상담건수가 1년 만에 500건으로 증가했다.

지역 제조업의 구인도 지원한다. 제조업이 강한 지역인데 구인을 못 하고 있어서 이를 지원했다. 임의 자원봉사단체 '인연 만들기'를 설립하여 지역과 청년을 연결한다. 특히 팬데믹 기간 동안에는 어려움을 겪는 출향 청년이 지원을 요청하면 지역 물품을 발송해 주는 서비스를 시행했다. 이 사업은 기부금으로 운영했는데 1주일에 100건 이상 지원요청이 들어왔다.

카페 산조 블랑(SANJO BLANC)을 거점으로 지역의 중심거리 활성화 프로젝트도 진행한다. 2020년에 폐공간을 카페로 개조하여 말과 예술로 관계의 여백을 형성하는 것을 목표로 운영하고 있다.

■ 산조 블랑(니가타현 산조시)

* 출처: https://foundingbase.jp/n/n47428463594b

2021년 1년간 60여 회의 이벤트를 개최했는데, 아이들과 유령의 집 개조 이벤트, 축제, 마르쉐 운영 등을 했다. 키와비 산조 나이트, 전문가아 교류 모임 이벤트도 진행했다.

식(지산지소), 교육(연수, 워크숍), 복지(장애인 생산 상품 판매), 다세대 교류(한 공간에서 교류), 문화예술(청년 아티스트 갤러리), 관광(이주자 관광 안내) 등 6개 부문의 복합기능을 수행하고자 한다.

■ 산조 복합공간의 6개 부문의 역할(니가타현 산조시)

교육
연수 워크숍

식
지역 음식 즐기기(이벤트)

복지
장애인의 손으로 만드는 상품 판매

관광
이주자 관광안내 공간

다세대 교류
모든 세대가 같은 공간에서 교류

문화 아트
젊은 예술가에게 갤러리 대여

* 출처 : https://foundingbase.jp/n/n47428463594b

사례 8   얀바루 싱카(やんばるSHINKA, 오키나와현)

'얀바루 싱카'[62]는 오키나와 북구 얀바루 지역의 3개 마을을 방문하는 사람들을 지역과 연결하는 프로그램으로서 자연, 전통요리, 아웃도어를 즐기는 싱카(shinka, 주민

---

62) https://yambaru-shinka.okinawa/

혹은 활동가)들을 소개한다.

지역위원회인 얀바루 3개 마을 체험형 콘텐츠 위원회가 운영한다. 사람, 체험, 응원, 문화 부문 등 4개 부문의 연결을 위해 지역 안내 상담을 진행한다.

의뢰인들은 '관심을 갖고 싶다', '숨은 명소를 몰래 가르쳐 주세요', '여행하고 싶은데 시간이 없어요', '현지인과 이야기하고 싶어요' 등의 요청을 하는데 이들에게 일명 '싱카'라 부르는 주민을 소개한다.

싱카는 활동인구이자 일종의 동료 개념으로서 지역 가이드 역할을 수행한다. 싱카가 소개하는 모든 프로그램은 1인당 5만 원 내외의 유료로 진행한다.

■ 다양한 분야의 주민 싱카들(오키나와현)

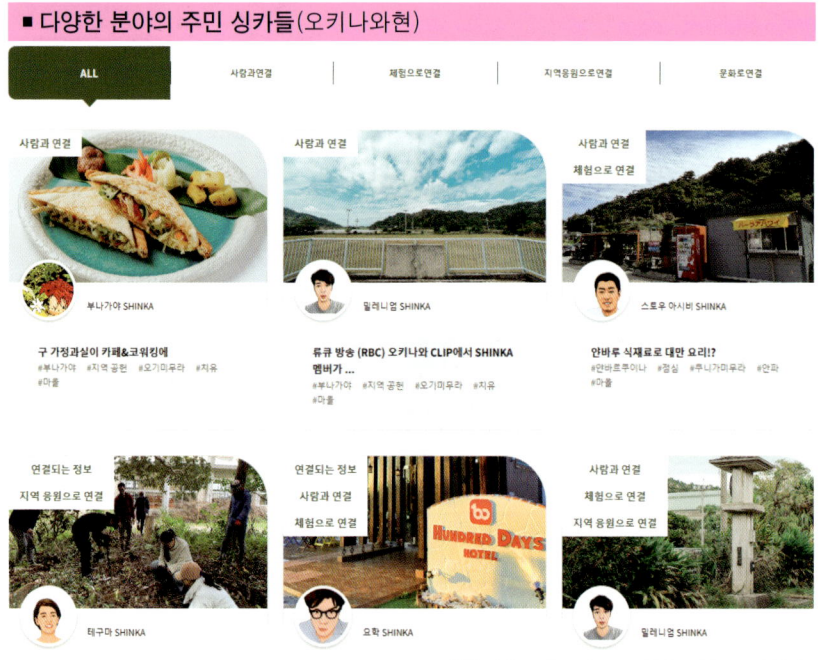

* 출처 : https://yambaru-shinka.okinawa/shinka

지역 생활권 안내
프로젝트 5
그저 걷기, 자원 둘러보기

5-1. 그저 걷기, 산책 루트는 다양하다

자원 안내는 일단 지역의 매력을 부담 없이 느낄 수 있는 산책 코스 정도부터 시작할 수 있다. 아침 산책이나 저녁 산책 혹은 점심 막간 산책을 통해 좋은 경관이나 좋은 장소를 경험하는 것이다(물론 도보 산책 뿐만 아니라 자전거나 오토바이 라이딩도 가능하다).

지역 생활권 안내 프로젝트는 패키지 여행의 투어 코스나 빡빡한 견학 코스 등을 통한 자원 안내가 아니라 그저 지역을 걸어다니거나 아주 작은 장소에서 여유롭게 머무는 것만으로도 지역을 느낄 수 있게 한다.

산업사회에 들어서면서 산책은 한가한 사람의 유희 정도로 폄하되기도 하지만 그 이전 시대의 산책은 환경을 느끼고 사색하는 인간 본연의 활동이었다. (조금 거창하지만) 산책은 '고향을 상실한 현대인의 문제'를 회복시키는 활동이 될 수 있다.[63]

한편 도시계획가 제프 스펙은 지역의 보행 편의성의 중요성을 강조하면서 걷기 좋은 지역을 만들었을 때의 이익은 자산가치, 인재 유치, 일자리 창

---

[63] 19세기 말부터 20세기 초까지 유럽에 대도시가 형성되면서 사색에 잠길 수 있는 고요한 산책은 종언을 고했다. 19세기 말의 도시 발달로 보행이 더 이상 가능하지 않은 시대가 도래하면서 도시를 가로지르는 넓고 거대한 관통대로가 뚫리고, 수많은 익명의 대중들이 낯선 얼굴로 마주치는 도시의 거리는 더 이상 전통적 의미의 산책에 적합하지 않은 곳이 되었다. 산책 종말의 시대가 된 것이다(이창남 2020 : 9).

출, 교통에 따른 비용 절감, 보조금·외부효과, 비만과 의료비 등 건강 관련비용 절감, 자동차 사고 감소, 공기오염으로 인한 사망률 감소, 기후 위기 해소에 기여, 공동체의 사회자본 형성 등에 효과가 있다고 주장한다.[64] 걷는 것만으로도 이 많은 장점들처럼 지역의 새로운 자원 발견이나 사회문제 해결의 가능성이 높아질 수 있다.

즉, 지역에 보행 편의성이 높으면 이와 같은 장점이 만들어질 수 있는데, 그 전제는 그 지역이 걸을 만해야 산책이라도 할 수 있다는 것이다. 걷기 위험한 지역을 억지로 걷는 것은 가능하지 않으니 말이다.

5-2. 안내자가 있으면 좀 더 재미있는 산책이 된다

주제를 좀 더 문화에 특화한 지역 나들이 프로젝트도 진행할 수 있다. 또한 산책하는 이유에 대한 구성원의 이해가 필요하다는 것을 유념하여 산책의 목적은 최대한 구체적으로 설정해야 한다.

물론 이 모든 프로젝트는 약간의 비용을 부과하는 유료로 진행하는 것이 바람직하다. 참여자에 대한 이런 의무 부과는 정도의 차이가 있을지언정 일방적인 지역의 희생에 따른 피로감을 방지하는 차원에서 반드시 필요하다.

무슨 일이든 지속하는 것이 중요하기 때문에 '지역은 푸근한 인심을 제공해야 한다', '지역의 것은 저렴하게 공급하는 것이 당연하다'는 식의 생각은 지울 필요가 있다.

좀 더 전문화된 자원 안내는 지역 특화 코스나 타깃별 코스를 만들어 지역

---

64) Jeff Speck(2018)

자원을 안내하는 것이다. 예를 들어 지역의 오래된 목욕탕 안내 코스, 정기적으로 열리는 장날 안내 코스 등은 지역 특화된 도슨트 프로젝트일 수 있다.

지역 역사, 음식, 사람 코스 등 한꺼번에 많은 것을 보여주기보다는 좀 더 전문화된 영역으로 구분하여 프로젝트를 진행할 필요가 있다. 출향민과 타지인이 함께 그룹을 이루어 서로 교류하거나 산책하는 등의 프로젝트를 일상적으로 진행하는 방안도 매우 효과적일 것이다.

단순한 걷기 프로그램이더라도 가이드로서 지역 도슨트가 필요하다. 지역살이 안내를 위해서는 주민 참여가 필수적이다. 기획을 잘하는 누군가가 방문자와 지역 자원을 발견하여 안내할 거리를 많이 발견한다 한들 전문적인 관광 가이드처럼 지역의 이곳저곳을 안내하는 형식은 다소 긴장감이 발생할 수 있기 때문에 방문자와 새롭게 관계를 형성하고자 하는 취지를 살리려면 좀 더 여유로운 방식으로 프로그램을 진행할 필요가 있다.

사례 9　**로이로이**(ロイロイ, 고치현 스사키시)

고치현 스사키시는 예전엔 항구마을로 번성하여 한때 인구 3만 명 규모였지만 이제는 현저히 감소세를 보이는 지역이다. 1954년 5개 시정촌이 합병하여 시가 되었지만 실제 인구 규모는 정(町) 정도의 2만 명 규모다(일본의 시(市) 승격 요건은 인구 5만 명이다).

이러한 낙후환경을 개선하기 위해 고속도로 연장 개통을 계기로 교류인구 늘리기 프로그램으로 '서비스 에어리어 타운(SAT, Service Area Town)'을 구상했다. 거점인 스사키 마치가도 갤러리[65]는 지역 자원을 활용하여 정보 발신을 하는 문화교류시설로 활용하고 있다. 박물관이 없는 지역이지만 '사람들이 역사와 문화를 말하고 건물이

---

65) https://machikado-gallery.com/

역사 그 자체'라는 컨셉을 제시한다.

스사키 마치가도 갤러리에서 운영하는 지역산책 프로젝트 '로이로이'는 이 지역 방언으로 '빈둥빈둥'이라는 의미다. 이 프로젝트는 '자랑하고 싶은 마을, 돌아오고 싶은 마을'을 내걸고 지역을 산책하는데, '산보 체험'이라고도 표현한다.

프로젝트 운영을 위해 2016년부터 산책 가이드 양성 교육을 실시하여 4명의 가이드를 만들었고, 지금은 가이드 5명과 사무국 직원 1명 규모로 운영한다.

■ 지역 산책 프로젝트 로이로이 (고치현 스사키시)

* 출처 : https://roiroi-machiaruki.localinfo.jp

4~10명이 한 팀으로 2시간 동안 오래된 상가를 중심으로 걸으며, 지역의 오래된 역사와 문화를 체험하는데, 별도로 음식 코스, 역사 코스, 목욕탕 코스[66] 등도 운영한다(코스당 참가비 2천 엔).

개최일과 개최 지도는 홈페이지에 자세히 게시되어 있는데 무더운 8월과 추운 12월에는 운영하지 않는다. 또한 지역 볼거리를 직접 경험할 수 있도록 자전거 대여 서비스도 제공한다(요금 1대당 100엔).

---

66) 스사키시에는 예전에 9개의 목욕탕이 있었다.

사례 10   플래닛 모리오카(The Planet Morioka, 이와테현 모리오카시)

'플래닛 모리오카'[67]는 생활 체험 컨시어지를 진행한다. 생활 체험 컨시어지는 모리오카 광역권 등에서 지역 자원을 살린 착지형 투어를 개최하는 가이드이자 프로그램명이다. 방문과는 다른 느낌으로 차별화하여 '실제로 살면 어떤 곳일까?'하고 느껴지는 정보를 전달한다.

■ 플래닛 모리오카의 생활 체험 컨시어지(이와테현 모리오카시)

* 출처 : https://planetmorioka.jp/living/#taiken

참가비 5백 엔의 2시간짜리 저녁 산책 프로그램으로서 석양을 보며 지역을 느끼는 프로그램으로 운영한다. 아침 시간의 느긋한 산책 프로그램도 있는데 최소 개최 인원 2명, 최대 8명 단위로 운영한다.

가이드가 동행하여 지역을 안내하고 플래닛 모리오카의 거점 공간도 소개하며 기념품도 준다. 또한 이 산책 프로그램들은 고향을 오래 떠나 있다가 돌아온 이들이 참여하는 '이와테 고향 워킹 홀리데이 프로그램'[68]과도 연동하여 진행한다.

---

67) https://planetmorioka.jp/

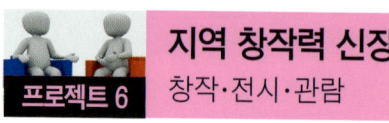

프로젝트 6 　**지역 창작력 신장**
창작·전시·관람

6-1. 문화예술 창작의 매력 : 한 번 가치를 느끼면 매력은 두 배가 된다

　지역 창작력 신장 프로젝트, 즉 예술 콘텐츠를 창작하고 향유하는 프로젝트 또한 많은 지역에서 시행하고 있는 유형이다. 아무래도 경제활동이나 본격적인 참여에 대한 긴장감보다는 문화예술 부문에 대한 심리적 부담이 상대적으로 적고, 지역살이, 지역여행, 지역문화를 선호하는 계층이 문화예술에 대한 관심이 높기도 하고, 지역창업에서 문화 부문의 창업 비율이 높기도 해서이다.

　이 프로젝트는 전통자원에 미학적 취향을 반영하여 창작 욕구를 독려하고, 만들어진 창작품을 새로운 복합문화공간에 전시하고, 모두가 관람하는 방식으로 진행한다. 또한 예술 창작 활동을 지원한다. 그런 차원에서 지역 창작력 신장 프로젝트의 또 다른 이름은 '마을 문화예술 프로젝트'라고도 할 수 있다.

　이 프로젝트는 문화예술이 가진 장점에 기반하여 '한 번 가치를 느끼면 매력은 두 배가 된다'는 전략을 구사한다. 마을에 매력적인 문화예술 콘텐츠가 많으면 그 매력을 느끼는 사람이 많아져 관계를 형성할 가능성이 높아진다

---

68) https://wh-iwatetabi.net/

는 전략이다.

그렇다고 단순한 유희나 놀이만 진행하는 것은 아니다. 도시인을 위한 휴식이나 유희를 제공할 수 있지만 그렇게 되면 한 번 올 수는 있어도 반복 방문은 기대하기 어렵다. 따라서 퍼포먼스나 교류를 위한 공연 공간, 머물 수 있는 게스트 하우스도 함께 필요하다.

6-2. 문화예술과 지역 정체성을 연결

고치현 스사키시의 스사키 마치카도 갤러리는 고택을 문화교류장소로 활용한다. 아티스트 인 레지던스도 운영하고 전시회와 공연도 활발하게 하며 예술 교류를 통한 관계인구 형성을 도모한다.

나가노현의 사이노 쓰노는 나가노현의 대표적인 문화예술 프로젝트다. '무소의 뿔'이라는 의미의 사이노 쓰노는 '예술가처럼 독특한 사람도 살기 쉬운 도시'를 지향하며 활동한다. 비바람을 막는 처마 밑처럼 모두를 위한 안식처가 되고자 하며 예술가의 창작 활동을 전방위적으로 지원하는 것이 특징이다. 지역 일부로서 문화예술 프로젝트가 진행되는 경우는 있어도 이렇게 본격적으로 지역의 온 정체성을 문화예술에 집중하는 경우는 매우 드물다.

6-3. 주민 협업

지역 창작력 신장 프로젝트는 갤러리, 소극장, 버스킹, 플리마켓, 식사 교류회, 영화 상영회 등 독자적으로 진행하는 프로젝트보다는 주로 주민들과 협업하여 진행되는 경우가 많고, 경우에 따라서는 이런 활동에 관심 있는 주민 모으기를 통해 활동인구를 양성하는 목적으로 진행한다.

정중동 방식의 매니아 문화 역시 문화예술 창작 활성화에 도움이 된다. 지역마다 갖고 있는 문화예술의 특성이 다양하기 때문에 지역의 문화적 취향을 반영하면서도 독특한 아이템을 추구하는 매니아층의 유입을 유도하는 것이다.

6-4. 모든 경험 과정이 콘텐츠다

예술의 범위는 미술, 음악, 오페라, 연극 등 정형화된 형식에 머무는 것이 아니다. 인간의 모든 활동이 문화예술의 소재가 될 수 있다. 그런 점에서 '프로젝트 6 : 지역 창작력 신장 프로젝트'는 '프로젝트 1 : 지역 자원 발굴'이나 '프로젝트 2 : 지역 자원 기록'과 연결될 수 있다. 즉 지역의 창작 자원을 발굴하고, 발굴 과정을 기록하는 행위 자체가 새로운 문화예술 창작력을 만드는 과정이다.

물론 이 과정을 진행하기 위해 먼저 '프로젝트 8 : 아티스트 인 레지던스'에 머무는 체류과정을 병행한다. 또한 새로운 문화예술 창작이 더 발전하게 되면 '프로젝트 13 : 지역 정체성 공유' 프로젝트처럼 제2주민권이나 지역 서포터로서 예술가가 만들어질 수 있고, 창작과정에 주민들이 합류하는 과정에서 자연스럽게 '프로젝트 14 : 지역 내 활동인구 육성'이 가능하다.

관계가 또다른 관계로 이어지면서 관계의 파생 현상(spin-off impact)이 나타날 때 비로소 지역 활력이 시작된다.

6-5. 전시, 관람

　창작 결과를 공유하는 것으로서 ⁽희곡⁾ 낭독회, 필사회, 드로잉 전시회를 진행할 수 있다. 작은 공간이더라도 의미 있는 실내외 갤러리를 확보하여 상설 전시와 임시 전시를 기획할 수 있다.
　공간은 사람을 확보하기 위한 일종의 장치로서 개방감과 문턱 없는 자유로운 출입이 가능하도록 설계한다. 지역에서 가장 많이 이용하는 다중이용시설로서 기차역, 전통시장 등의 일부를 전시공간으로 활용할 수 있다. 마을 전체를 '지붕 없는 갤러리'로 생각하며 전시하는 것이다.
　거창한 화이트 큐브나 독자와 작가가 만나기 힘든 공식 전시장이 아니라 생활 공간에서 전시와 관람이 진행되면서 주민 도슨트가 해설하는 지역 이야기를 듣거나 아마츄어라도 진솔한 창작자와 만날 수 있거나 동네 아이들이 문턱 없이 자연스럽게 드나드는 모습, 그것이 진정한 마을의 '생활' 갤러리의 모습일 것이다.
　물론, 오프라인 공간을 확보하기 어렵다면 온라인에 무한대의 공간을 확보할 수도 있다. 팝업 이벤트나 메타버스 실연 등 IT를 활용한 온라인 전시를 하는 것이다.

6-6. IT, 메이커, 게임 콘텐츠 창작

　일반 창작과 달리 기술 활용의 원칙을 중심으로 한 메이커스페이스, 유니버설 디자인 등을 적용한 제작도 문화예술 창작 범주에 속한다. NFT나 웹툰,

게임 등 이른바 신기술을 통해 자원을 재해석하고 응용한 창작물을 산출하는 것이다.

사례 11 스사키 마치카도 갤러리(すさき まちかど ギャラリー, 고치현 스사키시)

'스사키 마치카도 갤러리'는 에도 시대 말기 때부터 마을 발전을 위해 이용되었던 미우라 가문의 고택 취지를 이어서 시민, 방문객 등의 문화교류장소로 이용한다. 지역 매력을 탐방하고 알아갈 수 있는 공간을 만들기 위해 2014년 시제(市制) 시행 60주년 되는 해에 대규모 보수공사를 실시하여 본 건물을 등록 유형 문화재로 지정했다. 이 공간은 9시부터 5시까지 운영한다.

■ 스사키 마치카도 갤러리의 거점 공간(고치현 스사키시)

* 출처 : https://machikado-gallery.com/

예술마을 만들기 실행 위원회가 주도하여 중심 시가지에서 전람회를 개최하고 2014년부터 아티스트 인 레지던스를 운영하여 2023년까지 30명의 예술가가 체류하며 주민들과 활발한 창작활동을 한다.

그 외에도 미술, 연극 등 각 분야의 지역 외 작가들의 교류를 위한 전시회장이나 교류 장소로 활용한다. 공간 사용료는 홀, 방, 탕비실로 구분하여 유료이고, 4~5천 원 정도이지만 시기별로 냉온방 사용료가 별도인 것이 특이 사항이다.

■ 스사키 마치카도 갤러리 공간 사용료(고치현 스사키시)

区分	午前（9:00〜12:00）	午後（12:00〜17:00）	冷暖房使用料(各時間区分)
ギャラリー（ホール）	400円	500円	200円
和室1（10畳、8畳、6畳の3間）	500円	700円	200円
和室2（8畳間）	300円	400円	200円
カフェスペース（湯沸室）	400円	500円	200円

* 출처 : https://machikado-gallery.com/rental_space

뉴스레터를 통해 이벤트 소식 등 활발한 예술 교류 및 창작 활동 정보를 제공한다. 항구도시로서의 강점을 활용하여 교류성을 강조하고 예술성이 매우 강하다.

■ 스사키 마치카도 갤러리의 이벤트(고치현 스사키시)

* 출처 : https://tinyurl.com/24v5rh26

사례 12 　**사이노 쓰노**(犀の角, 나가노현 우에다시)

인구 15만여 명의 나가노현 우에다시는 2006년 4개 행정구역이 합병한 지역으로서 나가노현에서 세 번째로 인구가 많고, 외국인 등록 인구도 많은 도시다. 이 지역은 고령화 가속화, 인프라 감소에 따라 '고령자를 활용한 마을만들기'를 모색한다.

'사이노 쓰노(무소의 뿔)'[69]는 극장, 카페, 숙박시설을 갖춘 복합문화공간 거점이다. 처마 아래에서 비바람을 견딘 듯, 사람 간 연결로 서로 도울 수 있는 장소를 만들고 싶다는 의미로 만들었다. 무소의 뿔을 현대인의 일상에 빗대어 다양한 가치관, 신체 등을 가진 사람들이 만나 교류하도록 유도한다.

불교에서 유래한 '무소의 뿔처럼 혼자 가라(Walk alone like a rhinoceros)'는 슬로건을 가치로 제시하며 주민, 국내외 여행자, 관광객, 연극인, 예술가 등의 교류 장소로 활용하여 '예술가들처럼 독특한 사람도 살기 쉬운 도시'가 되고자 한다.

사이노 쓰노는 극장과 게스트 하우스를 갖춘 거리의 문화시설이다. 숙박시설만큼 극장 시설을 강조하며 다양한 예술 활동을 한다. 비바람을 막기 위한 처마 아래처럼 주민과 외지인을 위한 안식처를 표방하며 아티스트 인 레지던스도 운영한다.

누구나 장소에서 관계의 고리를 넓히고, 장소 재발견을 통해 무엇을 할 수 있을지 고민하는 곳이라는 점을 강조하고 특히 장애인, 고령자 등 취약계층을 포용하고 상담한다.

프리랜서 예술가를 위한 계약하는 법 특강, 유튜브 활용법, 각종 전시회, 음악회, 낭독회, 코미디 퍼포먼스, 연극공연 등도 활발하게 개최한다.

---

[69] http://sainotsuno.org/

■ 사이노 쓰노의 공간활용과 타깃(나가노현 우에다시)

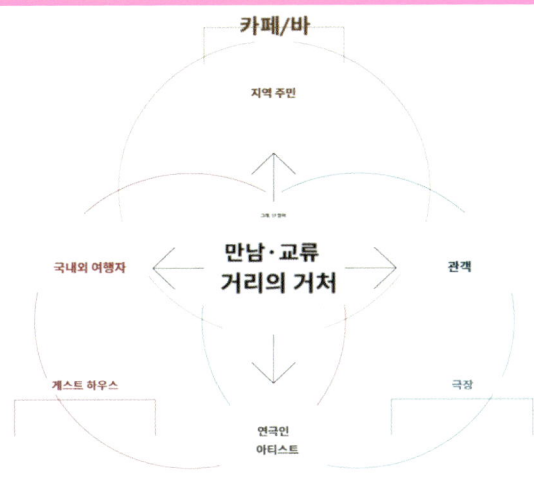

* 출처 : http://sainotsuno.org/about/

　사이노 쓰노는 메인 교류공간으로서 카페나 극장으로 적극 활용하고 게스트 하우스 야도카리 하우스는 아티스트 인 레지던스 시설로 이용한다. 대도시에 대응해 지역 활성화를 위한 예술의 장이자, 지역연극문화를 계승하기 위해 극장을 적극적으로 활용한다.

■ 사이노 쓰노 공연장(나가노현 우에다시)

* 출처 : https://www.facebook.com/sainotsuno2016

대학생 인턴, 예술 단기 연수 등의 프로그램도 운영한다. '목표는 없고, 이미 실현했다!'를 내걸고 활동하는 'NPO 장 만들기 네트워크(場作りネット)'[70]가 운영한다. 지원이 필요한 약자를 돕고 이들이 지역사회에 어우러지도록 독려한다.

장애인 시설 운영하는 NPO 리베르테와 협업 등 NPO 법인끼리의 협력 및 네트워크를 구축하며 대표 책임자를 정하지 않고, 안건이 있을 때마다 그때그때 스스로 해결하는 방식으로 운영한다.

현대인이 필요로 하는 교류와 창작 욕구 충족한다는 깊이 있는 철학, NPO 사무국이 극장, 문화 창작, 게스트 하우스를 융합한 방식으로 운영, 고등학생을 위한 요가 클래스 개최 등 제3의 장소를 운영하는 NPO와 협업하고, 인도네시아 커뮤니티 단체 방문 등 국제 교류가 이루어지는 것도 특징이다.

사례 13 시작의 섬 게임(はじまりの島, 효고현 아와지시마)

효고현 아와지섬의 역사 유산 탐험 게임, '시작의 섬'은 일본 최초의 역사×관광×RPG 게임 앱이다. 총 30시간 동안 아와지섬에 사는 평범한 고등학생이 섬의 역사를 왜곡하는 괴물에 맞서 지역을 구한다는 내용이다.

특이 사항은 미션에 도달하면 현실에서 사용할 수 있는 20개 쿠폰을 제공하고, 게임 캐릭터를 공모하여 초등학생의 디자인을 채택했으며, 마법 아이템은 지역 방언을 사용하고, 수익금은 지역의 문화유산 보존비로 사용한다.

---

70) https://buzzcre8net.hatenablog.com/

■ 지역 게임 시작의 섬(효고현 아와지시마)

* 출처 : https://kuniumi-awaji.jp/rpg

사례 14 좀비 랜드 사가(ゾンビランドサガ, 사가현)

사가현에 대한 게임 '좀비 랜드 사가'는 좀비로 부활한 여성들이 아이돌이 되어 쇠퇴하는 지역 사가를 살리는 애니메이션으로서 일본에서 매우 큰 인기를 끌었다.[71]

사가현이 주요 무대이긴 하지만 지역 고유의 전통이나 정체성을 일방적으로 홍보하는 내용이라기 보다는 오히려 '지역에 뭔가 없다'는 내용만 반복하여 강조함으로써 매니아 문화 효과를 거두어 2010년대에 크게 유행했다.

자연경관, 전통, 역사와 같은 무거운 주제가 아니라 언어유희 같은 우연적이고 작위적인 설정으로 게임과 애니메이션 등 여러 콘텐츠와 제휴하여 문화산업으로서도 성공한 것이다.

---

71) 좀비 랜드 사가에 대한 상세한 연구는 이석(2021) 참조.

사가현 사례는 지방문화를 역사나 자연환경과 관련지어 설명하는 방식에서 좀 더 확대하여 새로운 문화취향에 맞추는 방식의 가능성을 제시한다. 이러한 방식이 고유의 전통이나 정체성과 거리가 멀 수도 있지만 좀 더 유연한 문화 범위 확대로 해석할 수도 있기 때문이다.

■ 좀비 랜드 사가(사가현)

* 출처: https://tinyurl.com/2c4hrvcl

프로젝트 7

지역 자원 향유
자연 향유, 힐링, 테라피, 캠핑, 아웃도어 액티비티

7-1. 일상에서의 해방

비수도권 지역의 가장 큰 장점은 수도권의 빠른 속도와 긴장감에서 벗어날 수 있다는 것, 즉 일상에서 해방감을 느낄 수 있다는 것이다. 휴식과 치유를 위한 자연 체험, 캠핑, 테라피 같은 활동이 그것이다.

도시에 만연한 커뮤니케이션을 위한 커뮤니케이션 상태에 지친 사람들, 아무것도 하고 싶지 않지만 그냥 온전히 나인 상태로 있고 싶은 사람들의 수요에 적극적으로 응하는 것이다.

물론 휴식과 치유가 필요하긴 하지만 대부분 비슷한 자연조건을 갖춘 우리 사회에서, 그리고 지역이 병원이 아닌 이상 도시인의 휴식과 치유 기능만 하는 것은 맞지 않는다는 점에서 좀 더 참신하고 지역에도 도움 되는 창의적이고 섬세한 기획력이 필요하다.

그저 지친 사람을 위로한다는 수동적이고 무기력한 가치 설정보다는 다음의 생산을 위한 '잠시 쉼'과 '휴식'을 선호하는 이들을 위한 생산적 힐링으로 가치를 설정하는 것이 더 효과적이다. 아픈 사람은 지역보다는 병원에서 치유하는 것이 맞고, 뭔가 하기 위해 고민하는 사람을 위한 안내는 지역 관계 형성 프로젝트가 담당한다는 식의 가치 설정이 더 적절하다.

나가노현 우에다시의 사이노 쓰노가 운영하는 게스트 하우스에서는 원래 가정 폭력에 시달리는 여성을 위한 일종의 보호처 같은 의미로 저렴한 숙박비로 쉴 곳을 제공했다. 그런데 그 취지에 공감하면서 가정과 직장 등 온갖 사회활동에서 안식처가 필요한 사람들이 모여들기 시작했다. 모인 이들끼리의 소통과 교류가 진행되면서 새로운 관계인구가 형성된다.

7-2. 체어링 힐링

힐링의 방식은 매우 다양할 수 있지만 자원이 상대적으로 부족한 지역에서는 복잡하거나 너무 전문적이거나 비용이 많이 드는 프로그램보다는 부담 없고 비용이 별로 들지 않는 소박한 프로그램이 절실하다.

하나의 대안으로서 체어링(chairing)은 단순히 의자만 제공하는 힐링 프로그램이 아니라 많은 의미와 특징이 있는 아이디어기도 하다.

<그림 18> 체어링　　　　　　　　<그림 19> 체어링 액티비티(미나미오구니)

* 출처 : https://www.furusato-tax.jp/feature/a/series_chairing
* 출처 : https://minamioguni.jp/archives/211901

첫째, 경제성. 체어링은 복잡한 장비, 고도의 전문지식, 고비용이 아닌 가장 문턱이 낮은 아웃 도어 프로그램이다.

둘째, 체험자 존중. 체어링은 '당신의 자리(your seat)' 개념에 집중한다. 준비물은 오직 개인 의자 하나면 된다.

셋째, 지역 고유의 경관에 집중. 그 지역의 어디가 가장 쉬운 장소인가는 주민만이 알 수 있는 아이템이다. 지역에서 의자 설치하기 좋고 추천할 만한 장소를 선택하여 체어링을 권유한다.

주민들은 일출이나 낙조가 아름다운 장소, 바람이 꽤 운치 있게 부는 장소, 지역경관을 혼자 충분히 그리고 조용히 음미할 수 있는 공간을 추천할 수 있다. 자연을 매개로 한 고즈넉한 인연이 형성되는 것이다.

넷째, 지역 맵핑 프로젝트와 연결. 주민이 추천하는 장소나 외지인이 낯선 눈으로 발견한 특정한 장소를 맵핑하여 그 지역만의 체어링 앱을 만들 수 있고, 그 자체만으로 그 지역은 맛집과 핫플이 넘쳐나는 요란한 지역이 아니라 소박하지만 아름다운 지역으로 브랜딩 될 수 있다.

다섯째, 공공 해킹(public hacking).[72] 일본에서 2016년부터 아웃도어 활동으로서 유행하기 시작한 체어링은 급속히 확산되어 사회운동처럼 진행되기도 했다. 공공장소나 대중이 모이는 장소에 갑자기 모이는 일종의 플래시몹(flash mob)이 등장하여 공공 해킹 운동으로 발전하기도 했다.

여섯째, 각 지역의 고유한 디자인의 의자는 고향납세 답례품으로도 인기다. 폴딩 의자, 캠핑 의자, 콤팩트 의자, 감독 의자, 사냥 의자, 해먹 의자 등 독특한 디자인의 의자를 기부자에 대한 답례 상품으로 제공한다. 보통, 일반인들이 책상에는 앉기 힘들지만 의자에는 반드시 앉는다는 걸 고려하면 '의자'는 매우 활용도가 높은 관계 아이템이라 할만하다.

〈그림 20〉 일본 각 지역의 고향납세 답례품 의자

가나가와현 가마쿠라시   이시카와현 하노시   니가타현 쓰바메시

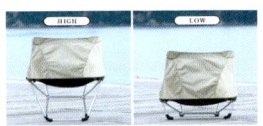

효고현 가사이시   교토부 마이즈루시   시즈오카현 요시다

* 출처 : https://tinyurl.com/26qxczeg

---

[72] 공공해킹은 사적으로 자유롭게 공간을 사용할 수 있는 권리를 주장하는 사회운동이다.

일곱째, 체어링 문화 및 생태계 형성. 하나의 의자에서 시작한 프로젝트이지만 그대로 머무르는 것은 어쩐지 재미 없다. 가장 마음에 드는 공간에 앉아서 찍은 사진으로 사진전을 개최하거나,[73] 체어링 경험을 드로잉과 함께 일기로 기록하는 이벤트를 하거나, 전국에서 체어링 사진 찍기 가장 좋은 곳 정보를 제공하는 웹사이트[74]를 만들며 체어링을 하나의 문화나 체어링에 관련된 경제 생태계를 형성한다면 그 자체로 매우 효과적인 관계 형성 프로젝트가 될 것이다.

여덟째, 무궁무진한 소품 아이템 프로젝트로 응용. 의자가 관계 맺기의 유용한 수단이라면 실외에서 활용할 수 있는 응용 아이템으로는 스케치북과 연필 등을 활용할 수 있고, 실내에서는 책(독서 혹은 책 제본), 소소한 뜨개질·자수 모임 등을 진행할 수도 있다. 즉 친근한 생활 소품으로 많은 미니 살롱, 마이크로 커뮤니티를 진행하며 관계 형성 프로젝트를 만들 수 있다.

사례 15   사이노 쓰노(犀の角, 나가노현 우에다시)

'사이노 쓰노'의 협력 게스트 하우스인 야도카리 하우스는 기부금과 활동비 일부를 모아 출자했다. 특히 가정폭력을 피하여 가출한 여성을 대상으로 게스트 하우스 여성 전용룸을 1박 500엔에 제공한다. 그 외에도 집, 학교, 회사, 남성, 여성 등 사회적 역할로부터 도피하고 싶은 사람들을 지원하는 티켓(3박 1만 2천 엔)도 판매하는데 일상이 힘들고 혼자만의 시간이 필요할 때 안식처를 제공한다는 의미다.

---

73) https://samumisan9001.hatenablog.com/

74) https://www.chairkatsu.com/?page_id=330

■ 번아웃 혹은 실의에 빠진 현대인의 쉴 곳을 제안하는 '가출 티켓'(나가노현 우에다시)

* 출처 : https://sai020shop.thebase.in/items/74207753

연극 공연 티켓(8,500엔) 등도 판매하는데 게스트 하우스 판매 수익, 온라인 판매 수익, 기부로 운영비를 충당한다.

게스트 하우스 이용자 대상의 조사에 의하면 게스트 하우스 이용 이유에 대해 정신적 휴양이 필요해서(66%), 가족 관계가 괴로워서(50.9%) 등 절반 이상이 가정 문제가 있는 것으로 나타났다. 그런 점에서 사람이 구원되는 과정에서 새로운 인생이 열리는 기회를 제공하고자 한다고 강조한다. 그렇다고 누군가가 일방적으로 돕기만 하는 것이 아니라 모두 함께 살아가는 거리를 만들고자 한다.

■ 게스트 하우스 숙박객 의식조사 결과(나가노현 우에다시)

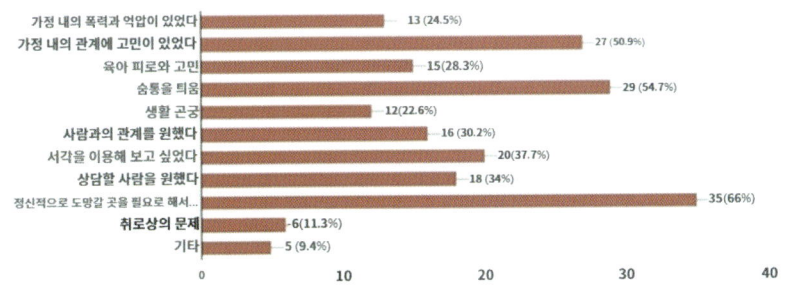

* 출처 : https://note.com/yadokarihouse22/n/nb8f01c54cca7

프로젝트 8

지역 자원, 지역살이 연결
한시적 체류(전문 레지던스), 워케이션, 마을호텔(고택 재생, 상가 네트워크

8-1. 머무르고, 느끼고, 또 와라

지역 자원과 지역살이를 연결하기 위해서는 어느 정도 일정기간 지역에 머무는 것이 필요하고 그 기간은 길수록 좋다. 여기에서 머물기란 그저 한번 오는 관광이라기보다는 어느 정도 목적이 있는 지역 방문에 가깝다. '지역을 알고 싶다'는 목적을 실천하는 것이다.

물론 언제나처럼 그 방식이 거창할 필요는 없다. 거창하지 않은 소소한 목적으로 방문했다가 지역에 머물면서 주민과 내적 친밀감을 심화하여 관계 바이브를 형성하는 것이다. 그렇게 지역 체류는 '내외부의 사람이 만나는 기회', '뭔가 새로운 것을 시작하는 기회', '체험을 성장으로 잇는 기회'를 제공한다.

가장 기본적인 유형은 한달살기나 워케이션처럼 일단 교류할 수 있는 지역 거점공간과 거주지를 확보하고 체류나 체험 등을 통해 주민의 일상생활을 공유하는 유형이다. 생활과 일상을 공유하는 것은 외지인이 지역에 진입하는 초기에 경험하는 과정인데 그 과정에서 관계 안내를 진행하는 것이 핵심이다. '머무르고 느끼고 또 와라'라는 메시지를 전달하는 것이다(물론 이 과정에서 이런 목적을 가진 외지인들이 머물 수 있는 적절한 주거지를 찾기 어렵다는 것이 항상 문제이긴 하다).

8-2. 라이선스 스테이

전국 청년 커뮤니티 루럴 랩이 진행하는 면허 유학은 지역에서 1개월간 체류하면서 지역도 알게 되고 운전면허도 따고 주민과 교류하는 프로그램이다. 일종의 라이선스 스테이(license stay)라고 볼 수 있다.

이 프로그램은 운전면허 취득 비용이 비싸고 대기자도 많은 대도시에 비해 지자체의 적절한 지원이 이루어질 경우, 개인의 비용 부담 감소, 단기간 내 목표 달성, 지역 매력을 느끼는 등 세 가지 이익을 취할 수 있다는 장점이 있다. 전에 없던 체류 프로그램이라는 점에서 매우 특이한 프로그램으로 어필 가능하고 지자체와 협업할 수 있다는 점에서 단기에 실행가능한 프로그램으로 평가할 수 있다.

8-3. ○○ 인 레지던스

예술가를 지역에 초대하여 주민과 협업창작활동을 하는 아티스트 인 레지던스는 가장 보편적인 지역살이 '공감' 프로젝트다. 이제는 작가, 요리사 등으로 전문직종을 확대되는 경향을 보인다.

예술가들이 체류하는 아티스트 인 레지던스는 역사가 오래된 활동으로서 셰프, 작가, 개발자 등 여타 직군의 인 레지던스로 확장되는 경향이 있다.[75] 진행 과정에서 예술가들에게 주민과의 협업을 일방적으로 요구하기보다 주민의 눈으로 지역에서 잘 지낼 수 있는 예술가를 선택하는 식으로 사

---

75) 일본과 EU의 아티스트 인 레지던스 프로젝트 목록은 https://air-j.info/ 참조.

전 선정방법에 신중할 필요가 있고, 체류 시작 전에 지역활동의 규칙을 예술가 스스로 먼저 구성하고 그 후에 협의를 통해 조정하는 것이 더 효과적이다.

도쿠시마현 가미야마의 KAIR는 오래된 역사와 전통, 다양한 프로그램, 높은 참여도 및 이주 효과, 창업 효과 등의 성과를 자랑한다.

8-4. 워케이션[76]

지역을 길게 체험하는 한달살기 뿐만 아니라 일과 휴식의 병행을 의미하는 워케이션은 새로운 일하는 방식을 제시한다. '일하고 싶은 곳에서 살기'보다 '살고 싶은 곳에서 일하기'를 선호하는 문화가 형성되는 중이다.[77] 취준생의 66%는 '유연 근무 가능성'이 입사 고려 요인에 영향을 미친다고 평가했는데,[78] 기업 차원에서는 워케이션을 채택하면 더욱 창의성이 높아진다는 긍정적인 측면도 있다.

일본은 팬데믹 이전부터 침체된 지역경제와 관광산업을 살리기 위한 방안으로 워케이션을 적극적으로 도입하고 있다. 주로 정부 주도로 2017년부터 워케이션 사업을 진행중이다.

와카야마현은 워케이션 전략을 가장 활발히 진행하는 지역으로서 지자체 중심으로 기업들과 파트너십을 맺고 워케이션 시설을 개설한다. 지역 호텔들은 지자체가 추진하는 프로그램에 동참하기 위해 호텔 리노베이션, 운

---

76) 조희정(2023.04)

77) "탈서울 라이프 : 살고 싶은 곳에서 일하기 vs 일하고 싶은 곳에서 살기."(경향신문 2022.08.05.)

78) 대학내일(2022.04)

영 방식 변경 등으로 협력한다.

<그림 21> WWP(일본 와카야마현)

* 출처 : https://wave.pref.wakayama.lg.jp/020400/workation/index.html

지자체는 해변까지 원격근무가 가능하도록 와이파이를 설치했다. 또한 지자체 대표 상품으로 워케이션을 내세우고 워케이션 포럼을 개최해 기업을 대상으로 적극적인 홍보에 나서고 있다. 와카야마현의 WWP(Wakayama Workation Project)는 워케이션 참가 목적에 따라 코디네이터와 현 내 각 지자체를 매칭하는 서비스를 제공한다.

미국 하와이는 팬데믹으로 관광객이 급감하고 지역사회 우수 인재 유출이 문제로 대두되면서 주 정부에서 워케이션 프로그램 'Movers and Shakas(M&A)'를 도입했다. M&A는 '귀향한 카마치나(하와이 원주민)를 포함하여 재능 있는 인재가 지역에 정착하게 함으로써 지역경제 활성화와 지역 커뮤니티 구축'을 하는 것이 미션이다.

<그림 22> M&A 프로그램(미국 하와이)

* 출처 : https://www.moversandshakas.org

참가자들은 지역 역사, 환경에 대한 학습 욕구가 있는지, 지역 커뮤니티 참여 의사 등을 심사하여 선발한다. 이들에게 체류 시설 및 업무 수행 시설 이용비를 할인해 주고, 왕복 항공 티켓과 숙소를 제공한다.

40~50명 규모로 모집하며 6주간 주 8~10시간 이상 6개의 지역 사회 이해 프로그램에 참여해야 한다. 참여 프로그램은 학습, 기여, 교류 등 3개 핵심 콘셉트로 구성되어 있으며 참여자들이 하와이에 대한 사회적 책임감을 느끼고 지역 과제에 함께 참여하도록 유도한다.

물론 워케이션으로 일하는 방식이 지방 인구 문제를 극적으로 해결할 수 있는가는 불확실하다. 여전히 많은 사람들은 규칙적으로 출퇴근하는 것에 익숙하고, 기업이 장기 휴가나 유연근무를 허용한다는 것은 아직 낯선 일이다.

그러나 팬데믹으로 인해 원격근무가 급속히 확산되어 어느 정도는 익숙해진 상황에서 엄격한 출퇴근 근무의 당위성이 많이 옅어졌다. 또한, 워케이션이 장기적으로 진행되면 창업과 커뮤니티 활성화로도 이어질 수 있다. 지속가능한 워케이션은 기업과 지역변화에 중요한 계기가 될 수 있다.[79]

사례 16 루럴 랩(Rural Labo, 전국)

'루럴 랩'은 '청년이 전국의 지역 활성화 움직임을 만든다'는 모토로 전국적으로 활동한다.[80] 2021년에 설립되었으며 13명이 운영하고 전국적으로 658명이 슬랙으로 소통하며 활동한다. 온오프라인으로 지역별 교류회를 개최하며 오프라인의 파트너 제휴 거점은 전국에 8곳이다.

도쿄의 Rural Coffee 카페에서 미트업(Meet Up)을 개최했을 때는 '커피 한잔으로 연결하는 도시와 지방'이라는 컨셉으로 프로그램을 진행했다. 그 외에 '라보타비' 프로그램을 운영하여 여백 있는, 지역과 사람의 따뜻함에 접하는 여행을 통해 평소에 할 수 없는 체험과 느긋한 시간 경험을 제공했다.

1개월간 지역에 머물면서 운전면허도 따고 지역주민과 교류하는 '면허유학'을 진행한 것도 특징이다.

■ 루럴 랩의 면허 유학(전국)

* 출처 : https://tinyurl.com/24oovnxz

---

79) https://brunch.co.kr/@jejucenter/407

80) https://rurallabo.com

사례 17   **KAIR**(Kamiyama Artist In Residence, 도쿠시마현 가미야마)

도쿠시마현 가미야마의 'KAIR'는 예술가들이 체류하는 아티스트 인 레지던스 프로젝트다. 1999년부터 국내외에서 초청한 예술가들이 지역주민들의 도움을 받고 창작 활동에 전념할 수 있는 환경을 제공한다.

이를 통해 예술인은 가미야마에서 한 경험이 앞으로 작가 활동에 좋은 영향을 미치게 하고 예술 분야를 접하거나 예술인과 교류 기회가 적은 지역주민들은 새로운 것을 발견하게 하여 새로운 가치관을 갖게 하고 새로운 교류를 즐길 수 있게 하는 것을 목적으로 시작되었다.

초기의 운영원칙은 2개였는데 하나는 '하드웨어보다 소프트웨어를 중요하게 여기는 것'이었고, 다른 하나는 '무리하지 않고 형편에 맞게 진행한다'는 것이었다.

■ KAIR(Kamiyama Artist In Residence, 도쿠시마현 가미야마)

KAIR

* 출처: https://www.in-kamiyama.jp/art/

KAIR는 인구 5천 명 규모의 작은 마을에서 시작되었지만 다양한 특징이 있다.

첫째, 전문 심사위원이 예술가를 뽑지 않고 주민들이 예술가를 선택한다. 가미야마 유지와 지역 외 협력자들이 운영주체이지만 예술가를 선정하는 것은 주민이다. 지역에 외지인이 오면 같이 살아야 하기 때문에 비전문가더라도 주민의 의견을 존중한다는 점에서 큰 시사점이 있다.

둘째, 처음부터 완벽하고 체계적인 계획에 기반했다기보다는 오랜 시간 점진적으로 프로그램이 발전했다. KAIR는 도쿠시마현, 가미야마초, 재단조성금, 공동 개최 단체보조금 등으로 운영하고 도쿠시마현, 가미야마초, 지역 기업, 지역 상가, 지역 마을만들기실행위원회 등이 협력단체로 참여한다. 이와 같은 구조 역시 시간이 지남에 따라 그 범위가 확대된 것이다.

어느 지역이나 이런 식의 프로그램을 진행하려면 예산 확보, 인력 부족, 후속 스태프 육성, 기존 작품 활용 등이 운영 이슈로 작동할 수 있는데 이런 사항들을 유의하면서 점진적으로 프로그램을 진행한다.

셋째, 다양한 국가에서 다양한 장르의 예술가들이 참여한다. 전문가와 전통장르의 예술만 한정하지 않고 뉴미디어 아트 등 자유로운 장르에서 모두 지원할 수 있다. 그 결과 2022년까지 23년간 24개국에서 84명이 참여했다.

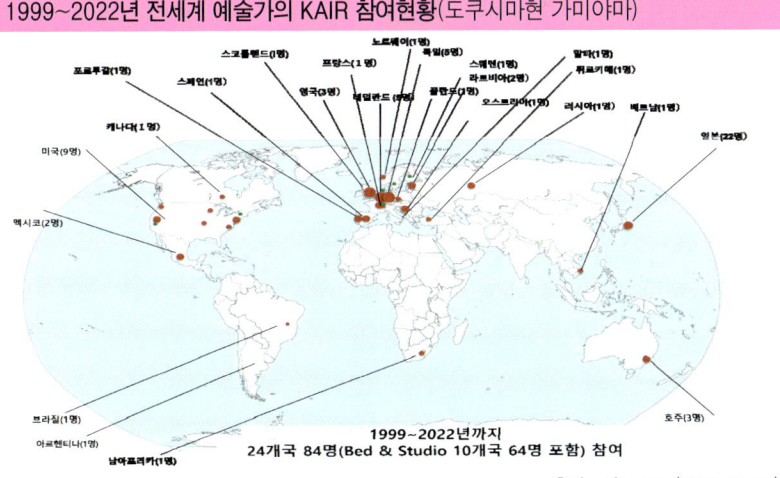

■ 1999~2022년 전세계 예술가의 KAIR 참여현황(도쿠시마현 가미야마)

1999~2022년까지
24개국 84명(Bed & Studio 10개국 64명 포함) 참여

* 출처 : 사토 요코(2023.08.08.)

넷째, 예술가의 참여 조건이 유연하고 다양하다. 체류비부터 작품 제작비까지 지원하는 경우도 있고, 어느 정도는 자비로 부담하면서 제작비만 지원 받는 경우도 있다. 형편에 맞게 다양한 프로그램을 제공한다.

▪ **KAIR의 다양한 프로그램**(도쿠시마현 가미야마)

프로그램명	운영기간	참여 규모 및 특징
가미야마 아티스트 인 레지던스	1999년~	24개국 18명 참여(항공료, 제작비, 체류비, 주거, 제작 지원)
리턴 아티스트	2017~2021년	4개국 6명 참여
Bed & Studio	2009년~	자비 AIR(부분 지원), 10개국 64명 참여
KAIRxABCDEF	2019년~	4개국 7명 참여(제작 지원) A : Art, Architecture / B : Base / C : Culture / D : Documentation / E : Education / F : Food

* 출처 : 사토 요코(2023.08.08.)

다섯째, 주민과 협업을 활발하게 진행한다. 노인부터 초등학생까지 예술 협업이 왕성하게 이루어진다.

▪ **주민과 예술가의 창작 협업**(도쿠시마현 가미야마)

* 출처 : 사토 요코(2023.08.08.)

여섯째, 홍보와 이주 효과가 나타났다. 가미야마에서 좋은 창작 경험을 한 예술가들은 현재에도 유튜브에 기록이나 작품을 활발하게 게시한다. 또한 체류가 끝난 후에도 가미야마에서 식음료 창업 등을 하면서 정착하여 KAIR이 단순한 예술 지원 프로젝트가 아니라 또 다른 마을재생 프로젝트로 기여하고 있음을 알 수 있다.

8-5. 마을호텔

마을호텔은 매우 종합적이고 집약적인 관계 형성 프로젝트다. 지역 자원을 발굴하여 생산하고, 체류하는 모든 과정이 마을호텔이라는 구체적인 형태로 이어지는 것이기 때문이다. 그런 의미에서 마을호텔에 대해 좀 더 상세히 설명한다.

◆ 마을호텔의 기원

1976년 이탈리아 프리울리 지진 후, 폐허가 된 마을을 재건하는 과정에서 지안카를로 달라라(Giancarlo Dall'Ara) 교수의 제안으로 마을호텔 프로젝트가 시작되었다. 기왕에 새로 살리는 취지이니 마을의 고만고만한 사정을 반영하여 의미 있게 엮어서 살 궁리를 마련해 보자는 아이디어였다. 그런 과정을 통해 1994년 완성된 세계 최초 마을호텔 사우리스 마을호텔[81])이 등장했고 이후에는 이탈리아뿐만 아니라 전 세계로 확산되었다.

---

81) https://www.albergodiffusosauris.com. 사우리스 마을호텔의 형성과정과 특징에 대해서는 "전세계 첫 마을호텔…여기서만 할 수 있는 체험이 매력"(농민신문 2023.08.29.) 참조.

<그림 23> 세계 최초 이탈리아 사우리스 마을호텔

* 출처 : https://www.albergodiffusosauris.com

사우리스 마을호텔은 1983년부터 재건을 추진하여 1994년 완성되었다. 현재 도보 10분 거리에 32곳의 거점을 이어 마을호텔을 운영한다. 지역 고유의 문화를 깊이 느낄 수 있도록 2박 이상 숙박자만 예약을 받는 것이 특징이며, 숙박자들이 체험할 수 있는 허브 수업, 지리 수업, 사우리스 언어 체험 등 프로그램을 운영하여 2022년 방문자는 1만 5천 명에 이른다.

숙박비 13~43만 원, 연매출 11억 5천만 원으로 수익률 25%를 자랑한다. 또한 세계관광기구(UNWTO, UN World Tourism Organization)가 선정한 예쁜 마을 32곳 중의 하나이기도 하다.

마을의 주택을 소유한 사람이라면 누구나 가입할 수 있는 협동조합이 마을호텔을 운영한다. 조합에서는 자체 교육으로 주민을 호텔리어로 양성하고 마을호텔을 위해 주택을 개조할 경우에는 비용의 50%를 부담한다.

사우리스 마을호텔의 특징은 기존 호텔처럼 하나의 호텔에서 숙박과 식사를 하는 것이 아니라 마을 곳곳의 거점을 식당, 숙박, 쇼핑, 체험 장소로 활용한다는 것이다. 즉 기존 호텔이 하나의 건물에서 모든 것을 운영하는 수직적 방식이라면 마을호텔은 호텔 기능을 분산시켜 수평적으로 운영한다는 것이 특징이다(그런 의미에서 마을호텔을 수평호텔, 다세대 호텔, 분산숙소라고도 부른다).

마을호텔 개념 제안자 지안카를로 교수는 마을호텔의 특징을 독창적인 환대 모델과 지역의 관광 개발 모델이라고 정의한다.[82] 이탈리아에는 2006년 전국 마을호텔 협회가 설립되었고 2019년 일본에서는 사단법인 알베르고 디퓨조 재팬 협회가 설립되기도 했다.

◆ 일본의 마치야도

일본 마을호텔의 명칭은 분산형 숙소를 의미하는 알베르고 디퓨조(albergo diffuso)가 아닌 '거리의 숙소'라는 의미의 마치야도(まちやど)라고 부른다. 2017년 설립된 일본 마치야도 협회는 '마치야도는 거리를 하나의 숙소로 간주하여 숙박시설과 지역의 일상을 연결하고 지역 가치를 향상시키는 사업'이라고 정의한다.[83]

1986년 큐슈의 구로가와 온천이 목재 입욕권을 발행한 후부터 지역 단위의 집객 사업이 주목받게 되었는데[84] 그 과정에서 마치야도 개념이 등장하여 마을호텔 역할을 하는 지역의 새로운 체류방식으로 주목받게 된 것이다. 한편, 마치야도를 구현하는 지역마다 브랜드명이 있기 때문에 마치야도라

---

82) 이탈리아 마을호텔 협회(https://www.alberghidiffusi.it)
83) https://machiyado.jp(2024년 말 기준 전국 회원 28개)
84) 구로가와 온천의 지역재생 사례에 대해서는 야나기하라 히데야(2021) 참조.

고 부르지 않아도 일본 전역에 마치야도 형태의 숙소는 많이 존재한다. 이 가운데 도시형 마치야도 하나레(도쿄), 세카이 호텔(오사카)과 시골형 마치야도 고스게(야마나시현), 오즈(에히메현)의 특징과 시사점을 알아보기로 한다.

◆ 일본 마을호텔의 원형 '하나레'

도쿄의 건축, 요식업 운영, 문화기획 전문 회사 '하기소'[85]가 운영하는 '하나레'는 일본에서 가장 오래된 마을호텔이다. 하기소의 철학은 '세계에 자랑할 수 있는 일상을 만든다'는 것이다.

1955년에 지어진 도쿄예술대학의 목조건물 아뜰리에 겸 공동 작업실이 2011년 동일본대지진을 기점으로 해체 결정이 이루어졌다. 해체 결정이 나기 전까지 수십 년간 2층짜리 방 14개의 임대 건물에서 수많은 예술학도들이 일상을 공유하고 창작활동을 열심히 했을 터였다.

하기소는 이 공간에 대한 향수를 깊게 간직하고 있던 졸업생들과 의기투합하여 해체될 때 해체되더라도 옛 건물에서의 오랜 기억을 공유하고 건물의 가치를 알리자는 이벤트를 개최했다. 이렇게 개최된 '하기엔날레(하기소 비엔날레) 2012'에는 3주간 1천 5백 명이 방문하여 방마다 설치된 졸업생들의 예술작품을 즐기며 지역사회에서 오래된 건물의 가치를 느끼는 행사가 되었다.

---

85) https://hagiso.com

<그림 24> 하기엔날레 2012

* 출처 : https://colocal.jp/topics/lifestyle/renovation/20140916_36845.html

    행사의 대성공 후, 하기소는 크라우드펀딩과 주민 협업으로 2013년 '최소' 문화복합시설 '하기소'를 열었다. 위층에 하기소의 사무실, 아래층에 마을호텔 '하나레'의 프런트를 열었는데, '작은 집 깊은 이웃 관계(The Small House, Deep Neighbors)'라는 슬로건과 '마을 전체가 당신의 호텔(The Whole Town can be Your Hotel)'이라는 슬로건으로 마을호텔 하나레의 차별적인 가치를 강조한다.

<그림 25> 마을호텔 하나레의 개조 전 모습과 개조 후 모습

* 출처 : https://hagiso.com/history, https://hagiso.com/hanare

하나레는 메인 리셉션, 침실, 식사, 기념품, 관광지, 목욕탕(숙박비에 입욕비 포함), 자전거가게 등의 거점이 결집된 형태로 도쿄의 대학가 마을의 지역재생 사례이기도 하다.

마을호텔 하나레의 구조는 <그림 26>과 같은데, 이 그림은 우리나라에 가장 자주 소개되는 마을호텔 구조 그림이기도 하다. 하나레 역시 중심 거점인 프런트 역할을 하며 마을의 숙소, 목욕탕, 식당, 상점, 문화스쿨, 자전거 대여

소 등과 연결되는 전형적인 분산형 운영구조다.

〈그림 26〉 하나레의 마을호텔 구조

* 출처 : https://hagiso.com/hanare

특히 일본의 마을호텔은 이탈리아의 알베르고 디퓨조와 달리 온천이나 목욕탕 등의 거점이 핵심 요소로 포함된다. 목욕을 중요시하는 일본 고유의 문화 때문이기도 하지만 '센토'라고 불리는 대중목욕탕에서는 동네 주민들과 만날 기회가 많기 때문에 마을호텔에서 중요한 역할을 한다고 평가하는 것이다.

하나레의 매출을 연구한 결과, 하나레의 지역경제 기여 효과는 같은 지역의 일반 체인 호텔매출보다 5배 이상 높은 것으로 나타났다.[86] 온 마을이 합심하여 운영하면 경제력 또한 상승할 수 있다는 것을 보여주는 중요한 결과다.

경제적 성과 뿐만 아니라 하나레 사례의 시사점은 우선 옛 건물을 허물지 않고 살리니 마을이 살아났다는 공간 재생의 의미를 들 수 있다. 중국 상하이의 화려한 빌딩과 오래된 골목이 병존하는 것을 보고 영감을 받았다는 하기소 대표는 '역사와 향수는 지역의 매력이 될 수 있다'고 말한다. 그래서 공간 자체에 집중한 식사, 목욕탕, 문화예술 등의 콘텐츠를 생산하고자 했다.

또 다른 시사점은 지역과 연결하는 프로그램 및 콘텐츠 선순환 구조다. 일방적으로 과하게 지역 자원만 자랑하는 것이 아니라 고객의 감동, 고객과 고객의 연결, 고객과 주민의 연결에 주력한다.

일반적인 상업적 호텔에서는 볼 수 없는 이러한 연결 프로그램을 통해 마을의 공간, 자원, 사람이 재발견되고 발견의 성과가 프로그램에서 다시 이용되고 더 나은 서비스로 재생산되는 선순환 구조가 나타난다. 즉 공간, 자원, 사람의 회전력이 형성하는 새로운 마을호텔 구조가 만들어져 더 많은 부가가치를 만들고 지속가능한 힘으로 작동한다.

운영 차원의 시사점은 도심에 있는 전문회사가 운영하는 마을호텔 방식이라는 것을 들 수 있다. 협동조합 전통이 오래된 유럽의 마을호텔은 협동조합이 운영하는 방식을 채택하지만 일본의 마을 호텔은 공간 재생이나 복합문화기획 회사가 운영하는 경우가 많다.

그러나 회사가 운영한다고 해서 상업적 이익만 추구하는 것은 아니다. 그

---

[86] https://project.nikkeibp.co.jp/atclpppp/PPP/report/021800169/?P=2

리고 회사만 단독으로 운영하는 것도 아니다. 마을호텔 운영회사는 시작 단계에서부터 크라우드 펀딩으로 자금을 모으며 프로젝트의 취지를 알리거나 주민이 참여하는 DIT(Do It Together) 방식으로 옛건물을 복원하며 팬을 만들고 지역의 지지를 확보한다.

◆ **민간의 거리 재생 프로젝트 '세카이 호텔'**

오사카의 세카이 호텔도 하나레처럼 도시 지역에 있는 마을호텔이다.[87] 오사카 주변의 히가시오사카 지역은 1990년대 오사카 난바와 우메다 지역으로 상권이 이동하면서 쇠락하기 시작하더니 상가 700곳이 370곳으로 감소했다. 100년의 영광을 누리던 상점가의 몰락에 주민들은 "뭐라도 해야 하는데 뭘 해야 할지 모르겠다"고 하는 위기 상태였다.

여기에 2018년 지역부동산회사 쿠지라(KUJIRA)가 기모노 가게였던 빈 점포를 리모델링하여 세카이 호텔을 개점하면서 마을호텔 프로젝트가 시작되었는데 모토는 '마을 전체가 호텔', '누군가의 일상이 당신에겐 비일상이다' 였다.

숙박객 규모 310명 규모의 호텔과 함께 마을 길은 복도가 되고 과자가게, 물리치료원, 다방 등도 레트로풍의 숙소로 제공한다. 옛 간판을 그대로 사용한다. 프리패스 목걸이를 할인권으로 착용하며 지역의 상점에서 할인받고 혜택을 누린다.

총 객실 19개 규모에 2023년 숙박객은 5,438명으로 5년 만에 18배로 증가

---

[87] "마을 전체가 호텔...... 소설 '백야행' 배경, '후세'가 살아났다."(경향신문 2024.06.27.); "마을 전체가 호텔로 변신...... 쇠락하던 마을이 살아났다."(조선일보 2024.08.10.)

했고, 20~30대가 주로 이용하는 인기 마을호텔로 변모하여 국토교통성의 2023년 성공적인 빈집 활용 모델로 선정되었다.

세카이 호텔을 운영하는 쿠지라는 원스탑 리노베이션 회사를 표방하며 사회문제 해소 및 '생활을 풍요롭게 할 권리 수호'를 미션으로 제시한다. 오사카 지역에만 세 곳에서 세카이 호텔을 운영하고 있다. 쿠지라의 지속가능 전략은 지역과 기업이 공생하는 방안에 큰 시사점을 제공한다(<그림 27> 참조). 사업체와 지역사회가 별개의 목적을 추구하며 각각 활동하는 것이 아니라 사업체와 지역사회가 함께 미래를 창출하는 것이 바람직하다는 것이다.

<그림 27> 쿠지라 기업의 지속가능성 전략

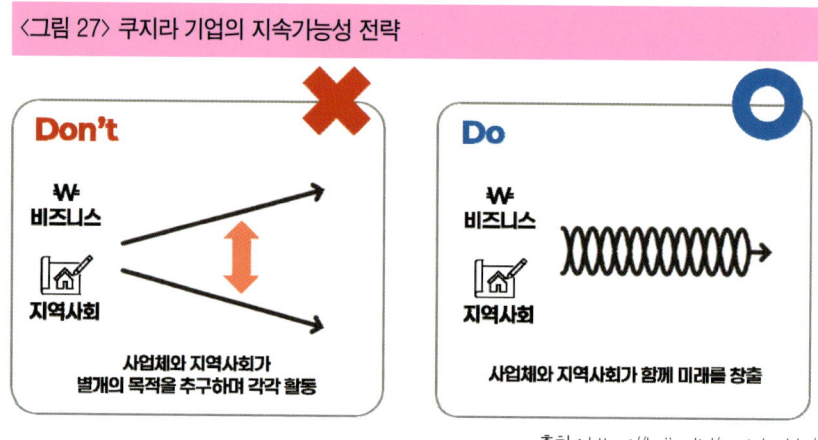

* 출처 : https://kujira.ltd/sustainable/

◆ 민관합자회사가 운영하는 '니포니아 호텔'

일본 전역에 32개의 니포니아 호텔이 있다. 그 가운데에는 야마나시현 고스게촌(小菅村)[88] 사례는 국내에 『700명 마을이 하나의 호텔로 : 산골 마을 고

---

[88] http://www.vill.kosuge.yamanashi.jp

스게는 어떻게 지방 재생의 아이콘이 되었나』로 번역되어 소개된 바 있다.[89]

도쿄에서 차로 2시간 이상 거리의 산촌인 고스게촌은 인구 589명, 산림 95%, 고령화율 46%에 달하는 지역이다. 현지에서는 이 지역을 '육지 속의 섬'이라고 부른다. 그런 산골 마을호텔이 연간 20만 명의 관광객을 유치하며 부활했다.

〈그림 28〉 고스게촌 정경(야마나시현 고스게촌)

* 출처 : https://tinyurl.com/25enwgr7

2016년 고스게촌 지방창생 종합전략은 700명에 달하는 주민 규모를 유지하기 위해서는 매해 40명 청년이 이주해야 하고 출생률 1.4를 유지해야 한다고 분석했다.[90] 이전까지는 순환보직자가 매해 20명 정도에 불과할 뿐인 상

---

[89] 시마다 슌페이(2022)

황이었다.

마을은 이 목표를 달성하기 위해 다른 지역과 차별화된 새로운 개념을 제시했다. 결국은 관계인구 개념을 표현한 것이라 할 수 있는 이 개념은 '분수촌민'이다. 즉, 억지로 이주 요청을 하기도 어렵고 단번에 100% 마을 사람이 되기 어려우니 1/3 촌민, 1/2 촌민 등 점차 깊은 관계를 형성하는 식으로 교류인구-관계인구-정주인구를 확보한다는 전략적 개념이다.

2017년에는 관광촉진조직 DMO에 착안하여 휴게소, 온천, 체육시설을 연결하는 조직으로서 ㈜미나모토를 설립하고 촌장이 대표로 취임했다. 방문자의 재방문을 늘리기 위해 'Go, 고스게' 웹사이트[91]를 업데이트하고 고스게 촌민 포인트카드 발급(2021년 2,500명), '산천어 엔쵸비' 먹거리 상품 개발 등의 노력을 했다.

2019년 700명 마을이 하나의 호텔로 프로젝트를 본격적으로 진행했는데 분산형 호텔의 수지를 맞추려면 적어도 4동이 필요하다는 계산하에 절벽 위 폐가와 150년 된 고택을 개조하여 마을호텔 닛포니아 고스게 겐류노무라(NIPPONIA小菅 源流の村)를 열었다.[92]

---

90) https://tinyurl.com/2b9mtnfF

91) https://ko-kosuge.jp

92) https://nipponia-kosuge.jp

<그림 29> 마을호텔 닛포니아 고스게 겐류노무라(야마나시현 고스게촌)

* 출처(좌, 중) : https://magazine.hankyung.com/business/article/202311159668b
* 출처(우) : https://satoyume.com/project/3084

특히 마을호텔을 운영하면서 농가와 협력 관계를 맺고, 은퇴 공무원이 가이드를 하고, 은퇴 소방대원이 호텔 정원 관리를 하고, 인근의 애물단지였던 국도 휴게소는 현지 특산물을 살 수 있는 매장으로 변신시키는 등 주민 활동이 적극적으로 이루어졌다.

그 결과 연매출은 2021년 5,084만 엔(약 4억 3,800만 원), 2022년 5,917만 엔(약 5억 원), 2023년 6,700만 엔(약 5억 8,000만 원)의 높은 수준을 유지하고 관광객의 절반 이상이 3040대(20대 20%)에 이르는 인기를 누리게 되었다.

고스게촌 마을호텔의 성공은 촌장의 혁신적인 리더십과 성공적인 민관 합작회사 설립에 있다. 고스게촌 마을호텔을 운영하는 ㈜엣지(EDGE)는 일반 상업회사가 아니라 마을(24%), 분산형 호텔 기업 ㈜노토(NOTE, 24%), 로컬 비즈니스 인큐베이터 사토유메(さとゆめ, 52%)[93] 등 3개 회사가 투자한 민관합작 회사다.

이 엣지가 마을의 40채 주택을 직접 운영하는 방식으로 운영하는데 객실에서 직접 요리 가능(객실의 아이패드로 레시피를 제공하고, 마을에서 생산된 식자재를 밀키트처럼 손질해 직접 방으로 배달)한 방식도 특징적이다.

---

93) https://satoyume.com

㈜노토는 '지역의 역사문화자산을 생업과 연결시키는 것'을 모토로 하는데 주로 에이리어 매니지먼트, 즉 지역 운영을 주로 하며 소멸하는 역사적 마을을 창작의 중심(creative core)으로 만드는 사업을 진행한다. 전국 32곳에서 니포니아 호텔을 운영하며 지속적으로 살 수 있는 마을을 만들고자 한다.

에히메현 오즈(大洲) 지역의 니포니아 오즈 호텔[94]을 거점으로 진행하는 오즈 프로젝트(Ozu Refeel Project) 또한 지역의 사원, 숙박장소, 상점, 카페, 라운지, 레스토랑, 액티비티, 문화체험을 연결하여 패키지로 제공하며 자체적으로 생수와 커피 생산도 하며 지역 경제에 기여한다.

<그림 30> 니포니아 마을호텔의 전후 변화

*출처 : https://team.nipponia.or.jp/about/

---

94) https://www.ozucastle.com

또 다른 니포니아 호텔이 있는 사사야마 지역의 경우는 도쿄 올림픽 준비를 명분으로 진행되었는데 지역경제재생지원기구(REVIC)의 지역활성화펀드의 민간자본투자로 자본을 확보했다. 이어서 2015년 정부가 사사야마 지역을 국가전략 특구로 지정했는데 당시 니포니아 호텔은 규정 예외로 했지만, 빈집 문제 및 지역인구 감소 등의 현안을 감안하여 2018년에 법률을 개정해 분산형 호텔을 제도적으로 인정했다.

㈜노토는 사사야마성을 중심으로 빈집을 매입하여 11개의 복합숙박시설 네트워크를 만들었고 이 지역 마을호텔의 모토는 '한 번 방문하면 또 오고 싶어진다'이다. 그 결과 2021년 좋은 디자인상, 2022년 및 2023년 세계의 지속가능한 관광지 Top 100으로 선정되었다.

㈜노토의 운영방식은 여러모로 눈여겨 볼 필요가 있다. ㈜노토는 지방정부, 민간기업, 개인 소유자 등의 건물 소유주와 시설운영 사업자로서 숙박 사업자, 식음료 사업자, 아티스트 작가, 요리사의 사이에서 사업주체로서 지역마다 마을만들기 개발회사를 만들어 에이리어 매니지먼트(area management)를 하도록 지원한다. 지원형태는 주로 출자이지만 금융 대출, DMO, 행정연계 지역사업, 지역의 민간기업 출자나 협력 활동도 지원한다.

예를 들어 오즈 지역에서는 2018년 오즈시, ㈜이요은행 등이 참가하는 현내 최초 지역 DMO로서 일반 사단법인 키타 매니지먼트를 발족하여 마을만들기 기반을 구축했다. ㈜노토는 키타·매니지먼트가 역사적 건축 자산 관리를 위해 ㈜KITA와 제휴하여 지역의 빈집 활용을 진행한다.

2020년 2월, 재단법인 민간 도시 개발 기구(民間都市開発機構, MINTO 기구)와 ㈜이요 은행이 공동 출자하여 '오즈 마을 만들기 펀드 유한 책임 사업 조합'

이라는 민간 펀드도 조성했다. 이 펀드는 지역의 옛 주택이나 빈집을 재생하여 숙박 시설, 음식점, 상점으로 만드는 사업에 투자하는 것이 특징인데 ㈜KITA는 이 펀드의 제1호 수혜자가 되었다.

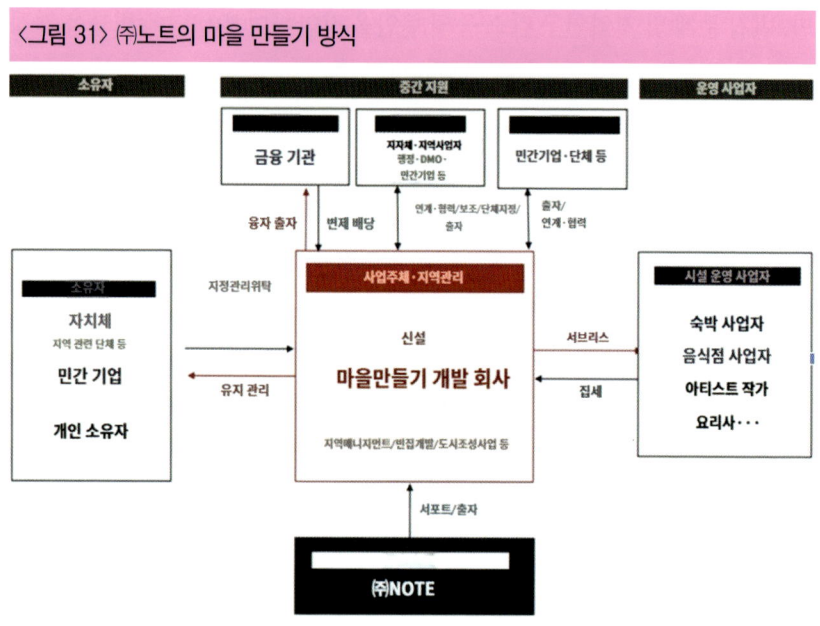

〈그림 31〉 ㈜노트의 마을 만들기 방식

* 출처 : https://team.nipponia.or.jp/about/

㈜노토의 마을호텔 프로젝트의 5원칙은 다음과 같다.

첫째, 경관(landscape). 지역 경관의 현황을 파악하고 미래의 경관으로서 사람, 자연, 행사, 생활 등을 재창조한다.

둘째, 커뮤니티(community). 단순 방문자, 체류자, 이주자, 주민, 사업가 모두가 참여하는 커뮤니티를 지향한다.

셋째, 건축(architecture). 지역 문화재를 보존·활용·계승하며 관련 기술 학습 및 장인을 양성한다.

넷째, 문화(culture). 지역의 식문화와 생활문화의 가치를 표현하고 제공하며 관련 기술 학습 및 장인을 양성한다.

다섯째 경제(economy). 경관, 커뮤니티. 건축, 문화를 경제적 가치로 전환하여 지속가능한 내발적인 산업으로 발전시킨다.

이러한 원칙 하에 지역경영을 시행하는 ㈜노토는 2009년 설립 후 전국에 32개 니포니아 호텔을 운영 중이며 창립 15년 만인 2024년 '니포니아 넥스트(NIPPONIA NEXT)' 프로젝트를 구상 중이다. 무엇보다 눈여겨볼 점은 니포니아 호텔이 지어진 현지에 민관 출자 회사들이 독립적으로 설립되어 지역 경영을 주도한다는 것이다.

〈그림 32〉 일본 전국의 32개 니포니아 호텔

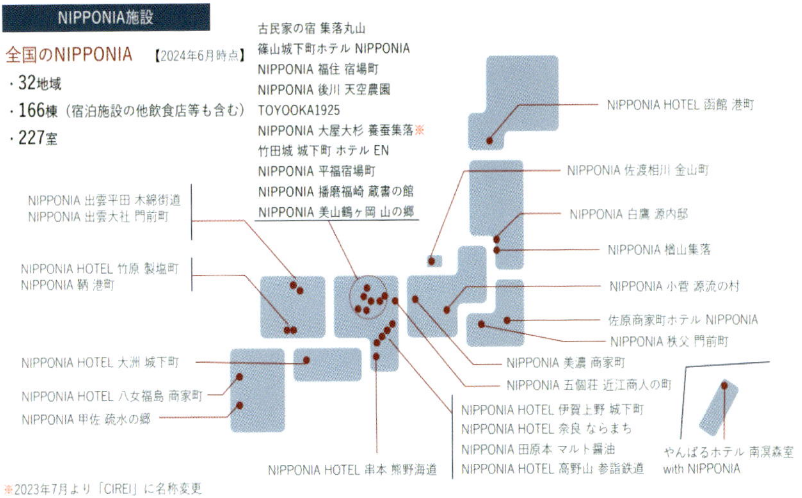

* 출처 : https://team.nipponia.or.jp/about/

〈표 10〉 지역별 니포니아 호텔 운영 법인

지역	지역법인
가가와현 미토요	㈜니오 요스가(NIO YOSUGA)
가나가와현 유가와라마치	㈜유가와라 소켄(湯河原惣研)
니가타현 니가타	㈜에싸(Essa)
미에현 이가	㈜이가 우에노(NOTE伊賀上野)
사가현 히가시오미	㈜이로와(いろは)
사이타마현 치치부	㈜치치부마을만들기(秩父まちづくり)
야마가타현 시라카타	㈜우기탐(ukitam)
야마나시현 고스가무라	㈜엣지(EDGE)
에히메현 오즈	㈜키타(KITA)
오키나와현 구니가미무라	㈜엔데믹 가든 H(Endemic Garden H)
홋카이도 하코다테	㈜NOTE 하코다테(NOTE函館)
효고현 단바 시노야마	㈜노토 재팬(NOTE JAPAN)
효고현 단바 시노야마	㈜노토 리노베이션&디자인(NOTEリノベーション&デザイン)
효고현 단바 시노야마	일반사단법인 노토(ノオト)
효고현 칸자키군 후쿠자키	㈜페이지(PAGE)
히로시마현 다케하라	㈜리플(Ripple)
히로시마현 후쿠야마	㈜히토히(hitohi)

◆ 국내 마을호텔 현황

국내에도 고한과 하동 등에서 마을호텔이 운영되고 있다.

강원도 고한의 '고한 18번가'는 2018년 18번가 마을만들기 위원회가 출범하면서 시작되었다. 마을호텔을 분산호텔, 수평호텔로 부르기도 하는데 고한의 마을호텔은 '누워있는 호텔'이라고 개념화한 것이 특징이다.

<그림 33> 마을호텔 18번가의 이전 상태(2017년)

* 출처 : https://tinyurl.com/27lh6vkm

주민과 행정이 협업하여 2018년부터 2019년까지 2년간 노후주택 20여 채와 빈집 10여 채를 리모델링했고, 국토부 소규모 재생 공모사업 선정을 거쳐 2020년 오픈했다. 마을호텔 18번가는 11명이 100만 원씩 출자한 협동조합이 운영한다.

<그림 34> 고한 18번가(강원도 고한)

* 출처 : https://hotel18.co.kr

경남 하동의 호텔 매계는 평균 나이 70대 50여 가구의 120명이 거주하는 매계마을과 놀루와 협동조합이 연계한 마을호텔이다.[95] 2014년 마을 만들기 사업 참여 경험을 바탕으로 2019년부터 준비하여 2023년 오픈했다. 횡천댁, 양주댁, 한옥댁, 울릉댁으로 이름 붙여진 4곳의 민박은 5개 객실 10명이 숙박할 수 있는 규모다. 프런트는 마을의 주방인데 한옥 스테이다.

◆ 마을호텔 모델의 특징과 시사점

따지고 보면 이탈리아의 마을호텔 명칭은 알베르고 디퓨조, 즉 분산형 숙소이고, 일본의 마을호텔은 마치야도, 즉 거리의 숙소다. 어디에도 마을호텔(town hotel)이라는 표현은 없다. 아마도 우리나라에 개념이 소개되는 과정에서 의미를 살려 마을호텔이라고 소개된 것 같다.

지역살이 연결형 프로젝트의 하나로서 마을호텔 모델 및 프로그램은 관계인구 형성뿐만 아니라 지역재생 차원에서 많은 시사점을 제공한다. 무엇보다 주민의 건강한 경제·문화 활동을 독려하여 취창업으로 적극 유도하며 지역의 새로운 일감과 일자리를 생산한다는 점은 '왜 관계인구인가'라는 질문에 우선하는 지역 발전 방향의 가치를 제시한다는 점에서 중요한 시사점을 제공해준다.

몇 개 지역 사례를 통해 살펴본 마을호텔의 특징과 시사점을 요약하면 다음과 같다.

---

95) "마을호텔로 여행이 아닌 '시골살이' 떠나요."(국제신문 2023.05.12.); "할매·할배와 친구되는 동네… 소막한 매력에 '흠뻑'."(농민신문 2023.08.23.); "'4실 4색' 취향 따라 골라볼까?."(농민신문 2023.08.23.)

첫째, 지역 기여. 마을호텔은 일반 상업호텔과 달리 마을 전체 혹은 거리 전체를 호텔 자원으로 활용하여 지역의 고유한 체험을 제공하며 지역의 가치를 높인다.

둘째, 지역 자원 발굴·활용. 마을호텔은 언제나 새로운 건물보다는 역사와 스토리가 있는 옛 건물의 리노베이션 중심으로 진행된다. 그리고 지역의 모든 자원을 새로운 시각으로 발견하여 활용한다.

셋째, 일상성. 마을호텔에서는 평범하게 보이는 주민의 일상이 누군가에게는 비일상(특별한 것)이 되어 유용한 경험과 감동을 제공한다.

넷째, 지역 내 가치 연결. 마을호텔은 지역 자원과 마을호텔 사업을 연결하고, 숙박객과 주민을 연결하고, 숙박시설과 주민의 일상을 연결한다.

다섯째, 지역순환경제. 마을에서 생산되는 농산품을 활용한 식사, 마을의 고유 상품 제작·판매 등 지역경제에 기여하는 순환경제 방식을 시행한다.

여섯째, 지역산업 확장성. 마을호텔에는 상업적 방식에 익숙하지 않은 주민이나 관광업 이외의 종사자도 참여할 수 있다.

일곱째, 지역 내 협력. 마을호텔은 마을 곳곳의 거점 연결을 위해 협력이 필수이기 때문에 지역 활력을 높이는 효과적인 방식으로 평가받는다.

여덟째, 자산의 공공성. 마을호텔에 숙소나 상점 등으로 건물을 활용할 때는 기본적으로 건물도 (개인의 소유물이기 이전에) 마을의 자원이라는 관점으로 접근한다. (물론 이익 창출이 기본 조건이지만) 경직된 사익과 공익 가치를 넘어선 지역 공공성의 가치를 지향한다.

◆ 마을호텔의 유의 사항

마을호텔은 쉽게 성공할 수 있는 좋은 아이템인 것처럼 보이지만 실제 현장에서 적용하는 과정에서는 많은 문제에 직면할 수 있다.

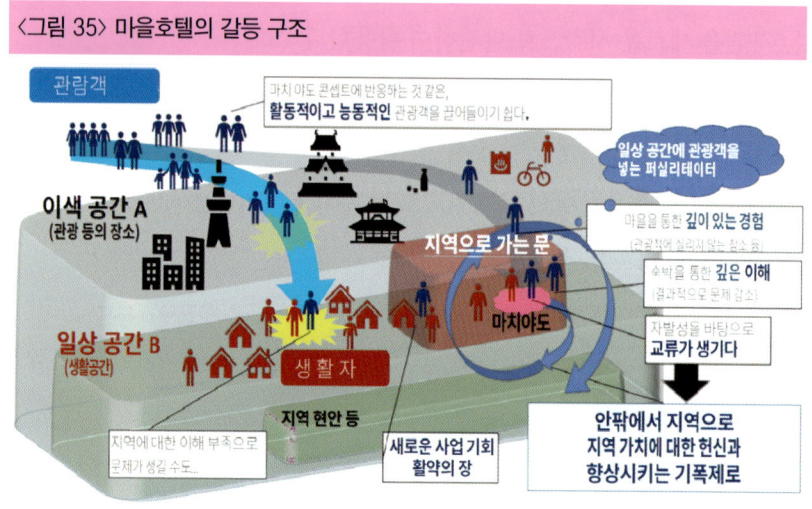

〈그림 35〉 마을호텔의 갈등 구조

* 출처 : https://www.mlit.go.jp/pri/kikanshi/pdf/2019/72_7.pdf

첫째, 주민의 일상공간에 관광객 등 외지인이 방문한다고 늘 환영받는 것은 아니다. 오히려 소음이나 쓰레기로 방해받는 (소위) 민원이 제기될 수 있다. 주민의 일상이 외지인의 비일상이 되어 특별한 것으로 여겨지기보다는 외지인의 비일상이 주민의 일상에 스트레스가 되는 부작용이 나타날 수 있다.

둘째, 마을호텔이 지역으로 진입하는 입구가 된다고 해서 늘 방문객이 늘고 그들이 이주자로 이어지는 것은 아니다. 중요한 것은 반복 체류, 단골의 형성이다. 일회성 관광은 어마어마하게 많았지만 그들이 모두 이주하지 않는다는 것을 이미 과거의 대형버스 대형관광 사례에서도 충분히 확인할 수 있다. 즉, 소기의 성과를 얻기까지는 지속적이고 다양한 관계 형성 노력이 필요하다.

셋째, 그런 점에서 머무는 것에 만족하는 것이 아니라 '무엇을' 경험하며 머물고 그 과정에서 '무엇을' 배우고, '무엇을' 할 것인가에 대해 방문자와 마을호텔 운영자는 끊임없이 생각해 보아야 한다.

마지막으로 〈그림 35〉 하단에 굳건한 구들처럼 표현된 '지역 현안' 부분을 눈여겨 볼 필요가 있다. 이 부분은 지역의 고질적인 문제를 표현한 부분이다. 예를 들면 사람만 정신 사납게 오가고 사회 인프라와 정주 여건은 전혀 개선되지 않는다거나 누가 얼마를 버는가에 대한 이익 경쟁과 분배 갈등이 과하게 잦거나 해결되지 않은 채 남아있다면 그 어떤 프로젝트도 지속하기 어렵다.

◆ 마을호텔의 성공조건

전통적인 호텔은 등급을 매겨서 그 규모를 평가한다. 통상적으로 부대시설 등의 하드웨어가 얼마나 갖춰져 있는가로 등급을 매긴다. 마을호텔도 숙박동이나 상점 등의 하드웨어를 갖추고 있다. 그러나 전통적인 호텔처럼 하나의 건물에 모두 갖춘 것이 아니라 마을에 그 시설들이 산재되어 있기 때문에 분산형 호텔이라 부르고 한편으로는 그 시설들이 주민의 생활터나 작은 가게일 경우 협업을 이루어 운영해야 하기 때문에 (수직형이 아닌) 수평형 호텔이라 부른다.

호텔 외에도 게스트 하우스, 리조트, 펜션 등 여러 숙박 형태가 있지만 마을호텔은 일반적인 숙박시설의 '숙박' 목적 그 이상의 가치를 지향한다는 것도 차이점이다. 만약 마을호텔의 평가 기준이 있다면 숙소 시설, 음식 맛, 자연경관 외에도 다음과 같은 점들을 제시할 수 있을 것이다.

〈표 11〉 전통적인 호텔과 마을호텔의 평가기준 비교

전통적인 호텔	마을호텔
★ 깨끗한 객실, 욕실, 조식, 안전시설 ★★ 1성급+식음료 부대시설 ★★★ 2성급+1개 이상의 레스토랑, 로비, 라운지 ★★★★ 3성급+2개 이상의 레스토랑, 고급시설, 고품질 가구/침구 인테리어, 국제회의장, 비즈니스 센터, 피트니스 센터, 12시간 이상 가능한 룸서비스 ★★★★★ 4성급+3개 이상의 레스토랑, 24시간 가능한 룸서비스	• 의욕적이지만 개인 활동을 존중하는 주민 가이드 • 전통적이지만 부담스럽지 않은 지역 자원 • 세련되지만 위화감 없는 따뜻하고 산뜻한 인테리어 • 이기적인 수익 창출 극대화가 아니라 지역 내 모든 것이 공생하는 듯한 순환적 분위기 • 담백하고 침착하게 진도 나가는 운영주체 • 매력 넘치는 지역 콘텐츠와 상품 … 무엇보다, 재방문 가치가 있는 곳

이러한 가치를 감안하여 마을호텔 운영 시 고려해야 할 단계별 체크 리스트는 다음과 같다.

〈표 12〉 마을호텔 운영단계별 체크 리스트

단계	체크사항
비전과 목표	• 역사와 문화전통 유지 및 새로운 가치, 디자인과 결합 • 마을을 하나의 숙소로 활용 • 주민의 일상이 숙박객의 비일상, 세계에 자랑할 수 있는 일상, 지속적으로 살 수 있는 마을 • 지역 이주의 입구 • 지역의 거리, 문화, 역사, 사람의 재발견 • (Refeel Project 등) 지역을 새롭게 느끼는 경험 제공 • 지역주민의 스몰 스타트 독려 / 업종 초월 수평적 연계 • (자연 자원, 풍경(전망, 뷰), 시장/상점가, 지역 유산, 문화재 등) 지역 자원의 강점 강조
조직형태	• (주택 소유 주민 누구나 가입, 시설 개조 비용 50% 지원, 주민 호텔리어 양성 등을 시행하는) 협동조합 • (지자체, 전문 경영사, 지역상인회 등의 출자로 설립된) 민관합자회사

	• 리노베이션 전문회사, 부동산회사(에이리어 매니지먼트) • 크라우드 펀딩과 응원군이 많은 전문 마을 만들기 회사
운영방식	• 기능 분담, 수익 공동 배분, 커뮤니티 빌딩 • 깊게 경험하도록 2박 이상만 예약 • 맞춤형 상담·응대, 과하지 않은 환대 • 지산지소 식사 제공 • 할인 및 혜택 쿠폰 제공 • 재방문 연결
하드웨어 설비	• 빈집, 빈상가 확보 • 제3의 장소 제공 • 하이엔드 리모델링·디자인 • 일상거주공간과 관광장소 등 이색공간과 연결
프로그램	• 주민 호텔리어 교육 • 통일성 있는 프로모션 • 고유의 문화체험 • 교육 수업 • 골목길 투어 • 투어 자전거 제공 • 지역 미디어 운영(지속적으로 관광·여행·체류·가치변화 트렌드 분석) • (이용 컨셉북 등) 독창적인 콘텐츠 제작 • 팬-서포터-플레이어 양성
수익구조	• 자체 어메니티·굿즈·특산품 등 생산 및 판매 • 수익률 20% 이상 유지 가능한 객단가 선정(가급적이면 고액 비용 책정) • 가치순환구조 구축, 영리+비영리(수익 창출과 지역 기여)

03
지역상품 '생산' 프로젝트

〈표 13〉 지역상품 '생산' 프로젝트(Local Economy Project)

목적	프로그램
⑨ 지역경제 인력 육성 ⑩ 지역산업 성장 ⑪ 지역경제 가치 강조(순환 자본주의, 농촌 자본주의)	⑨ 로컬벤처, 지역상사, 마을주식회사, 마을 MBA, 일 편의점, 단기 인턴, 장인대학, 멘토링, 고향 워킹 홀리데이 ⑩ 로컬 브랜딩, 팝업 스토어, 안테나 숍, 프래그십 스토어, 마르쉐, 국도휴게소, 펀딩, 고향납세 답례품 생산 ⑪ 지산지소, 수평경제, 횡단 연결산업

◆ **생산 인력 양성-산업 성장 – 가치 순환 구조의 경로 형성**

본격적인 관계 형성 프로젝트로서 지역상품 생산 프로젝트는 단순히 지역 특산품 생산만 주력하는 프로젝트가 아니다. 상품을 생산하려면 많은 인력, 전문성 있는 인력이 필요하고, 이들 인력을 통해 지역만의 고유한 산업이 형성되어야 한다. 기왕에 발생한 매출이 지역 밖으로 나가는 구조보다는 지역 내에서 순환할 수 있는 구조를 만들어야 한다.

그러나 지역 현실에서는 인력 확보부터 난항을 겪게 된다. 애써 확보하여도 몇 년 지나면 떠나는 경우도 다반사다. 그래서 소규모 프로젝트, 주민 참여형 프로젝트가 중요하다. 소규모 프로젝트를 진행하면서 어떻게든 창업 인력-주민-지역 간 유대관계를 공고히 하고, 주민 참여형 프로젝트를 하며 상업활동인구 네트워킹을 시행할 필요가 있다.

지역 고유의 산업 형성 또한 어렵긴 마찬가지다. 전국 각 지역에서 다양한 조건으로 많은 취·창업 프로그램이 시행되고 있지만 상품화나 창업이 산업화로 이어지는 경우는 매우 드물다. F&B와 복합문화공간 운영 등이 주로 시도되는 창업영역이지만 여전히 판로개척과 사업화까지는 이어지지 못한다.

이러한 제한적 상황에서 유념해야 할 것은 지역경제의 가치를 재구성하는 것이다. 농촌 자본주의, 순환 자본주의 개념 등이 있는데 지금까지의 분절적이고 수직적인 산업 개념을 연결과 수평 개념으로 전환하며 지역 나름의 경제자립과 부를 축적하려는 가치 기준을 좀 더 명확히 설립할 필요가 있다.

◆ 독자적인 투자 펀드

전국적으로 지역 취·창업을 지원하는 프로젝트가 많이 있지만 전문적으로 성장하여 좋은 투자를 확보하거나 창업 지원만큼 지역 취업 매칭이 원활하게 이루어지는 경우는 매우 드물다. 수도권의 거대한 투자사(VC, venture capital)를 유치하는 것은 현재의 지역 창업 상태로서는 역부족이다. 투자사의 원칙이 소셜 벤처의 가치 이해에 못 미치고 투자 과정에서 창업체의 자율성을 확보하는 것도 어렵기 때문이다.

그 대안으로 떠오르는 로컬 펀드(local fund)도 지자체 단위나 기업 단위의 제도적 차원의 논의로 확장되어 실제로 투자 기반을 형성하기는 매우 어려운 상태다. 오히려 작은 단위더라도 유누스가 제창한 그라민 뱅크처럼 지역 내에서 자구책으로서 창업 지원 로컬 마이크로 뱅크를 만드는 것이 더 효과적인 상황이다. 작더라도 지역 내에서 순환할 수 있는 가치를 발굴하고, 비즈니스 모델(BM)의 최대화가 아니라 라이프스타일 모델(LM)의 최적화를 추구하는 것이 더욱 효과적일 수 있다.

◆ 다른 제도와 연결

통상적으로 지역 상품은 지역 내 시장 규모가 작기 때문에 온라인을 선호할 수밖에 없다. 여기에 2023년부터 시행되고 있는 고향사랑기부제를 새로운 판로로 고려할 수 있다. 고향사랑기부제는 기부금의 30%를 답례품으로 제공할 수 있는 제도인데 이 제도를 잘 활용하면 지역 상품을 소개하고 그 답례품을 받은 기부자의 재구매 혹은 입소문으로 판로가 커질 수 있기 때문이다. 15년의 역사를 가진 일본의 고향납세는 이미 이 답례품 시장을 활용하며 급속도로 확장되고 있다.

프로젝트 9 | 지역경제 인력 육성
로컬 벤처, 지역상사, 마을주식회사, 마을 MBA, 일 편의점, 단기 인턴, 장인대학, 멘토링, 고향워킹 홀리데이

9-1. 지역상사

지역의 창업 근육을 튼튼히 하기 위해서는 로컬 벤처, 지역상사, 마을주식회사 등 지역산업을 추진하는 주체에 대한 존재가치를 공고히 할 필요가 있다. 이 부분에서는 기존의 지역가치창업으로 알려진, 주로 개인창업이기도 한 로컬 벤처 부분 외에 좀 더 집약적인 상업조직으로서 지역상사에 대해 알아본다.

일반적인 의미에서 상사(商社)[96]는 모든 것을 다루는 도매업자인 종합상사와 특정 분야에 특화된 전문상사로 구분한다. 2020년대 들어 일본 내각부가 추진하고 있는 '지역상사(地域商社)'는 우리말로 번역하면 마을기업일 수 있는데 통상적으로 알고 있는 마을기업과는 조금 의미가 다르다.[97]

일본 정부는 2020년까지 지역상사 100개를 만들겠다는 계획을 제시한 바 있다. 이러한 지역상사 개념에 대해 두 개 기관에서 그 의미를 규정하고 있다. 우선, 2019년 2월, 제2기 마을·사람·일 창생종합전략에서는 '각 지역에는 충분히 알려지지 않은 농산물, 공예품, 전통, 역사, 경관 등 매력 넘치는 자원이

---

[96] 지역상사에 관한 부분은 あきた経済(2020.09.01.) 및 송인방 외(2022: 163-166)를 재구성.
(출처: https://www.akitakeizai.or.jp/journal/data/20200901_topics.pdf). 일본 전체의 지역상사 사례는 https://trading.gotochi.jp/ 참조.

[97] 일본에서는 막부 말기의 가신 오구리 다다마사(小栗忠順)가 영어의 company를 '상사'로 번역한 것이 상사라는 용어의 어원이다(あきた経済(2020.09.01. : 5)).

잠들어 있다. 이런 지역 고유의 유일무이한 우수 자원을 갈고 닦아 소비자에게 호소력을 높이고 해외시장을 포함한 판로를 개척하여 지역에 부가가치를 창출하는 일이 중요하다. 지역 자원을 활용한 새로운 상품과 서비스 개발, 마케팅, 브랜딩, 판로 개척 비즈니스를 하기 위해 지역 생산자를 한데 모아 기획하는(produce) 주체'가 지역상사라고 밝히고 있다.

또한, 일본 중소기업청은 2015년 중소기업백서에서 '전국이 아니라 지역에 밀착하여 자원 발굴, 자원 활용법 검토, 시장 조사, 상품 개발, 판로 개척, 판매 촉진, 판매 정보(기업 정보) 제공 등 지역생산자 활동을 전면적으로 지원하고, 동시에 국내외에 판매하는 기능을 하는 조직'이 지역상사라고 규정하고 있다. 그러나, 지역상사는 '시장과 가까우면서도 생산자에 가까운 존재여서 양자 간의 징검다리 역할을 한다'고 밝히고 있다.

말하자면 지역경제를 활성화할 수 있는 종합적 기능을 하는 핵심 주체로서 지역상사를 자리매김하겠다는 이야기이다. 이미 수많은 마을기업이 존재하고 있는데 또다시 새롭게 지역상사 개념을 강조한 것이다.

〈표 14〉 시장 범위별 지역상사 유형

구분	지역 내 및 인근지역	국내 대도시권	해외
내용	[지산지소형] 지역 생산 1차 상품(농수산물), 가공품(가공식품), 서비스(음식) 등을 지역 내에서 소비	[유출형98)] 지역 생산품과 서비스를 대도시권의 소비자나 사업자에게 판매	[수출형] 지역 생산품을 해외에 판매
사례	휴게소, 직판장(일부에서는 지역 밖으로도 판매하므로 유출형도 포함)	인터넷 판매, 도시의 안테나숍	수출 상사

* 출처 : あきた経済(2020.09.01. : 7, https://www.akitakeizai.or.jp/journal/data/20200901_topics.pdf)

---

98) 원문에서는 '이출형(移出形)'이라 표기했지만 의미를 살려 유출형으로 표기한다.

<표 15> 활동형태별 지역상사 유형

구분		내용	사례
유통형	소매형	지역 내외 매장을 갖고 직접 판매(인터넷 판매도 포함)	휴게소, 안테나숍, 음식점, 인터넷 판매업자
	도매형	일반 상사처럼 지역 생산품을 다른 지역에 판매 해외 사업자에게 직접 판매	수출 상사
메이커형		지역 자원을 활용한 가공품이나 제품을 국내외에 판매하며 지역 브랜딩화	지역 제조업자
PM형		지역 내외에서 지역 자원의 판매나 활용을 목적으로 프로젝트를 시행	지역산 제품 판매행사 해외 프로젝트 진행

* 출처 : あきた経済(2020.09.01. : 7, https://www.akitakeizai.or.jp/journal/data/20200901_topics.pdf)

<표 16> 활동주체별 지역상사 유형

구분	해외
민간기업, 단체	민간 단체 주도형(주로 업종별 협동조합, 지역 상공회의소 등이 주도)
제3섹터	민간기업이 출자한 제3섹터가 지역상사로 활동(일본에서는 주로 지역 은행의 출자가 활발)[99]
행정(지자체)	행정이 지원하는 산업지원센터 등이 주도. 안테나 숍이 대표적인 사례. 행정이 주도하기 때문에 매출 목적이라기 보다는 산업 지원 목적이 강함

* 출처 : あきた経済(2020.09.01. : 7, https://www.akitakeizai.or.jp/journal/data/20200901_topics.pdf)

일본정책투자은행 리포트는 지역상사에 대해 세 가지 문제점을 지적했다.

첫째, 중간유통단계가 많아서 중간 이윤만 늘고 지역 생산자의 수익은 적은 문제가 있다. 복잡한 유통단계 속에서 저가로 대량 납품해서는 이익률이 낮고, 소비자와의 온라인 직거래는 판매량이 유동적이라는 리스크가 있다. 때로는 어느 쪽도 아닌 중규모 유통으로 산지와 소비자를 연결하는 것이 효

---

99) 과거에는 출자 범위가 제한적이었지만 2019년부터 관련법 개정을 통해 지방은행의 100% 출자가 가능해졌다.

과적일 수 있다.

둘째, 저가·안정·대량 상품에서 탈피하고 소품목·다품종인 지역 상품에 적절한 유통 형태를 갖춰야 한다.

셋째, 생산자와 소비자 간의 정보가 차단된 구조라서 생산자가 소비자의 요구에 소홀하기 쉽다.

보고서는 문제점을 시정하기 위한 대안도 제시한다.

첫째, 부가가치를 높일 수 있는 비즈니스 모델을 갖춰야 한다. 묻혀 있는 자원을 발굴하여, 고품질화·다른 상품과 조합·새로운 소비 스타일 제안 등으로 다른 지역 상품과 차별화를 도모해야 한다. 적당한 편집숍에서 애매하게 판매하는 수동적 전략이 아니라 잘 팔리는 것을 만들어 시장을 개척하는 유동적인 전략이 필요하다.

둘째, 판매력을 증진해야 한다. 국내외에 상품과 서비스를 홍보하여 외부로부터 이익을 창출하는 힘을 길러야 한다. 각 상품을 지역의 통일된 브랜드로 묶어 판매하는 것이 이미지 전략으로서도 효과적이고 판매 채널 확보나 물류비 절감에도 유용하다. 물론 반복 구입자(단골, 일본에서는 리피터(repeater)라고 표현)를 확보하는 것도 중요하다.

셋째, 유인력으로 경제순환을 촉진해야 한다. 지역 원자재·인재·기술을 활용하여 지역 소비를 촉진해야 한다. 지역 외부에서 벌어들여도 그 이익을 지역 밖으로 유출하지 말고 지역 내에서 순환할 수 있어야 한다. 이를 위해 지역상사는 가능한 한 지역 사업자를 활용해 상품과 서비스를 제공할 수 있는 네트워크를 구축해야 한다.

9-2. 지역경제구조 파악

우리 사회에서 모든 지역 자본은 상가나 제조업을 중심으로 형성된다. 도시에서 생산되는 콘텐츠 산업이나 기술 창업은 매우 부족하다. 한편으로는 지역 상권의 구체적인 수요와 개선 요구를 일단 수렴하는 과정조차 제대로 이루어지지 못한 경우가 많기 때문에 그러한 수요 파악을 제대로 하는 것을 중점적으로 시작할 필요가 있다.

9-3. 섬세한 지원

사람만 오면 지역에서 새로운 가능성을 포착하여 창업하고 지역경제가 성장할 것이라는 시나리오는 허황된 기대일 수 있다. 단계마다 반드시 섬세한 프로젝트가 수반되어야 한다. 대도시 창업도 3년 내 80%가 폐업하는 상황에서 시장도 작은 지역창업이 안정적으로 창업에 성공하기란 매우 어려운 일이다.

물론 일자리 때문에 지역 청년 유출이 증가하는 만큼 지역에서 일자리를 제시할 수만 있다면 안정적인 인구 규모 유지는 가능할 수 있지만 대기업도 휘청거리는 경제 위기 상황에서 청년 눈높이에 맞는 다양한 일자리를 제시한다는 건 정말 어려운 일이다.

따라서 일자리를 통해 지역에서 새로운 관계를 형성하는 것은 가장 난이도가 높은 프로젝트라고 할 수 있다. 현 단계에서 그나마 보편적인 지역경제 인력 육성 방안으로는 창업 공모를 통한 지원, 지역의 장인과 연결하여 숙련자 양성, 전문가의 지속적인 멘토링, 단기 인턴 유치 등이 있다.

공모전의 경우, 사이타마현의 요코라보는 창업을 목표로 지역에 진입하는 지원자들에게 매우 신속하게 반응한다(지원서 제출 후 10일 이내 결과 통보). 소액 다수 지원 및 선정자는 최소 연 3회 지역활동 의무 부과 등으로 서로 부담을 줄이는 방식으로 진입장벽을 낮춰서 실행하는 것이 특징인데 호응은 매우 높은 편이다. 지역상사 코유재단은 '로컬 MBA'라는 식으로 프로그램 내용과 가치화를 차별화하기도 한다.

9-4. 부업 매칭

아마추어 창업뿐만 아니라 기존 직장인을 지역으로 유도하는 프로젝트도 있다. 비정규직이 보편화되는 시대에 기존 직장인의 휴일에 지역부업을 하게끔 유인하며 새로운 경로를 만드는 것이다. 직장인으로서는 본업을 하면서 지역살이 기회를 모색할 수 있는 장점이 있다. 취업 희망자에게는 단기 인턴이나 계절노동 등 지역에서 필요로 하는 일자리와의 연결을 수행한다. 능동적인 지역 일자리 발굴과 연계를 통해 다양한 취업 관계인구를 확보해야 한다.

매우 소수 인원을 단기간 모집하는데 현지의 전문적인 연수를 받는 경우에는 참가비가 있기도 하다. 우리나라도 그렇지만 일본도 부업 금지 기업이 많기 때문에 부업에 대한 보상을 현금이 아닌 지역 특산품 같은 현물로 지급하는 것도 특징적이다.

9-5. 고향 워킹홀리데이

2024년 기준으로 일본 전역에서 5천 백 명이 참여한 고향 워킹 홀리데이는 2017년부터 시행하고 있는 총무성의 사업으로서 지역에서 일과 휴가를 동시에 누릴 수 있는 제도다. 흔히 호주나 유럽으로 가는 것을 워킹홀리데이라고 생각해 왔지만 새롭게 그 방향을 지역으로 전환했다는 의미가 있다.

고향 워킹홀리데이는 포털 사이트에서 원하는 지역을 찾아 설명회에 참여하고, 지역에서 개최하는 교류 이벤트 등을 통해 일을 찾아가는 과정으로 진행된다. 지역에서는 주민과의 교류(이벤트)나 배움의 장소(지역 공부회)를 통해, 여행에서 경험하기 어려운 지역의 실제 생활을 체험할 수 있다.

〈그림 36〉 고향 워킹홀리데이

* 출처 : https://furusato-work.jp

사례 18 요코라보(よこらぼ, 사이타마현 요코제마치)

사이타마현 요코제마치는 행정 반응성을 높이고 주민과 적극적으로 협력하는 새로운 공공경영 가치를 내세우며 '일본 최고의 도전하는 마을'을 표방한다. 도내(이케부쿠로)에서 요코세마치까지는 특급 전철로 불과 73분이고 대자연 환경이 아름다운 곳이다.

2014년 정부의 소멸가능성도시로 지정되었지만 2060년 기준으로 지금 인구의 1/3인 2천 6백 명이 될 것으로 전망하며 2060년까지 현재 인구 7천 8백 명의 2/3인 5천 4백 명 유지를 목표로 설정했다.

목표 설정 과정에서 자연적 인구 변화추세와 사회적 인구 변화추세 분석을 정확하게 제시한 것이 특징인데 전출입 인구, 20~30대 인구, 경제활동 인구, 고령자 인구, 상공업 인구, 관광객 수, 주민소득, 1인당 순소득, 세입·세출, 교통 이용자 수, 학생 수, 교사 수, 미취학 아동 수, 초중고등학생 수 등의 데이터를 매우 상세하고 정확하게 제시했다.

이 지역의 공간 거점 A898(Area 898, 야쿠바(마을사무소)라는 의미도 포함)은 2019년 리모델링한 민관합작 커뮤니티 센터로서 개방적이고 우호적인 장소를 표방하며 운영한다. 동사무소보다 가까운 리얼한 생활 밀착형 사무소 활동을 하고자 하며, 우수한 활동 결과 2023년 총무성 고향만들기대상에서 우수상을 받았다.

■ A898(사이타마현 요코제마치)

* 출처 : https://area898.space/

요코제마치는 「요코세마치 이주·정주·교류 등 추진 거점 시설의 설치 및 관리에 관한 조례」에 기반하여 농산물 직판장도 운영한다. 외지에서 지역에 파견된 지역부흥협력대가 목~월요일 10시~18시까지 운영하는데 장소 사용료를 받는다. 5개월 만에 2천 6백 명 이상이 활용하는 이벤트나 모임 장소가 되었다.

지원 플랫폼 '요코라보'는 적극적으로 개인과 기업 프로젝트를 수용한다. 프로젝트를 실행하고자 하는 의지가 있고, 프로젝트의 사회성이 있다면 누구나 지원할 수 있다.

흔히 지역활동을 하고자 할 때 마주하는 어려움인 ① 지역 과제 해결 서비스를 개발했지만, 실증 실험 장소가 없다, ② 잘 어울릴 만한 지자체가 없다, ③ 주민 협력을 얻기 어렵다는 문제를 마을이 적극적으로 지원한다는 개념이다.

매달 25일 24시에 제안서를 마감하며, 심사를 통해 프로젝트를 선정한다(지금까지 개최하지 않은 달은 1년에 단 2개월 뿐). 늦어도 10일 내에 결과를 신속하게 통보한다.

심사 기준은 실현 가능성, 마을에 이득이 되는 점, 마을이 할 수 있는 협력과 제안자 희망과의 일관성, 새로움, 제안자의 열정과 헌신 수준, 마을의 관심 등이다. 사전 상담을 실시하여 지원을 쉽게 할 수 있도록 지원한다.

선정 프로젝트에는 1년에 최소 3회 지역활동 및 월 1회 마을 보고회를 의무 사항으로 요청하는데 프로젝트 시작 후에도 마을 사무소 담당자가 적극적으로 참여한다. 2023년 6월까지 6년간 요코라보를 통해 221건을 신청받아 학생, 의료, 조사, 기술, 실증실험, 공유경제, 스포츠, 복지, IT, 육아, 마을 만들기, 교육, 교통, 상업, 재해대책, 신기술 개발, 관광, 농업, 환경, 신상품 개발, 자연 등의 분야에 133건 프로젝트를 완료했다.

온라인 소아과 상담, 데이터와의 행정·방재 정보 전달에 있어서 무선 통신 기술의 유효성 검증, 지역 크리에이터가 주말에 아이들과 워크숍을 개최하는 '요코제 크리에이티비티 클래스', 마을 명물이 되는 술을 양조하는 '도부로쿠 특구', 전국에서 누구나 참여할 수 있는 유니버설 야구 등 단기 이벤트부터 장기 프로젝트까지 매우 다양하며 IT 관련 프로젝트가 매우 많은 것도 특징이다.

■ 공모 프로그램 요코라보(사이타마현 요코제마치)

* 출처 : https://yokolab.jp

요코제마치에서는 커뮤니티형 다거점 코리빙 플레이스 'Living Anywhere Commons(LAC)', 지역 식재료로 신상품을 개발하는 챌린지 키친 'ENgaWA'도 운영하며, 주민 커뮤니티 참여도 매우 적극적이다.

사례 19   지역상사 코유재단(地域商社こゆ財団, 미야자키현 신토미)

미야자키현 신토미(인구 1만 7천 명)에서 활동하는 '지역상사 코유재단'[100]은 세계에서 가장 도전하기 좋은 마을을 만들어 '강한 지역 경제 만들기'를 구현하고자 한다. 이를 위해 돈, 토양(실제 지역 문제와 지역 자원이 연결되는 로컬 네트워크), 바람(이주자나 기업 등이 밖에서 '바람'으로 오기 쉬운 환경)이라는 세 요소의 중요성을 강조한다.[101]

행복의 4요소를 '해보자', '어떻게든', '감사합니다', '나답게'로 정하고, 옆으로 넓어지는 힘, 지역 내외의 사람들과의 연결이라고 선정하고, 지역에서의 웰빙도 강조한다. 이런 원칙 하에 도전자들이 지원하고 실패해도 스스로의 관심사에 끝까지 파고들어 성취감을 느낄 수 있도록 격려한다.

---

100) http://koyu.miyazaki.jp(「Turns」 Vol.38에 자세히 소개)

101) https://greenz.jp/2022/03/07/koyu_zaidan_shintomicho

특산품 판매와 기업가 육성을 통해 적극적인 상가 연계 활동, 농업 중심 사업, 대도시 연계 아카데미를 운영한다. 목표는 10년 내 지역에서 100개 회사를 설립하여 1,000명 고용을 창출하는 것이다.

신토미 지역은 평야지역으로서 농업이 활발하다. 피망, 오이, 토마토 등의 비닐하우스 야채와 가금류, 육용소, 낙농 등의 축산을 주업으로 하는 '야채와 축산의 마을'이다. 프로축구팀의 홈 경기장도 있다.

■ 코유재단 소개 영상(미야자키현 신토미)

* 출처 : https://www.youtube.com/watch?v=5vsG1M7mz6w

코유 재단은 동사무소 직원의 제안으로 기존 관광협회를 발전적으로 해체하고 법인화하여 2년간의 논의 끝에 2017년에 설립한 지역상사다. 직원 14명과 지역부흥협력대원 10명이 함께 활동하고 있는데 주민 및 유턴한 멤버가 다수를 차지한다. 2018년 내각관방성의 지방창생 우수 사례로 선정되었다.

■ 코유 재단 사무실(미야자키현 신토미)

* 출처 : https://project.nikkeibp.co.jp/hitomachi/atcl/column/00006/112900023

코유 재단은 지역상사로서 수익사업을 하고 이를 마을에 환원하는 활동을 전개한다. 고향납세 위탁 관리, 답례품 판매업무를 담당하는데 초기에 관공서에서 고향납세를 운영할 때는 2천만 엔 정도에 머물렀던 고향납세가 2018년 19억 엔까지 증가했고 4년간 55억 엔을 모금했다. 1알에 1천 엔 짜리 라이치 같은 신품종 과일을 개발하여 대도시 안테나숍에서도 판매하며 강한 농가 육성을 위해 노력하고 있다. 그 외에 고구마와 소주 상품도 개발했다.

■ 코유재단이 농가와 개발한 1알에 1천 엔 짜리 라이치 (미야키현 신토미)

* 출처 : https://machi-log.net/66505
* 출처 : https://project.nikkeibp.co.jp/hitomachi/atcl/column/00006/112900023

창업지원사업으로는 도쿄에서 '미야자키 로컬벤처스쿨(코유 로컬 스타트업 프로그램, 5회 강의)'을 운영한다. 로컬 MBA를 표방하며 사업계획-지역방문-최종 프리젠테이션 과정을 통해 스타트업 출자, 홍보, 매칭을 지원한다. 매월 정기 면담을 통해 공무원이나 주민, 기업가들로부터도 멘토링을 받는다.

본격적인 관계인구 활성화 사업인 코유 아침시장은 상점가 활성화와 지역의 장 만들기를 위해 2017년부터 진행하고 있다. 사람과 사람이 연결되는 감각을 경험하며, 단순한 이벤트를 넘어 경험을 습관으로 만들고자 한다.

초기에는 지역 상권의 협력을 받기 어려운 문제점이 있었지만 꾸준한 설득으로 30여 개 상점이 참여했다. 매월 셋째 주 일요일에 개최하여 1회 500명 이상이 모이는 지역 커뮤니티 만들기를 목표로 했는데 많을 때는 천명도 모이고 하루 매출이 100만 엔 정도다.

■ **코유 아침시장**(미야자키현 신토미)

* 출처 : https://machi-log.net/66589

  20개 이상 출점자와 300명 이상이 모이는 공공 공간도 있다. 2017~2021년까지 4년간 13건의 빈집, 빈 점포를 카페나 민박으로 재생했고, 지역부흥협력대를 비롯한 인재의 이주가 증가하여 4년간 20명 이상 이주했다.

  유니레버, ENEOS 등 대기업과 신토미 마을사무소와 제휴를 지원했으며, 야채 자동 수확 로봇을 개발하는 벤처 기업 창업을 지원하고 낙농가 등 동네 사업자와 협력을 연결했다. 그 결과 20개 이상의 관광 체험 프로그램을 창출했으며 상가에 월 1회 5백 명을 집객하는 '코유 아사시'를 기획 운영하고 동네 사업자와 협력하여 관광×교육을 사업화하여 현 내외에서 수학여행을 받고 있다.

사례 20 **피셔맨 재팬**(フィッシャーマン・ジャパン, 미야기현 이시노마키시)[102]

'피셔맨 재팬'은 2014년 미야기현 이시노마키시에서 시작되었다.[103] 전국 28만 명 어업 종사자 수가 20년 동안 15만 명까지 줄어든 현실(20~30대는 15%)에서 2011년 동일본 대지진 당시 직접 피해를 입은 이시노마키 지역은 아무것도 남지 않게 된 상황이 되었다.

이대로 가다간 2050년엔 물고기를 먹을 수 없게 될 수 있다는 위기의식 속에 후계자 부족과 유통 문제 해결을 도모하며 100억 엔 신산업 만들기, 2024년까지 멋지게 버는 피셔맨 1,000명 육성하기 등을 목표로 제시하였다. 기대효과로는 새로운 인재(SeaEO) 확보, 수산물 매출 증가, 지역 활성화 등이다.

프로젝트 원칙은 'be cool, successful, innovative'이다. 교육, 판매, 홍보, 환경정비 등 4개 부문을 구분하여 진행한다.

- 교육(미래의 피셔맨을 키우다) : 어린이 급식, 인턴십(2017년부터 40개사에서 대학생 180명 이 연수), 낚시인 관계인구의 체험 투어 및 의견 교류회(& Angler)
- 판매(수산업의 구조를 바꾸다) : 수산혁신캠프를 통한 인재 육성(2020년 12개사 12명 참여), 해외 판로 개척, 온라인 쇼핑몰, IoT 활용 혁신 제품 생산, 동아프리카 유통 개선, 공항식당(유통방식의 혁신)
- 홍보(어업의 매력을 전달하다) : 어부 술집, 새로운 해산물 요리, 해산물 가공품, 피셔맨 샌드위치, 어부와 협업하여 만든 도시락, 기내 동영상 홍보, 주부들이 운영하는 바닷가 식당, 브랜딩, 패션(작업복)
- 환경정비 사업(앞으로의 수산업을 지속가능하게 하다) : 어린이용 어업 위기 그림책

이와 같은 사업을 통해 현재로부터 수산업의 지속가능성 - 미래의 피셔맨 교육 - 수산업의 유통구조 변화 - 어업의 매력을 전파한다.

---

102) 최일선(2022 : 62-68)

103) 일반사단법인이며, 별도로 2016년 ㈜피셔맨재팬 마케팅 설립

■ 피셔맨 재팬의 SeaEO의 의미 (미야기현 이시노마키시)

What is SeaEO?

기업 대표인 CEO라는 직책을 바탕으로
수산업에 관련된 SeaEO라는 새로운 직함을 만들었습니다.
수산업과 스스로를 합치면 독특한 존재가 되어
바다라는 큰 회사 중에서 중요한 역할을 합니다.

예를 들어,
수산업 × 마케터는 SeaMO (Marketer).
수산업 × 크리에이터는 SeaCO (Creater).
수산업 × 경제학은 SeaEO (Economy).

그런 독특한 직함을 점점 늘려가며 수산업계에 혁신을 일으키기 위해 다양한 인재를 활약할 수 있는 틀을 목표로 합니다.

* 출처: https://fishermanjapan.com/project

2022년 피셔맨 재팬 블루 펀드(Fisherman Japan Blue Fund Investment Limited)를 설립하여 어업 단체와 핀테크 기업이 연계해 바다의 풍요를 지키기 위한 새로운 투자·기부 구조를 구성했다. (해양산업 생태계를 형성하는) 블루 이코노미를 견인하는 기업부터 채산이 낮은 수산업 담당자를 새롭게 육성하는 사업까지 수산업의 틀에 한정하지 않고, 바다에 관한 폭넓은 기업·사업을 지원한다.

법인·개인으로부터 임팩트 투자와 기부를 조합한 새로운 파이낸스 형태(blue finance)를 구성하여 바다라는 필드에 더 많은 사람을 유입시켜 지속가능한 수산업 실현과 해양 환경 보전을 양립하는 블루 이코노미를 추진한다.

수산업뿐만 아니라 자원관리·해양환경 보호를 위한 바다의 DX화, 지속가능한 양식 먹이 개발, 해양 플라스틱 회수·리사이클, 바다의 순환경제 실현, 지속가능한 해산물 유통 판매 등 국내외 폭넓은 사업에 투자한다. 특히 단기적 수익 전망이 어려웠던 수산업 종사자, 비치 클린, 어장 재생, 지속가능 해산물 보급·계몽, 사회적 문제를 해결하기 위한 투자에 힘쓴다.

■ 피셔맨 재팬 블루 펀드 운영 구조(미야기현 이시노마키시)

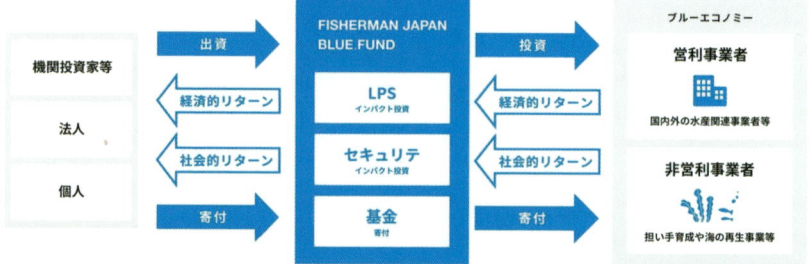

순방향: 기관투자가, 법인 개인의 출자와 기부-피셔맨 블루펀드의 투자와 기부(LPS(인바운드 투자), 세큐리테(인바운드 투자), 기금(기부))-블루 이코노미(영리사업자(국내외 수산관련 사업자 등), 비영리 사업자(바다 재생 사업 등))
역방향: 경제적 리턴, 사회적 리턴 발생

* 출처 : https://fishermanjapan.com/project

피셔맨 재팬이 2015년에 시작한 트리톤 프로젝트[104]는 체험을 통해 수산어업에 관심을 가지게 하고, 수산어업에 관심 있는 사람들을 대상으로 어촌에 정착하여 교육받고 일을 시작하기까지 지원하는 종합 프로젝트다. 4년간 171명이 참여하여 30명이 취업했다.

■ 트리톤 프로젝트 구조(미야기현 이시노마키시)

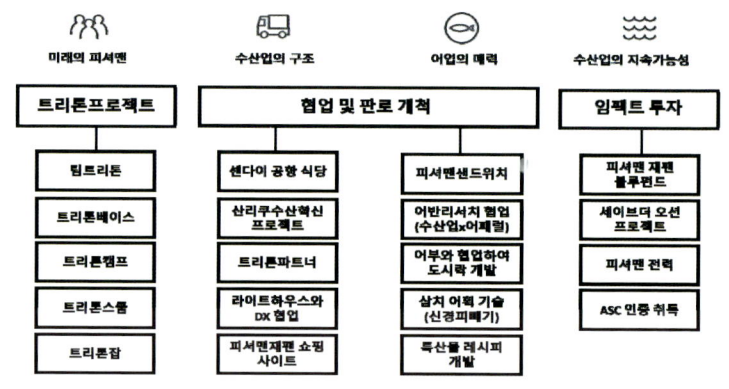

---

104) https://triton.fishermanjapan.com

프로젝트의 구성은 다음과 같다.

[모인다] 어촌에 머무르며 가볍게 수산업 체험을 할 수 있는 'TRITON CAMP'

[배운다] 대학 및 전문 어업인과 연계하여 단기로 수산어업에 대한 교육을 받는 'TRITON SCHOOL'
- 대학, 수협과 협업으로 현장 실습 교육, 어부가 감수한 교과서로 교육, 어촌 문화, 신기술 학습

[일한다/산다] 신입 어업인을 위한 공유 하우스 'TRITON BASE'
- 거주나 숙박 가능, 7개 어촌에 설치

[구직] 수산어업 관련 일자리를 찾아주는 'TRITON JOB'
- 구인정보 제공

[연결] 전문 어업인과 신입 어업인을 연결해 주는 'TEAM TRITON'
- 3개 어촌에서 시행

'Triton Job Spot'은 새로운 직종의 어부 만들기 프로젝트다.
- 프리랜서 어부 : 전국의 어촌을 여행하는 자유로운 어부. 트리톤 프로젝트로 구축한 전국 어부 네트워크를 활용해, 복수의 부모가 한 명을 기르는 개념
- 학생·서포트 어부 : 평소에는 학생이나 사회인이지만 휴가 동안 어부로 일하는 사람. 어업 체험을 제공하는 미래의 피셔맨
- 1차 산업 프리랜서 : 농림업 등 1차 산업 종사자가 계절 동안 어부가 되는 경우. 1차 산업 교류 효과
- 어부 부업 : 이미 어부인 사람이 휴어기에 다른 어촌에서 노동. 전국 네트워크 형성

사례 21　요소몬(YOSOMON, 전국)

'요소몬'은 30년 이상 일본 전역의 지역창업을 지원하는 NPO법인 ETIC의 지역과제 해결형 부업활동 매칭 서비스다. 자신이 경험과 기술을 바탕으로 본업을 지속하면서 자신의 일을 그만두지 않고 지방 기업의 문제 해결을 기획할 수 있는 프로젝트

를 소개한다.

　이주·정주 필요 없이 현재 거주하는 곳에서 화상 미팅 등을 이용하거나 주말에만 지방으로 이동하여 근무하는 방식으로 진행되는데 주로 마케팅과 제품 판매 촉진, 상품 기획, 경영기획 등의 분야가 등록되어 있다.

　후쿠시마현, 나가노현, 이바라키현, 피셔맨재팬(이시마키시) 등은 전문 플랫폼을 별도로 운영한다.

■ 부업 정보 플랫폼 요소몬

* 출처 : https://yosomon.etic.or.jp

• 후쿠시 맥스(후쿠시마의 요소몬)

　후쿠시마에서 운영하는 후쿠시 맥스는 후쿠시마 재난지역인 12개 지역에서 활동 인원 15명을 모집했다.[105] 활동 기간은 2023년 8월 19일(토)~2024년 3월 23일(토)까지 7개월인데, 기업과 나의 프로젝트 아이디어가 있는 사람, 후쿠시 맥스의 개념에 공감하는 사람, 프로그램을 통해 자신의 비전을 실현하기 위해 행동할 수 있는 사람 등을 모집했다.

　참여 조건은 후쿠시마현 외 거주자로서 프로그램 기간 도중 이탈하지 않을 것, 연

---

105) https://yosomon.jp/fukushimax

수 등 현지 참가를 위해 후쿠시마현 12개 지역에 다닐 수 있을 것 등이다.

참가비는 부가세 포함 55,000엔[106]이며, 현지 연수 등 참가시 여비는 별도로 실비 부담하며 개인 필드워크를 실시할 경우에는 최대 2만 2천 엔(세금 포함)의 활동 장려금(여비 등 보조)을 지급한다.

후쿠시 맥스에서 진행한 과거 프로젝트로는 '문화 기획 : 슈퍼스타가 아니라 함께 과정을 고민할 사람을 찾는다', '마르쉐 운영자', '디지털 인재 : 단, 보통 사람이 지역을 지탱한다는 가치에 공감할 수 있는 사람' 등이 있다.

■ 후쿠시 맥스 프로그램(후쿠시마)

구분	시기	내용
협동 프로젝트	2023년 9월~11월	매칭 기업 활동
중간 합숙	2023년 11월 18일(토)-19일(일)	지역 한 곳을 선택 협동 프로젝트 성과 발표 자기 프로젝트 계획 발표 멘토링
멘토링 및 실천	2023년 12월~2월	월1회 온라인으로 실시
개별 필드워크	2023년 11월~2024년 3월 23일(토)	활동 장려금(여비 등 보조) 지급
사업 설명회	2024년 2월	프로젝트 발표 후 상호 평가
결과발표회	2024년 3월 23일(토)	지역 한 곳을 선택하여 지역주민 앞에서 발표

* 출처 : https://yosomon.jp/fukushimax

- 나가 녹(NAGA KNOCK, 나가노현의 요소몬)[107]

나가노현에서는 지역 내 12개 회사가 참여하여 프로젝트당 2~3명씩 최대 30명을 모집했다. 모집 분야는 신규사업 창출(6개월 활동)이며, 월 2회 2시간 온라인이나 대면으로 멘토링하며, 기업 연수(킥 오프 연수, 필드워크 연수, 사업계획 작성 연수, 피칭)를 실시한다.

---

106) [참가비 포함 항목] 후쿠시마현 12개 지역에서 개최하는 각종 연수 참가비. 기업가 멘토에 의한 3회 멘토링비. 지역 코디네이터에 의한 지원비 / 【참가비에 포함되지 않는 항목】 후쿠시마현 12개 지역에서 개최하는 각종 연수 참가의 교통비, 음식비, 숙박비

107) https://nagaknock.etic.or.jp

참가비는 5만 5천 엔(부가세 포함)이다. 지역별 프로젝트 사례로는 이바라 킥 프로젝트가 있다.[108] 2017년부터 운영하였고 지역 내 16개 기업 참여하고 있다. 모집 인원은 1기업당 1~2명씩 최대 20명이며, 참가비는 무료이다(일부 자부담).

■ 이바라 킥 참여기업의 요구사항(나가노현)

DX화를 더 진행시키고 싶다	밤의 명산지라고 알고 싶다.	바다의 행운을 밖의 사람들에게도 맛보고 싶다.	전통 공예와 문화를 지키고 싶다.
야외 활동을 더 즐기고 싶습니다.	이바라키의 매화는 더 할 수 있어야합니다.	멜론의 생산량 일본 제일이라고 알고 싶다	도쿄에서 가까운 위치를 더 활용하고 싶습니다.
브랜드를 설정하고 싶습니다.	지역 자원을 파고 싶다.	글로벌화를 진행하고 싶다	일하기 쉽고 살기 쉬운 환경을 정돈하고 싶다.
가사마야키를 활용해 가고 싶다	SDGs의 노력을 진행하고 싶다.	이바라키의 딸기를 사용하여 명산품을 만들고 싶다.	시골의 이미지를 없애고 싶다.
이바라키 고등어를 더 알고 싶다.	이바라키 문어를 더 알고 싶다.	켄친 소바의 장점은 더 잘 알려져 있어야합니다.	이바라키의 바다의 매력을 더 PR하고 싶다

* 출처 : https://ibarakick.etic.or.jp

---

108) https://ibarakick.etic.or.jp

- 교소몬(GYOSOMON!, 이바라키현의 요소몬)[109]

　교소몬은 2019년부터 이시마키시 피셔맨 재팬이 요소몬 연계로 운영하는 어업 부업 매칭 전문 서비스다. 소개형 이직이 아닌 매칭형 부업 서비스로서 어부의 부업을 소개한다.

　지역에서는 외지인 수용에 대해 적극적이지 않기 때문에 우선 부업자를 희망하는 지역기업을 확보하는 것이 핵심 목적이다.

　구인 내용을 수산업에 한정하여 지역 가공업자의 일손 부족 해결을 위한 인재를 모집한다.[110] 프로젝트 시작 후에 운영자로서 '피셔맨 재팬'이 적극적으로 관여하며 현금이 아닌 이시노마키시의 수산물로 보수를 지급하여 원칙적으로 부업 금지인 기업의 종사자도 주말 동안 어촌에서 힐링하고 어업체험 형식으로 부업하고 수산물로 보수를 받게끔 하는 것이 특징이다.

　이런 장점이 부각되어 개설 초기에는 300명 넘게 지원했고, 4년간 20건 매칭에 성공했다(내실 있는 성과 창출을 위해 대규모로 운영하지 않음).

프로젝트 10 ― 지역산업 성장
로컬 브랜딩, 팝업 스토어, 안테나숍, 프래그십 스토어, 마르쉐, 국도 휴게소, 펀딩, 고향납세 답례품 생산

10-1. 팝업 스토어, 안테나숍, 프래그십 스토어, 마르쉐

　팝업 스토어, 안테나숍, 프래그십 스토어가 주로 아웃바운드형 판로 개척

---

109) https://yosomon.jp/gyosomon
110) 최일선 외(2022 : 68)

방식이라면 마르쉐는 (개최 장소별로 차이가 있지만 보통 지역 내에서 개최되므로) 인바운드형 판로 개척 방식이라고 볼 수 있다. 팝업 스토어는 한시적으로 상품 홍보 및 판매를 하고, 안테나숍의 경우는 대도시에서 지역과 상품 홍보를 하며, 플래그십 스토어는 지역산업의 가치와 철학까지 강조하며 팝업 스토어보다 좀 더 포괄적이고 종합적인 특성을 보이는 게 차이점이다.

이들 스토어는 주로 기차역, 공항, 국도 휴게소 등 유동성이 높은 공간에 설치하는데, 필요에 따라서는 단순 상품 전시 뿐만 아니라 지역 홍보 자료 전시, 지산지소를 구현하는 지역 레스토랑 등도 함께 패키지로 운영한다. 지역 정보를 알리고 지역 상품을 판매하면서 일종의 신상품 베타 테스트도 실시한다.

지자체들로서는 외부에 상품 홍보 및 판매, 지산지소 가치 전파, 지역 안내, 고향사랑기부 유치 그리고 더 공간을 확보할 수 있다면 지역살이 학습장으로서 이러한 공간을 지역 내외부에 적극적으로 설치하는 것을 검토해야 한다.

10-2. 국도 휴게소(미치노에키)

일본의 미치노에키(道の駅, Roadside Station)는 일종의 국도 휴게소로서 1993년 국토교통성에 시범 등록이 시작되어 전국에 1,209개가 있다. 인구 밀도가 적은 지역에 비교적 많은 미치노에키가 있다. 실제로 인구밀도가 100명 미만인 홋카이도에는 127개가 있다.[111]

---

[111] 이정우(2024 : 84)

야마모토 유코 호세이대 지역연구센터 객원교수가 2016년 일본 전역의 미치노에키를 조사 한 결과, '연간 매출 10억 엔 이상'은 22곳, 연간 이용객 100만 명을 넘는 곳은 32곳으로 나타났다.[112]

전국미치노에키연합회는 '미치노에키 스탬프 랠리'로 방문 활성화를 유도하고 있다. 미치노에키는 단순히 여행 중에 들르는 휴식장소가 아니라 목적지나 관광지로 진화하고 있는데, 휴게시설+지역 정보 제공+지역 상품 판매 등 지역 연계 기능을 수행하거나 때로는 재난대피시설로 활용되기도 한다.

10-3. 로컬 크라우드 펀딩

크라우드펀딩은 특정 기획에 대한 소액다수모금 방법이다. 지역에서 새로운 기획을 할 때에도 관심을 끌 수 있는 기획을 함께하며 그 과정에서 협업을 형성하고, 모금 결과 모은 자금을 지역의 프로젝트에 사용할 수 있다. 지역 상품 전문의 크라우드 펀딩 서비스가 지속적으로 확대되는 중이다.

10-4. 금융 지원 : 마이크로 뱅크

마이크로 뱅크는 일반적인 은행이 아니라 지역의 아이디어와 자금을 모아놓고 필요할 때마다 사용하는 방식으로 운영할 수 있다. 지역의 소규모 프로젝트에 지역의 자금을 좋은 조건으로 대출하고 이를 다시 회수하는 과정

---

[112] https://www.hankyung.com/international/article/202111249803i

을 진행할 수 있다. 이때 기획서에 대한 주민이나 어린이 등 다양한 연령층의 심사, 진행과정에 대한 정기 보고회 겸 만남, 생활 속 멘토링을 통한 계획 발전 등 여러 가지 프로젝트를 종합하여 운영할 수 있다.

10-5. 로컬 브랜딩과 고향납세 답례품 생산[113]

지역상품은 싸고 풍부하다는 기존의 인식에 매몰될 필요는 없다. 우수한 상품은 제값을 받는 것이 당연하다. 역발상으로 고품질의 독창적인 지역 PB(Private Brand) 상품을 개발하여 지역 홍보를 하고, 이를 답례품으로 생산하고, 온오프라인의 홍보를 통해 고향사랑기부금 모금에 효율적으로 활용할 수 있다.

지역의 상품을 발굴하여 고향사랑기부금의 답례품을 제공하며 지역 내에서 비즈니스 모델을 형성할 수 있다. 그 과정에서 고향사랑기부금의 기부자를 관계인구로 유인할 수 있다.

그러나 단순 답례품 생산에만 매몰되기보다는 상품 생산 의미, 상품 생산 과정의 스토리텔링, 공정한 상품 생산의 의미 등 복합적인 가치 부여에 주력할 필요가 있다. 아울러 단지 인기 있는 상품을 생산하려고 하기보다는 지역 상품이 가치 있는 답례품으로서 작동하고, 그 후에도 지역경제에 기여할 수 있는 계기를 제공하는 것이 더 중요하다.

---

[113] 2008년부터 실시된 일본의 고향납세 기부규모는 2021년까지 총 4,447만 건, 누적액 8,302억 엔(약 /소 9천억 원)으로서 연평균 318만 건, 593억 엔(약 5,600억 원) 정도이다(총무성 자치세무국시정촌세과. 2022.07.29. : 2).

사례 22   **큐슈 허브**(QSHU HUB, 큐슈)

지역관리 및 공간재생, 마을호텔 전문회사인 ㈜사토유메에서 운영하는 '큐슈 허브'는 아소구마모토공항(阿蘇空港) 내 3층 국제선 출발 바로 앞에 있다. 2024년 8월 1일 리뉴얼 오픈했다.

■ 큐슈허브(큐슈)

* 출처 : https://www.instagram.com/qshuhub

로컬테인컨트(로컬 엔터테인먼트) 컨셉으로 구마모토 지역의 로컬 창업자 상품을 전시하는 허브로서 단순한 물건이 아닌 지역이 빛나는 인간, 지역이 빛나는 사물, 지역 특유의 체험(사물) 등의 스토리를 기념품으로 자리매김하며 지역을 오감으로 경험하고 흥을 느낄 수 있는 곳을 지향한다.

큐슈허브는 3개 권역으로 구성되어 있다.

① 구마모토의 '요카토코(좋은 곳)'를 가르쳐 주는 점장이 선택하는 '특산품 에리어'는 60여 개 지역 특산품을 판매하는 권역이다. 구마모토현 출신의 점장이 엄선된 식품, 음료, 잡화, 의류, 전통 공예품 등을 균형 있게 준비한다. 또한 단순히 상품을 판매할 뿐만 아니라, 상품을 생산하고 있는 지역 사업자의 생각이나 조건 등의 스토리를 전하는 것에 주력한다. 오리지널 카드를 함께 전시하며 '보고 읽고 만져 즐길 수 있다'

는 컨셉을 구현한다.

②탑승할 때까지의 즐거운 로컬 체험 '10미닛 크래프트'는 로컬테인먼트 컨셉을 상징하는 구마모토·큐슈의 인간·상품으로 오감체험 워크숍을 정기 개최하는 참여형 권역이다. 비행기 탑승 전 대기 시간에 남녀노소 누구나 할 수 있는 체험 콘텐츠를 제공한다. 스스로 만든 다다미 코스터의 좋은 향기에 치유되면서, 집에서 은은한 시간을 보낼 수 있는 다다미 코스터 만들기 프로그램 등을 운영한다.

③관광 유치나 고향 납세 답례품 PR 등을 할 수 있는 '프로모션 에리어'는 홍보 권역이다. 관광객과 인바운드객이 많이 방문하는 공항에 자리 잡고 있기 때문에, 지자체나 민간기업 등의 프로모션(유료)에 최적 장소다. 지자체 관광 프로모션, 고향 납세 납례품, 시식 및 기부 유도, 민간 기업의 상품 PR, 마케팅 조사 등 실시한다.

사례 23 국도 휴게소 타가미(たがみ, 니가타현 타가미)

국도 휴게소 '타가미'[114]는 니가타역에서 차로 40분 거리의 국도 403호에 위치해 있다. 타가미는 인구 약 1만 명의 작은 규모로 니가타현 주민도 잘 모를 정도로 인지도가 낮은 마을이다. 이런 작은 마을에 위치한 '타가미'는 브랜드까지 있는 휴게소다.

■ 국도 휴게소 타가미(니가타현 타가미)

출처: https://michinoeki-tagami.jp

---

114) https://michinoeki-tagami.jp

국도 휴게소 거점답게 '가까운 것을 기뻐하고 즐기면, 멀리서도 찾아 온다'[115]는 슬로건 하에 지역 내외의 활기를 일으키는 거점이 되는 것을 목표로 한다.

먼저, 타가미는 지역에서 50만 년 전에 융기했다는 산을 형상화하여 로고로 만들었다. 산에는 너구리, 여우, 오소리, 토끼, 쌀, 논에는 도초, 메다카, 게, 붕어, 거북이 등 다양한 생물이 살고 있다는 것도 형상화하고 마을의 꽃 수국도 표현했다.

■ **타가미의 로고**(니가타현 타가미)

* 출처 : https://michinoeki-tagami.jp/?mode=f2

2020년에 403번 국도에 문을 열어 휴게소를 지역 정보 발신의 장(場)으로 활용한다. 2021년 7월 누적 방문자는 50만 명에 이르고 국토교통성의 '중점 역(重点道駅)'으로 선정되었다.

'타가미'는 '즐거운 순간을 많이 제공'하고자 한다. 이를 위해 운전자만 쉬는 곳이 아니라 다양한 형태의 협업 서비스도 제공한다. 현지 대학과 협업하여 태양광을 활용한 환경친화 시설을 만들고, 생산자와 협업으로 제철 야채 및 과일 판매, 집으로 생산품 배달, 아이를 위한 공간, 취약계층도 쉽게 이용할 수 있는 장소 제공, 현지 식재료 이용 식당 등 다양한 컨셉의 공간을 제공한다.

주민 외 방문객의 관심도 유도하며 지역 팬 만들기를 실행한다. '타가미를 즐겁게 하고 싶은 사람'처럼 직원들이 사람들의 관계성 만들기를 유도하는 프로그램도 진행

---

[115] 근자열 원자래(近者悅 遠者來) 혹은 근열원래(近悅遠來). 백성을 기쁘게 하면 도망가지 않는다는 뜻의 중국 고사

한다. 매장 내 판매하는 상품에 대한 별도의 생산 스토리를 블로그에 게재하며 안내한다.

공간은 크게 '숍/식당'과 '정보발신 휴게시설동'으로 구분하여 운영하는데 친절하고 부드러운 디자인으로 구성했다. 각종 이벤트, 파머스 마켓, 마르쉐, 갤러리, 자동차 시승, 차박 등의 이벤트나 다양한 프로그램을 운영하며 미치노에키를 거점으로 호텔이 건설되었다.

■ **타가미 휴게소**(니가타현 타가미)

* 출처 : https://michinoeki-tagami.jp/?tid=2&mode=f19

■ **타가미의 유니버설 디자인 공간**(니가타현 타가미)

* 출처 : https://michinoeki-tagami.jp/?mode=f2

사례 24 **AMA 홀딩스**(AMA Holdings, 시마네현 아마섬)

시마네현 아마섬의 기금운영주체 'AMA 홀딩스'[116]는 2018년 설립한 비영리단체다. 지역의 태그보트(tag boat, 유인선) 역할을 하며 가치 전환 시도 프로젝트를 수행한다. 표준코스(90분), 환류코스(150분), 도전코스(150분)의 3개 부분 견학 프로그램을 운영한다.

2020년부터 아마섬 미래 공생기금을 운영하는데 고향납세(연간 납부액의 25%)를 활용하여 운영하면서 2018년 3천만 엔, 2020년 1억 엔, 2022년 2억 4천만 엔까지 증가했다. 답례품도 80개에서 500개로 증가했다.

2022년 21개 응모사업 가운데 '바다를 좋아하게 되는 해양 보트 사업'과 '가까이에서 만들어서 근처에서 마시는 우유 생산 사업'을 채택하여 투자했다.

■ 코스별 견학 요금(시마네현 아마섬)

코스	시간	금액(5명 1조 기준)	추가/1명
표준 코스	90분	5만 엔	8천 엔
환류 코스(표준+환류)	150분	6만 5천 엔	1만 2천 엔
도전 코스(표준+도전)	150분	8만 엔	1만 5천 엔

모두 세금 포함 가격
수강료, 견학 자료비, 다과 요금 포함
숙박비. 지역 내 이동비, 식비 별도
요청 시 지역 내 여행사인 시마팩토리에서 상담 가능

출처 : https://note.com/ama_holdings/n/nb178060a8da3

---

116) https://amaholdings.co.jp

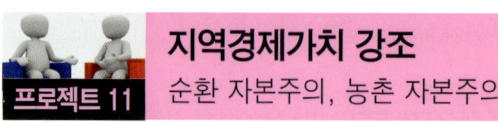

지역경제가치 강조
순환 자본주의, 농촌 자본주의

지역경제 가치로서 가장 중요한 원칙은 '지역의 '오늘'이 내일의 비즈니스가 된다'는 의지다.

11-1. 농촌 자본주의 : 지산지소, 농업 가치 강조

농산물의 가치는 우수하지만 그것이 지역 내에서 훌륭한 브랜딩을 통해 좋은 이미지로 유통되기보다는 그저 주민은 실감하기 어려운 '상품'으로서만 외부 소비를 기다리고 있는 상황이다. 따라서, 농산품의 우수한 가치를 복구하고, 농산품이 더욱 역동적으로 순환 소비될 수 있는 구조를 구축하는 것이 중요하다.

지역의 고유한 농산품으로 지산지소 가치를 강조하는 상품개발, 식당 운영이나 지산지소 교육을 진행할 수 있다. 또한 파머스 마켓, 지역 식재료로 신상품을 개발하는 챌린지 키친 프로젝트, 아침/저녁 마르쉐를 개최할 수도 있다.

이 과정에서 중요한 것은 순환적 가치다. 단지 지역에서 생산을 극대화하는 프로젝트를 추진하는 것만으로는 부족하고, 어떻게 하면 지역 자원이 지역 내에서 원활하게 순환하여 더 큰 부가가치를 창출할 수 있는가에 대한 모색이 필요하다. 개인이나 단독 업체뿐만 아니라 지역과 함께 돈을 벌 수 있는 순환적 구조 구축이 기본인 것이다.

여기에서의 순환적 가치란 지역 내에서만 갇혀 있는 것을 의미하는 것이 아니다. 오히려 지역 내에서 자원과 상품의 가치 순환이 이루어져 역동성을 확보하는 것이 우선 되어 이후에 외부 자원이 유입되더라도 지역자본의 힘을 확보할 수 있는 근거 자본이 되는 원칙을 의미한다.

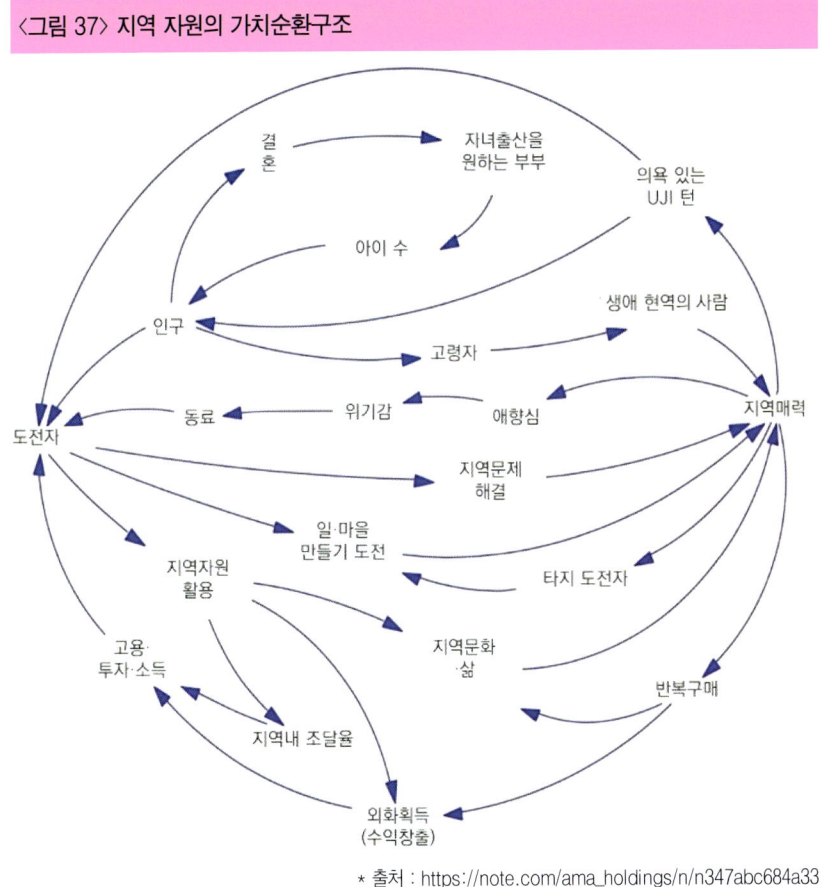

〈그림 37〉 지역 자원의 가치순환구조

* 출처 : https://note.com/ama_holdings/n/n347abc684a33

11-2. 수평 경제, 횡단 연결 산업

횡단 연결 산업은 수직적인 산업 단절이 아니라 가로로 연결되는 산업구조를 의미한다. 에이제로 대표 마키 다이스케는 기존의 분절된 지역 내 산업 구조로는 더 이상 수익 창출을 도모하기 어려우며 각 산업 간 가로 연결과 같은 수평산업 구조를 형성하여 지역의 부를 늘리는 방식을 강조한다.[117]

> "숲 학교 사업을 통해 지역 임업은 어느 정도 정상궤도에 올랐지만 신경 쓰이는 일이 있었습니다. 그것은 일본의 농업, 임업, 수산업의 수직적 관계입니다. 업계 중심으로 수직적으로만 구분하기 때문에 농업은 농협, 임업은 삼림조합, 수산업은 수협이라는 식으로 구성되어 있고 이러한 종적 관계의 말단에 지역이 있는 것이 큰 문제라고 느꼈습니다.
> 그러나 지역에서는 본래 각자 가지고 있는 것들이 수평적으로 연결되어 존재합니다. 자연자본은 관계를 형성하는 방식으로 맞춰져 있기 때문에 수직적으로 뚝 잘라 갈라놓을 수 없는 것입니다. 그런 수직적 관계 구조에 대해 학창 시절부터 고민했습니다.
> 수직적이건 수평적이건 하나의 생태계로 지역을 구성할 수 없을까. 산에 사는 사람은 산만 생각하고 농가는 농업만 생각하는 것이 당연한 것이겠지만 너무 부분 최적화만 강조하는 것은 아닌가 하는 생각이었습니다."
>
> (마키 다이스케 2018 : 206)

---

117) 마키 다이스케(2018)

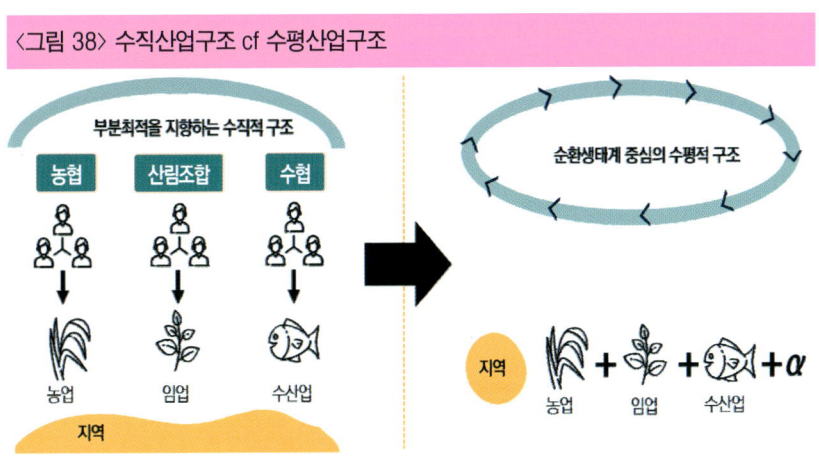

사례 25 거리의 코인(まちのコイン, 가마쿠라시)

재미있는 법인 카약이 운영하는 '거리의 코인'은 2019년 가마쿠라시에서 최초 테스트를 시작했다.

■ 거리의 코인 지역별 도입 현황

* 출처 : https://coin.machino.co

지자체 발행 화폐는 할인해 주지만 할인 부담은 결국 시민의 몫이 되고, 커뮤니티 화폐는 교환, 공유, 상호부조만을 목적으로 한정하기 때문에 돈이 되지 않는 활동에도 가치를 부여하고, 가치관 통화는 사회문제 해결만을 목적으로 한정하는 한계가 있다. 원래 등가치였던 돈이 이제는 축적 수단이나 전혀 다른 가치를 갖게 되고 돈

그 자체가 상품이 되어버리는 문제도 발생한다.

"모든 자연계의 존재처럼 돈도 나중에는 사라져야 한다"(실비오 게젤)는 가치를 표방한 거리의 코인은

① 이자가 없으며 사용하지 않으면 감가되는 통화
② 지역 고유 가치를 정량화·최대화함으로써, 지역 간 격차를 없애기 위한 통화
③ 전통적인 돈의 가치관을 소중히 하고 사람의 존엄을 존중하는 통화
④ 사람과 사람이 친해지는 통화
⑤ 지역 고유 과제 해결을 위해 함께 노력하고, 자신들이 사는 거리를 스스로 멋지게 만드는 통화
⑥ 그 결과, 각각의 거리가 개성으로 이어지는 통화
⑦ 이러한 노력이 비즈니스로서 지속 가능, 즉 수익화할 수 있는 메커니즘을 가진 통화를 지향한다.

■ 지역별 거리의 코인 스팟

스팟 목록
SPOT LIST

지역 활성화·마을 만들기·환경·마나비·관공서·우체국·관공청·공시·단체
가나가와현 환경농정국 환경부 자원 순환 추진과

지역 활성화·지역개발·환경·어린이·육아·마나비·에시컬·동물 애호·자연·역사·향토·농업
메다카 서포터 모임

지역 활성화·마을 만들기·아이·육아
다고 공민관

지역 활성화·마을 만들기·마나비·스포츠·미술·문화·요리·장인·메이커·제조업·어업
오다와라 가마시타 협동조합

HackChallenge

eemo 사카에마치 잇초메 스테이션

* 출처: https://coin.machino.co/regions/odawara/shops

거리의 코인이 표방하는 지역 자본주의는 거리마다 지역 자본을 늘리는 것(방문 독려, 소비 촉구), 지속가능한 메커니즘(전통화폐로 교환하지 않음. 유효기간(6개월)이 있어서 사용하지 않으면 운영자금으로 회수됨[118]) 등이다.

SDGs 가치와 밀접하게 연결된 기획(자기 행동의 변화 계기 제공)을 하여 경제활동에 한정하지 않고 일상의 익숙한 행동이 SDGs에 연결되어 있음을 강조한다.

지역의 다양성을 연결하여 활성화하는데 지역마다 경제권을 형성하여 다원화하는 가치를 측정하고자 한다. 사용하면 사용할수록 친해지는 돈, 거리를 재미있게 하는 돈을 지향하는 지역연결 만들기 프로젝트다.

커뮤니케이션이나 만남의 계기 제공, 풍부한 연결은 다양한 연결이 가능하다는 것을 의미하여 관계인구 형성에도 기여한다.

■ 거리의 코인 앱

* 출처 : https://tinyurl.com/22d6lkvv

---

118) 인간의 속성상 (한시적인 유효기간을 거부하고) 코인을 모으고 싶어 하는 문제가 발생할 수 있기 때문에 이를 방지하기 위한 조치다.

앱 다운로드 후 사용 지역을 등록하여 지역 명소에 체크인(보통 지역별로 100여 곳 내외)하면 지역이나 상점에서 제공하는 (돈으로 살 수 없는) 경험과 이벤트 혜택을 포인트로 받는다. 레벨업은 럭키 코인으로 하는데 일반 음식점이나 핫플이나 스팟이 아니라 SDGs 가치와 연관성이 높은 곳을 스팟으로 설정하는 점이 특징이다.

단순 체크인이 아니라 SDGs와 관련있는 퀴즈, 이벤트 등 다양한 액티비티를 지역별로 다양하게 제시하고, 단순한 할인뿐만 아니라 반짝이는 아이디어를 궁리하여 상점에서 스스로 제안하기도 한다(창을 닦으면 티켓 발행, 상점에서 진행하는 클래스를 들으면 티켓 발행 등)[119]. 주민들을 모아 아이디어 제안 회의도 개최한다.

현금으로 지불하기는 어렵지만 보상해야 할 것 같은 곤란한 실천에 대해 보상하여 지역 실천 활성화에 기여하며 일하는 사람들과의 연결을 깊게 하여 지역에서 더 즐겁게 일하게 한다. 이와 같은 방식은 일종의 게이미피케이션식 지역 실천 활동으로서 실천에 대해 의미 있고 재미있는 보상을 하는 것이 특징이다.

* 출처: https://coin.machino.co/regions/odawara

---

119) 다양한 실천 사례는 https://note.com/machino_coin/m/mef3fd26cd2ca 참조.

04
지역사람 '연결' 프로젝트

<표 17> 지역사람 '연결' 프로젝트(Networking Project)

목적	프로그램
⑫ 지역살이 학습 ⑬ 지역 정체성 공유 ⑭ 지역 내 활동인구 육성 ⑮ 지역 현안 대응	⑫ 출장 아카데미, 지역 학습회(지역학, 마을교과서), 농산어촌 유학, 대학 학과 운영, 생애교육 ⑬ 지역응원단(서포터, 팬 클럽), 제2주민권(제2멤버십, 앰버서더, 지역주주) ⑭ 지역 관심층 육성(커뮤니티 육성, 제3의 장소) ⑮ 협업 문제해결(환경(비치 클린, 플로깅), 지속가능성(SDGs), 취약계층), 주민의견 수렴(리빙랩, 의제 발굴)

◆ 연결로 만드는 지역의 진화

 지역사람 '연결' 프로젝트는 네트워킹 프로젝트다. 지역 내 존재하는 모든 주체를 연결하고자 하는 것이다. 사람 '연결'이라고 표현했지만 구체적으로는 지역과 지역을 연결하고(⑫ 지역살이 학습), 지역과 외지인을 연결하고(⑬ 지역 정체성 공유), 주민과 주민을 연결하고(⑭ 지역 내 활동인구 육성), 문제와 해법을 연결한다(⑮ 지역 현안 대응).

◆ **지역살이 학습 : 지역살이도 알고 배워야 한다**

지역살이를 배운다는건 지역의 경제, 사회, 문화 일상을 배운다는 의미다. 무턱대고 "첫인상이 좋으니 이주하자"는 식의 성급한 태도가 아니라 지역에서 뭘 해서 먹고 살고, 어떤 사람들이 살고 있으며, 취향은 어떠한가 등을 미리 알아보는 것이다. 한편으로는 관찰자로서의 시각 뿐만 아니라 "내가 만약 살아본다면 무엇을 할 수 있을까?"하고 가늠해 보는 경험이기도 하다.

◆ **지역 정체성 공유 : 관계인구는 손님이 아니다**

많은 지역이 외지인을 호명하는 이름이 있다. 응원군, 제2의 주민 등으로 부른다. 그러나 이름 붙이고 몇 건의 지역 관광지 할인에만 그칠 뿐 새롭게 이름 붙인 것에 걸맞은 권리와 의무에 대해서는 세심하게 고려하지 않는 듯하다.

지역에 새로운 사람이 왔을 때 그 사람과 나는 새로운 이름값을 할 수 있는 관계를 형성할 수 있을까를 생각해 볼 필요가 있다. 지역 정체성은 이미 있는 지역의 정체성을 공유하는 것과 관계를 통해 새로운 정체성을 만들어가는 것 두 가지 모두를 포함한다.

◆ **지역 내 활동인구 육성 : 주민의 지역에 대한 관심이 먼저다**

이 책에서 누누이 강조하는 것은 주민이 일방적으로 관계인구를 많이 만들겠다고 서두는 것 보다는 활동인구, 교류인구, 관계인구로 이어지는 다양한 주체들이 활성화될 필요가 있다는 것이다. 그 가운데 활동인구는 지역의 사정을 잘 알면서 지역의 일에도 관심있는 주민들을 의미한다.

활동인구라고 해서 너무나 '활동적인' 사람만 말하는 게 아니다. 물론 육체적으로도 건강하고 활동적이면 좋지만 활동인구의 본질은 본인의 사고체계 속에 '지역'이라는 존재가 있는가, 즉 정신적으로 지역에 대한 관심이 있는가 하는 의미도 포함되어 있다.

잠깐 활동하는 위탁기관이나 소수의 공무원만으로 지역 관계가 풍부하게 형성되기는 어렵다. 뭐 대단한 지역재생 의지를 불사르며 영혼과 몸을 갈아 넣고 지역을 위해 일하라는 의미는 더더군다나 아니다. 다만 기왕이면 늘 살고 있고 지역환경에 익숙한 그야말로 자신이 생활하는 조건 속에서 자신이 접하는 현장을 잘 아는 사람이 많다면 좀 더 현실적인 관계들이 많이 만들어질 수 있다. 당연한 말이지만 관계는 일방이 아니라 쌍방으로 이루어지는 것이다.

◆ 지역 현안 대응

지역 현안 대응은 15개 관계 형성 프로젝트 중에 가장 난이도가 높다. 무슨 문제를 어디에서 어떻게 포착하여 풀어나갈까 하는 것은 그것 자체가 문제처럼 여겨진다. 이럴 때는 거창한 회의를 열어 어려운 문제를 풀려고 골몰하기 보다는 현장에 나가서 가장 쉬운 질문부터 해야 한다. 즉 '우리 지역에서 늘리고 싶은 것, 줄이고 싶은 것, 바꾸고 싶지 않은 것은 무엇인가'이다.

문제의 해결책을 생각해야 한다거나 대책에 분주해야 한다는 성급함을 꾹 누르고 전체 구조를 차분히 관찰할 필요가 있다. 그 과정에서 어떤 모습이 되고 싶고, 구조가 어떻길래 왜 지금 이런 문제가 발생하는지 반드시 생각해야 한다.

이상적인 모습을 설정하고 지금 어떻게 해야 할까를 생각하는 백캐스팅(back casting) 방법이 필요하다. 현재를 기준으로 미래를 바꾸려는 포어캐스팅(fore casting) 방법은 현재 조건이 극히 제한적인 상태에서 막연히 좋은 미래만 설정하기 때문에 오래 가기 어렵고 변화에 대한 대응도 어렵다.[120]

프로젝트 12

지역살이 학습
출장 아카데미, 지역 학습회, 농산어촌 유학, 대학 학과 운영, 생애 교육

12-1. 출장 아카데미

모든 유형의 지역 관계 형성 프로젝트에는 지역교육, 즉 지역살이 배우기 프로그램이 포함되어 있다. 배운다는 것은 지역 내외에서 실행될 수 있지만 지역 접근성이 워낙 어렵기 때문에 일단 사람들이 많은 대도시에서 오리엔테이션처럼 교실 수업을 하며 지역에 대한 흥미를 만든 후에 시간이 되는 주말 정도 이틀을 잡아 지역현장에 가서 직접 보고 주민들을 만나는 식으로 진행한다.

그렇다고 사전 교육 후 현장 견학이라는 식으로 단선적인 프로그램을 진행하는 것은 아니다. 보통 기수당 20명 이내의 소규모 클래스를 진행하는데 프로그램을 경험하면서 밀착 멘토링을 받고 지역에서 창업하고 싶은 아이템

---

120) 에다히로 준코(2021: 15~17)

이나 활동하고자 하는 내용, 즉 자기 프로젝트(my plan)를 발견하도록 지원한다. 이런 측면으로 보면 지역살이 학습 프로젝트는 3유형의 지역상품 '생산' 프로젝트와 연결성이 매우 높다.

지역학습은 외지 수강생들의 지역 친구 만들기, 수강생들의 장점을 모아 지역의 미래 만들기, 소셜 인재 육성, 배우는 기회에 머물지 않고 새로운 가치를 창출하는 기회로 잇기, 소셜·로컬 학습프로젝트 개발, 지역과 친밀해지기, 지역과 관련된 사람 육성하기 등을 목적으로 진행한다.

지역재생 전문 미디어 소토코토는 일본의 각 지역에서 아카데미를 진행한다. 2012년에 일본 최초의 관계안내소를 표방하며 시작한 시마코토 아카데미는 일본의 극과소 지역인 시마네현뿐만 아니라 오사카, 히로시마에서도 진행된다. 역사와 전통이 오래된 아카데미인 만큼 참여자의 커뮤니티 규모도 크고 프로그램의 체계성도 매우 높은 편이다.

1년에 6개월간 한 클래스 정도의 유료 프로그램을 통해 지역과 대도시를 연결하는 시마코토 아카데미는 일본 관계안내소의 원형이 되고 있다.

12-2. 농산어촌 유학

일본의 산골유학, 농촌유학 등의 역사는 1960년대로 거슬러 올라간다. 주로 입시에서 자유로운 초등학교 고학년과 중학생을 대상으로 한다. 도시 학교와 시골 학교를 같이 다닐 수 있는 '듀얼 스쿨(dual school)[121]' 프로젝트나 산

---

[121] 듀얼 스쿨은 2017년 일본 문부과학성이 도입한 제도로서 전입신고 없이 타지의 학교에 등교 가능한 제도다(https://dualschool.jp). 원래는 학교 부적응이나 왕따 문제 때문에 만든

촌유학 같은 프로젝트에 부모가 함께 이주하게 함으로써 인구 유입을 유도하는 방안도 있다.

최근에는 육아세대의 지역 유치를 위해 1~3주 혹은 1~3개월 동안 부모와 유아 대상의 농촌유학도 시행되고 있고, 일반인 대상으로 '지역 프로젝트 참가형 유학'도 본격화되고 있다.

〈그림 39〉 유아 유학

* 출처: https://preschool-exchange.com/

2019년부터 운영되고 있는 사토노바대학은 사회인 대상의 온라인 교육과 지역유학을 실시하는 4년제 대학이다. 통신제 대학(방송통신대학)들과 연합하여 지역 현장에서 프로젝트를 도모하는 장기적인 수업을 진행한다.

제도이지만 지금은 부모가 다른 지역으로 이직하는 경우에 자녀들도 해당 지역에서 등교할 수 있도록 한다. 본 가족이 이주하여 2주~1개월간 생활하는 것을 전제로 하며 지역교육위원회의 승인이 필요하다.

12-3. 평생학습, 생애학습

지역살이 학습에는 주민교육도 포함된다. 이미 평생학습, 생애학습은 다양한 형태로 진행되지 오래지만 '지역'을 주제로 한 본격 학습 프로그램은 활성화되어 있지 않다.

미야기현 가쿠다시의 가쿠 대학은 일반인을 대상으로 '만나고, 배우고, 연결하는' 수업을 진행한다. 무료 수업이지만 정규대학의 학습 코스처럼 장기간 진행되는 수업도 있고, 전국의 지역과 교류하며 커뮤니티를 형성하는 수업, 지역의 농업을 배우는 수업 등 독창적인 주제의 수업도 진행한다. 학교 수업과 별도로 대학 내 실천 랩을 운영하기도 한다.

이 모든 활동이 지역에 대한 관심, 지역 자원의 활용성에 대한 탐구, 지역 내외 네트워킹을 통해 활동인구와 관계인구를 늘리고자 하는 활동이다.

사례 26 **가쿠 대학**(かく 大學, 미야기현 가쿠다시)

미야기현 가쿠다시는 1990년 인구 3만 5천 명으로 정점을 찍은 후 계속 감소하여 현재는 2만 6천 여명의 작은 지역이다. 대학이 없는 지역인데 이런 지역에서 '가쿠 대학'은 일반인을 대상으로 '만나고, 배우고, 연결한다'는 슬로건을 제시하며 자신이 좋아하는 일을 바탕으로 여러 세대가 자유롭게 배울 수 있는 장소를 제공한다.[122]

시민회관에서 월 혹은 격월 1회로 30명 규모의 무료 수업을 진행한다(신청자가 많을 경우에는 추첨). 수강생 한 사람 한 사람의 강점이 합쳐져 미래의 가쿠다시를 만들어 가고 싶다는 소원을 담아, 다각형을 모티브로 로고를 제작했다. 이 다각형 로고는 지역

---

[122] https://www.facebook.com/kakudaigaku

자원 및 가치인 쌀, 콩, 매화, 꿈, 공주를 상징하기도 한다.

2020년 팬데믹 위기와 함께 시작한 가쿠대학은 2022년 수립한 지역의 제6차 장기종합계획에서 중점 사업으로 선정되어 지원받았다. 종합대학은 아니지만 평생교육 부문에서 가쿠다시 유일의 대학으로 평가되기도 한다.

■ 가쿠 대학 2023년 수강생 모집 포스터(미야기현 가쿠다시)

* 출처 : https://www.city.kakuda.lg.jp/soshiki/22/11578.html
* 출처 : https://www.city.kakuda.lg.jp/soshiki/22/11527.html

디렉터와 게스트(때마다 다름)가 운영하는데 하나의 주제를 중심으로 연속 강의하는 학부는 별도로 신청해야 하고 지역주민과 자유롭게 교류하는 장인 라운지는 별도 신청 없이 자유롭게 참여할 수 있다.

관심 주제를 심화해 가쿠 대축제에서 발표하고 전국 지역과 교류를 목표로 하는 랩을 운영한다(별도 신청 필요). 주민과 이주민을 연결하는 법을 궁리하여 가쿠시와 타 지역 도시와 연결하여 커뮤니티를 형성하고 있다.

2023년 수업은 전통학부, 미래학부, 농업생활학부로 구분하여 모집한다. 2023년 농업생활학부 수업은 15~64세 주민을 대상으로 '거리의 농촌 풍경을 좋아한다', '농업에 관계를 맺어 보고 싶다', '흙을 만지고 싶다', '뒷밭 가꾸고 싶다'는 초보자를 모집하고 있다. 10명 내외의 소규모로 모집하며 수강료는 무료다.

■ 가쿠 대학 농업생활학부 수업 내용(2023년)(미야기현 가쿠다시)

회차	일시(진행시간)	주제	내용
1회	8월 19일(토) 10~12시 (2시간)	[오리엔테이션]내가 가진 거점을 협동농장으로 만들자	• 자기 소개(가쿠다시의 농업, 농가의 진행 방법 등)
2회	9월 2일(토) 10~12시 (2시간)	[사례연구]휴경지를 사람이 모이는 곳으로!	• 요시카와 카즈토리(가쿠다시 지역부흥협력대원) • 실제 농업 활동, 배농사 실습
3회	10월 21일(토) 10~12시 (2시간)	[워크아웃]나와 '농업'의 관계를 생각해 보자	• 각자 생각하는 농업과의 관계를 생각해 보자 • 자기 거점에서 기른 야채를 모두와 공유하자

* 출처 : https://www.city.kakuda.lg.jp/soshiki/22/11996.html

학부 수업과 별도로 가쿠 대학 액션 서포트 센터에서는 '해보자 실험실'이라는 프로그램을 진행한다. 이는 보다 활동영역을 넓히기 위한 지원 프로그램으로서 하고 싶은 것을 알 수 없게 되거나, 고민을 느끼는 사람을 대상으로 실천적 배움이나 실험을 통해 해결하도록 지원하는 프로그램이다. '일단 해보자'는 정신으로 참여해달라고 독려한다.

■ 가쿠 대학의 '해보자 실험실' 프로그램 내용(미야기현 가쿠다시)

회차	일시(진행시간)	주제	내용
1회	8월 20일(일) 10~13시(5시간)	글쎄 좋으니까 해보자~ 계획은 그렇게 ~	• 강의와 활동 검토
2회	10월 29일(일) 10~13시(5시간)	우선 해보자~ 손발을 움직여 보자~	• 강의와 실습
3회	12월 17일(일) 10~13시(5시간)	어쨌든 해보자~ 압도적 당사자가 된다~	• 각자 생각하는 농업과의 관계를 생각해 보자 • 자기 거점에서 기른 야채를 모두와 공유하자

* 출처 : https://www.city.kakuda.lg.jp/soshiki/22/11997.html

사례 27   시마코토 아카데미(しまコトアカデミー, 시마네현)

'시마코토 아카데미'는 2012년부터 지역재생 전문 미디어 '소토코토'가 관여하여 함께 진행하는 '소셜 인재 육성 강좌'로서 일본 최초의 관계안내소다.[123] '이주하지 않아도 지역을 배울 수 있다'는 슬로건으로 진행하며 도쿄에서 시작하여 간사이, 히로시마에서도 시행한다.

참여자들은 프로그램 수료 후 500명 가까운 커뮤니티를 구성하였다. 그중에는 시마네로 유턴하여 취미를 살려 휴경지를 이용한 금붕어 양식을 하는 사람, 무화과 재배를 도입하여 6차 산업화를 위해 노력하는 사람도 있다. 가장 유명한 졸업생은 도요타사가 미에현에 소유하고 있는 광대한 사유림을 활용하여 세계 최고 수준의 도그런(반려견 휴양소)을 만든 사람이다. 2012~2016년 수료자의 33.3%가 지역에서 관계인구로 활동하고 있다(이주자 25.5% 별도).

운영 인력은 총괄 전문가, 개인 멘토, 지역 활동가(코디네이터) 등 총 5명 내외로 구성된다. 1년 1기수 15명씩 소규모로 운영하고 팬데믹 기간에는 온라인으로 운영하며 10만 원의 수강료를 받았다.

1기수는 8월부터 익년 1월까지 운영하는데 사전 설명회(2회) - 매해 6월 모집 - 접수 - 심사 - 선정(15명) - 1단계(강의) + 2단계(현지 인턴십) + 3단계(강의) - 수료 과정으로 진행한다. 월 1회 주말 1일 동안 3시간 30분씩 총 7회 프로그램 운영하여 7회 수강료는 40만 원 자부담이다. 참여자는 3개 소그룹으로 나누어 지역 내 소지역별로 참여한다. 강의 6회, 소그룹(최대 5명) 활동, 2박 3일 현지 활동, 개별 멘토링, 기업가 등 전문가급 실무자 참여로 진행한다.

대도시에서 카페 분위기의 따뜻하고 아늑한 교육 공간을 임대하여 출향민과 지역 관심자를 대상으로 일종의 지역 오리엔테이션을 하고 이후에 현장 주요 거점을 견학하면서 주민과 만나서 자신의 활동 가능성을 모색한 후 다시 도시에 와서 자신이 지역에서 수행할 활동계획을 발표한다. 그 과정에서 멘토들의 개인 밀착 컨설팅을 받는다.

---

123) https://www.shimakoto.com

■ 시마코토 아카데미 프로그램(시마네현)

단계	회차	내용
알기, 배우기 (기초 강의, 그룹워크)	제1회	◦ 주제 : 지역의 소셜한 활동 이해하기 ◦ 오리엔테이션 ◦ 강의 1 : 지역과제와 활동 알기(인구감소세 현황, 지역 자원 소개 등) ◦ 강의 2 : 지역에서 생각할 수 있는 소셜한 활동 ◦ 그룹워크 : 나와 지역의 연결방식을 발견하다 ◦ 간담회(희망자) ◦ 참여자 의견 : 장소 만들기, 물건 만들기, 재미있는 것 하기, 자연과 사람의 장점 찾기, 지역 문제 해결(고령화 요양, 노노 돌봄 등) ◦ 2회 과제 : 해결하고 싶은 과제 찾기, 자신의 장점 소개하기, 인턴하고 싶은 지역에서 배우고 싶은 것·목표·비전 작성하기
	제2회	◦ 주제 : 과제 발견을 위한 실마리를 찾다(1) ◦ 강사 : 멘토, 기업인, 지역 활동가 ◦ 강의 1 : 작은 지역을 발견하다(지역 순례) ◦ 인턴십 프리젠테이션 ◦ 그룹워크 : 인턴십의 미래에 대하여
	제3회	◦ 주제 : 과제 발견을 위한 실마리를 찾다(2) ◦ 강사 : 멘토, 기업인, 지역활동가 ◦ 강의 1 : 프리 토크(인턴십으로 찾고 싶은 것) ◦ 그룹워크 : 인턴십을 위한 준비를 하자. 지역 내 권역에서 인턴십 희망지역 선택하기 ◦ 참여자 선택 주제 : 커뮤니티와 빈집 활용, 농업
체험하기 (필드 인턴십)	제4회	◦ 단기 인턴십 ◦ 강사 : 지역활동가 ◦ 2박 3일 동안 선택 지역에 참여(인턴십 일정은 별도의 표로 소개)
자기일로 만들기, 자기 계획으로 정리하기	제5회	◦ 인턴십 체험 공유 ◦ 강사 : 전문가, 멘토 ◦ 인턴 체험 발표 : 필드 투어 내용 공유 ◦ 프리토크 : 체험 성과를 기반으로 활동계획서 구상 및 작성 ◦ 참여자 계획 : 농부용 작업복 만들기, 대도시에서 지역 첫수확물 판매
	제6회	◦ 활동계획서 업그레이드 ◦ 강사 : 멘토, 지역활동가 ◦ 프리토크 : 각자 구상한 지역재생 방법 ◦ 그룹워크 : 의견을 수렴하여 활동계획서 업그레이드
	제7회	◦ 활동계획서('시마 플랜') 발표회 ◦ 강사 : 전문가, 멘토, 지역활동가 ◦ 활동계획서 발표 ◦ 강사와 멘토의 조언과 평가

■ 시마코토 아카데미'의 지역 인턴십 일정(시마네현)

일정	프로그램	목표
1일차	◦ 오전 : 각 지역으로 이동 ◦ 중식 : 각자 해결 ◦ 오후 : 오리엔테이션 ◦ 저녁 : 지역주민과 교류 ◦ 취침	◦ 지역 코디네이터가 오리엔테이션 진행하고, 활동 시간 동안 동행 ◦ 지역과제 구상 ◦ 다음 날 활동 핵심 내용 정리 ◦ 다음 날 활동체험을 안내할 지역주민과 만남(지역창업자, 선배 이주자와 대화)
2일차	◦ 오전 : 각자 관심사별로 활동 ◦ 중식 : 각자 해결 ◦ 저녁 : 만찬 ◦ 취침	◦ 사회공헌활동 주제와 지역의 필요 사이의 공통점 과 차이점 발견 ◦ 체험 내용은 본인의 희망을 중심으로 진행하되 멘토, 코디네이터, 사무국 등과 의논하여 조정
3일차	◦ 오전 : 현지 워크숍. 체험 성과 정리 ◦ 중식 : 각자 해결 ◦ 오후 : 종료 ◦ 이동/해산	◦ 활동 체험을 통해 느낀 점과 아이디어를 코디네이터의 지도를 받아 정리

■ 시마코토 아카데미의 수강생 모집 시 제시한 선택 주제 예시(시마네현)

연번	주제
1	빈 집이나 빈 점포 등을 활용하여 게스트 하우스 등 장소 만들기
2	지역 자원을 활용하여 커뮤니티 비즈니스, 과제 해결형 비즈니스 운영
3	농림 어업에 종사하면서 시골 생활을 즐기는 것
4	지역 관계 안내인으로 활동하는 것
5	지역 활동 협력팀으로서 지역으로 이주하여 활동하는 것
6	지역의 매력을 살린 여행 코디를 하는 것
7	지역 생활에 뿌리를 둔 의료 및 복지에 종사하는 것
8	지역에서 디자인 제작, 영상 제작 등 크리에이터로 활동하는 것
9	커뮤니티 활동 등을 실천하는 것
10	전통 공예 등 지역 제조업을 생업으로 하는 것
11	지역에 뿌리를 둔 문화 예술 활동에 종사하는 것
12	자연 환경과 경관을 지키는 활동에 종사하는 것

시마네현의 시마코토 아카데미 및 관계인구 단체들은 지역이 관계인구 프로그램을 소개하는 전문 포털 '시마치'도 운영한다.

■ 관계인구 포털 '시마치'(시마네현)

* 출처 : https://shi-match.jp/

사례 28 사토노바 대학(さとのば大学, 전국)[124]

2019년부터 ㈜아스노오토[125]가 운영하는 '사토노바 대학'은 온라인 교육과 지역 유학을 합쳐 수강생들이 유학 가려는 지역과 관련하여 실천하며 배우는 '프로젝트 참가형 교육'을 목표로 한다. 별도 캠퍼스는 없고 온라인 학습이나 지역 프로젝트 실천을 통해 교육한다.

일반 크라우드펀딩으로 1억 원을 모아 시민대학으로 시작했으며 사회인 대학원이 되는 것을 목표로 운영한다. 2015년 1기에는 각 지역 3명씩 총 4개 지역에 12명을 모집했고 2021년부터 4년제로 개편했다.

지역 협업 프로젝트를 만들고 실천하고 배움, 캠퍼스가 아니라 좋아하는 장소에서 학습 등으로 지역주민, 대학, 학생 모두 서로에게 배우는 자극을 부여한다. '나'에 뿌리를 두고 '우리'로서 지역에서 '희망하는 미래'를 만들고자 하는 지역공생 추구형

---

124) https://satonova.org. 사토노바대학에 대한 자세한 내용은 노부오카 료스케(2024) 참조.

125) https://www.asunooto.co.jp

인재를 모집한다.

중심 가치는 SATONOVA WAY, '지역을 여행하는 대학'이다. '캠퍼스 없음'(1년마다 거주. 4년간 4개 지역 체험), '테스트 없음'(성적보다 인간력 중심), '정답 없음'(정답은 가르칠 수 있는 것이 아니라 스스로 생각하는 것을 의미한다), '서 있는 장소가 바뀌면 시각도 변한다' 등을 특징으로 강조한다.

사토노바의 인재상은 매우 체계적인데 내향/외향 × 나/우리의 4개 축으로 구성한다.
- 미래구상형 : 나/외향형(자신의 본분을 바탕으로 미래를 계획)
- 관계편집형 : 우리/내향형(리소스 자원 탐구)
- 공생실천형 : 우리/외향형(스스로 움직이며 실천)
- 자기이해형 : 나/내향형(나는 누구인가를 탐구)

■ 사토노바 대학의 4개 가치와 인재상

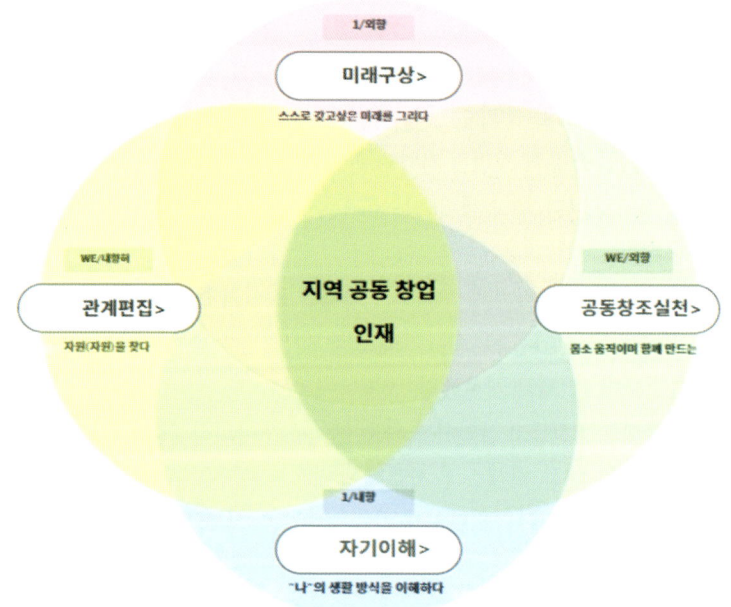

* 출처 : https://satonova.org/about

지역여행코스는 통신제 대학 마나가라(managara)와 더블 스쿨로 운영하는데 고등학생을 대상으로 4년간 4개 지역에서 교육한다. 주 1회 멘토링, 화~목요일 오전 사토노바 대학의 온라인 강의, 그 외 시간은 자기 프로젝트나 마나가라의 강의 동영상을 수강한다. 학비는 입학금 십만 엔(백만 원), 학비 1학년 7십만 엔(2학년 이후 8십만 엔) 등이고 학비 내기 어려운 학생 대상으로 10명에게 장학금을 수여한다.

대학생 대상의 갭이어 코스는 4월부터 다음 해 1월까지 10개월 코스로 정원 5명을 대상으로 주 3일 수업을 진행한다. 나머지 시간에는 자기 프로젝트, 지역 활동, 알바 등을 하는데 입학금 십만 엔(부가세 포함), 학비 8십만 엔(부가세 포함)이며 교통비와 체재비는 자부담이다.

■ 사토노바 대학 갭이어 코스(10개월)

3월	4월	5월	6월	7월	8월	9월	10월	11월	12월	1월
체류지역으로 이동	입학식 1학기 시작	강의		중간발표회 1학기 종료	여름휴가		2학기 시작	강의		최종발표회 수료식

* 출처 : https://satonova.org/gap-year

2016년부터 운영하는 마이필드 코스는 6월~다음 해 1월까지 8개월간 지역부흥협력대나 지역 코디네이터 역할을 하는 사회인을 대상으로 진행된다. 8명 규모로 주 3회 오전에 온라인 강의 및 특강을 하고 총 4회 멘토링을 병행한다. 수업료는 28만 엔(부가세 포함)인데, 조기 신청하면 2만 엔 할인, 2인이 신청하면 3만 엔을 할인해 준다.

■ 사토노바 대학의 유학 지역 – 영어 지역명 참조

* 출처 : https://satonova.org/campus

사토노바 대학은 일반 사이버대학보다 ① 지역 현장에서의 경험과 실천 강조 ② 학비 저렴 ③ 비교적 긴 기간 운영 ④ 테스트 없음(성적보다 인간력 중심) 등이 차이점이다. 물론 기존 사이버대학이나 지역코스 개설 대학과 더블 스쿨로 운영하기도 한다.

사례 29 시로이모리 서스테이너블 디자인스쿨
(白い森サスティナブルデザインスクール, 야마가타현 오구니)

인구 6천 6백 명의 오구니 지역은 겨울에 눈이 많이 내려 호설지대(豪雪地帶)로 특별 지정된 곳이다. '시로이모리[126] 서스테이너블 디자인스쿨'은 주민과 수도권 거주자를 이어 지역에서 관계 맺는 법을 배우는 것을 목적으로 운영하며 '로컬 비즈니스', '지속가능성', '지역 만들기'를 표방하는 디자인 스쿨이다.

'로컬과 관계 맺는 씨앗을 찾는다'는 슬로건으로 운영한다. 지역재생 전문 저널 '소

---

126) https://yamagata-oguni-shiroimori.jp, 시로이모리(하얀 숲)는 이 지역에서 많이 자라는 너도밤나무 숲의 색을 의미한다.

토코토'와 함께 지역과 도쿄에서 번갈아가며 개최하는데, 오구니와 도쿄를 왕래하며, 오구니의 매력을 찾고, 도쿄에 알리는 과정을 번갈아 수행하며 숲 테라피, 아티스트 활동 등이 특히 활발하다.

SDGs 가치를 전면에 강조하면서 단기간에 심도 있게 운영하고 관계인구를 주민의 '제자'로 포지셔닝한다. 매해 7월~11월에 1기수 15명의 소규모로 운영한다(수강료 1만 5천 엔. 해마다 다름. 25세 이하는 일부 무료).

6일간 지역과 도쿄를 네 번 왕래하는 비교적 단기 코스로 운영하며 시행 1~2개월 전 무료 강좌 시행-모집-7월부터 11월까지 지역과 도쿄에서 번갈아가며 시행-최종 발표회는 도쿄에서 진행한다.[127] 메인 강사, 강좌 멘토 2인(U턴한 인물)으로 최소 3명이 운영하며 지속가능성, 생활, 로컬 비즈니스, 지역 만들기 등 4개 주제를 중심으로 진행한다.

  1회(2일) : 지역에서 지역과 관계 구축 방안 수강. 필드 체험
  2회(1일) : 도쿄에서 '계획 만들기 워크샵'. 지역을 방문했을 때 관심 가졌던 것을 정리하여 토의
  3회(2일) : 지역에서 자신의 관심 주제를 심화
  4회(1일) : 도쿄에서 최종 발표회

---

[127] 오리엔테이션 동영상 https://www.youtube.com/watch?v=aRB2rcXbnDs 참조.

■ 오구니의 관계인구 모집 포스터 '리틀 오구니'(야마가타현 오구니)

* 출처: https://www.facebook.com/photo/?fbid=433318738979903&set=a.404727638505680

　수강생들의 마이 오구니 플랜 주제로는 오구니의 소리 지도, 오구니 수제맥주 제작, 작은 축적 경험(쁘띠 애그리게이션)을 생각하고 싶다, 오구니의 매력을 전하는 오구니 카루타, 하얀 캔버스에 내 삶을 그려보고 싶다, 오구니 정보 정리 사이트 제작, 관계를 통해 삶의 질을 향상시키고 싶다, 사람과 사람을 연결하는 Box 등이 있다.

　'맛있는 야마가타 플라자'라는 특산품, 관광정보 포털로서 도쿄에서 안테나숍도 운영하는데 1층에는 상품 숍이 있고, 2층에는 레스토랑과 관광정보 제공 코너가 있다.

■ 맛있는 야마가타 플라자 온라인숍(야마가타현 오구니)

* 출처 : https://oishii-yamagata.jp

프로젝트 13

지역 정체성 공유
지역 응원단, 제2주민권

13-1. 지역 응원단(서포터, 팬클럽)

전통적으로는 지역 응원 모집 방법은 명예시민, 군민 등의 방법이 있다. 지자체별로 명예시민에 관련된 조례가 있어 일정 기준으로 유명인을 선정하여 홍보를 요청하는 것이 일반적이었다.

그러나 새로운 관계 형성 프로젝트는 유명인이 아닌 일반인을 대상으로 한다. 일반인이 일정 시간 지역에 머물거나 기부하거나 체류하면 명예보다 더 많은 혜택을 부여하며 지역과 관계 형성을 긴밀하게 갖고자 한다.

이들이 그룹을 형성할 경우 응원단, 서포터, 팬클럽이라고 부르기도 한다.

물론 아무것도 없는 상태에서 지역 응원단이 형성되는 것이 아니며, 지역이 일방적으로 응원을 호소하는 방식은 전혀 효과적이지 않다. 발굴한 많은 요소를 바탕으로 지역의 매력을 재구성해야 응원단도 생긴다. 아이돌이나 스포츠 구단의 팬클럽이 어떻게 형성되고 운영되는가를 참고할 필요가 있다.

관계인구는 지자체와 관계를 맺는 것이 아니기 때문에 지자체별 응원단 형성을 위해 경쟁할 필요는 없다. 사실상 생업으로 바쁜 사람들이 자기 거주지가 아닌 다른 지역의 응원단이 된다는 것은 매우 생소한 일이고 사례도 별로 없기 때문이다.

13-2. 로컬 베니핏(benefit) 부여(제2주민권, 제2멤버십, 앰버서더, 크루, 지역주주)

많은 지역에서 제2주민권 등 주민에 준하는 지역 멤버십을 제공하지만 대부분 (지역주민조차 잘 방문하지 않는) 일부 관광지 할인 등 디스카운트(discount) 중심의 멤버십으로 진행되고 있어서 한계가 명확한 편이다. 그보다는 적극적으로 원원 혜택(benefit)이 명확한 내용으로 구성할 필요가 있다.

13-3. 기부자를 대상으로 예비주민 우대

관계인구나 외지인은 주민처럼 납세 의무는 없지만 지역경제를 위한 소비는 늘릴 수 있다. 따라서 전자화폐 회원가입(홋카이도 히가시카와 사례) 등의 혜택을 제공하는 것도 하나의 방안이다.

고향사랑기부금 등 기부자를 위한 예비주민제도를 시행할 수 있다. 자신의 지갑을 열어 다른 지역에 기부할 정도면 이미 상당 부분 기부지역에 대한 관심이 높은 사람이다. 이런 관심을 지속시키기 위해서 기부 후에도 지속적으로 지역 정보를 알리고, 지역사업에 참여하도록 친절하게 안내할 필요가 있다.

13-4. 지역 정체성 연계 디자인

보통 고향사랑기부금의 기부자들에게 제2주민권, 제2멤버십을 부여하는데, 주민등록증이나 운전면허증과 같은 뻔한 디자인의 신분증보다 지역에 애착을 가질만한 고유한 ID카드나 편리한 앱 방식의 멤버십을 부여하는 독창적인 디자인을 모색할 필요가 있다. 사람의 마음을 움직이는 디자인의 힘을 구현해야 하는 것이다.

이와테현 모리오카시의 모리오카 ID는 앱 등록순으로 번호를 부여하는데 등록번호-지역 핫플 코드-시리얼 넘버의 3종류의 조합을 통해 번호 하나에도 지역 정체성을 부여하고자 노력한다. 이 ID의 보유자가 적립한 포인트(기부액)에 따라 독특한 지역상품을 답례로 제공하는데 이 선물들은 고향납세 답례품으로도 활용된다.

후쿠이현 미하마의 응원 크루(crew)제도는 응원 크루들과 지역활동을 전개하며 다양한 활동을 한다. 크루에게는 명함을 주는데 크루가 직접 명함 디자인을 선택할 수 있다.

13-5. 신기술 연계와 커뮤니티 형성

보편적이진 않지만 블록체인 기술을 활용하여 토큰 크라우드펀딩이나 NFT(Non-fungible token, 대체 불가능 토큰) 전자주민증도 확대되고 있다. 고유의 지역 특산물이나 상징을 디자인하여 NFT로 발급하고 가상주민을 늘린다는 방식이다.

여기에서만 그친다면 단순히 신기술을 활용한 것에 불과할 수 있지만 멤버들에게 적극적인 미션을 부여하거나 가상주민회의 참석 및 의제 투표권을 부여하여 좀 더 결속력 있는 커뮤니티를 형성하기도 한다(니가타현 디지털 야마코시 사례).

13-6. 시니어 전문가와 연계한 공간 활용과 학습 프로젝트

전문인력을 위해 지역의 일정 공간을 공유하며 새로운 프로젝트를 도모하는 방안도 있다. 책이 많은 은퇴 연구자에게 지역의 빈 창고와 같은 일정 장소를 서가로 개조하여 연구실의 책을 보관하게 하고 정기적으로 관련 분야에 대해 주민강의나 워크숍을 개최하게 하는 아카데믹 주민을 관계인구로 수용하는 방안이다. 이는 스칼라 멤버십(scholar membership)이라고도 부를 수 있는데 교수, 박사 연구자들뿐만 아니라 관련 분야 활동이력이 많은 전문 활동가도 대상으로 하여 지역의 맨파워를 늘리고 주민의 전문지식 학습에도 기여할 수 있다.

사례 30   플래닛 모리오카(The Planet Morioka, 이와테현 모리오카시)

'플래닛 모리오카'는 지역 팬 만들기의 일환으로 앱에 등록한 사람에게 '모리오카 커넥션 ID'를 부여하는데 로그인ID - 모리오카 특수코드(지역 핫플 영문 코드) - 시리얼 넘버로 구성하여 고유의 키홀더를 만들어준다. 등록자들의 소비나 활동 정도에 따라 포인트를 부여한다.

■ 플래닛 모리오카의 모리오카 커넥션 ID(이와테현 모리오카시)

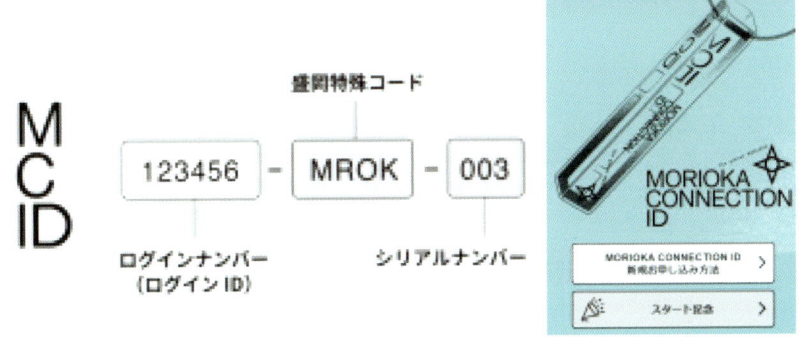

* 출처 : https://mcid.planetmorioka.jp

커넥션 ID 보유자의 포인트에 따라 독특한 굿즈를 제공하는데 이 굿즈들은 고향납세 답례품으로도 등록되었다.

■ 플래닛 모리오카의 고향납세 답례품(이와테현 모리오카시)

* 출처 : https://tinyurl.com/2cdsxkqp

사례 31   치어업 미하마(Cheer Up! Mihama, 후쿠이현 미하마)

인구 1만여 명, 삼림 80%의 자연환경을 가진 미하마의 '치어업! 미하마'[128]는 지역에 애착을 갖는 응원 인구 늘리기를 목표로 제시한다.

지역의 크고 작은 이벤트에 참여할 수 있는 프로그램으로서 지역 외 응원군을 마을 만들기 파트너로 만들고자 한다. 지원자는 웹사이트를 통해 간단하게 등록할 수 있으며 등록하면 디자인 선택이 가능한 명함도 준다.

응원 크루에게는 지역에 대한 흥미, 관심, 사랑, 지역과의 연결을 소중히 함, 지역 매력을 알림, 지역발전에 대해 조언, 지역 방문 등을 요청한다. 마을사무소 직원 모집, 해변 청소 활동, 홍보, 지역 프로젝트 크라우드 펀딩 활동 등과 병행한다.

---

128) https://cheerup-mihama.jp

■ 응원 크루 명함(후쿠이현 미하마)

* 출처 : https://cheerup-mihama.jp

| 사례 32 | 히가시카와 주주제도(ひがしかわ株主制度, 홋카이도 히가시카와) |

적소(適疎, てきそ, 적당히 성근 상태)가치를 지향하는 문화예술 및 생태보호 만들기에 주력하는 홋카이도 히가시카와는 종합적인 관계 전략을 통해 주민, 외지인, 외국인을 위한 행복한 마을 만들기를 시행하고 있다.

전 세계인을 대상으로 사진 고시엔이라는 국제대회를 개최하고, 쌀농사를 기반으로 좋은 품질의 쌀 개량, 사케 및 와인 제조, 아이들이 활동하기 좋은 최고 시설의 초등학교, 육아세대 부모를 위한 출산 및 보육 지원, 출생아에게 의자를 선물하며 지역의 관심을 표명하는 프로젝트, 엄격한 이주자 주택 건설, 제로 카본 구현 등 다양한 사업을 시행한다.

그렇다고 무한대의 인구 유입을 독려하는 것은 아니다. 히가시카와 인구는 2025년 1월 기준 8,673명인데, 이 정도 수준을 유지하면서, 마을 사무소의 행정직제에 '적소추진과'가 있을 정도도 적정 규모의 행복한 조건 만들기에 주력한다.

히가시카와에서 추진하는 멤버십 관련 제도로는 일종의 디지털 통화인 HUC와 주주제도, 이 두 가지가 있다.

히가시카와 유니버설 카드 HUC(HIGASHIKAWA UNIVERSAL CARD)는 디지털 지역 통화로서 지역 내 가맹점에서 쇼핑하면 110엔(부가세 포함)에 1포인트를 부여한다. 100개 이상의 가맹점에서는 방문 포인트도 추가 부여해 준다.

마을에서 개최되는 이벤트에 자원봉사로 참여해도 포인트를 부여해 주고, 유학생 지원금도 매월 8천 엔을 포인트로 지급하며, 매월 29일 HUC의 날에 충전 금액의 3%를 가산해 준다. 당연히 포인트는 전자화폐 기능을 하기 때문에 마을 전체의 상점에서 다시 사용할 수 있다. 그 결과 인구 8,673명 규모인데 카드 발급자는 10만 명에 이르게 되었다.

■ HUG(홋카이도 히가시카와)

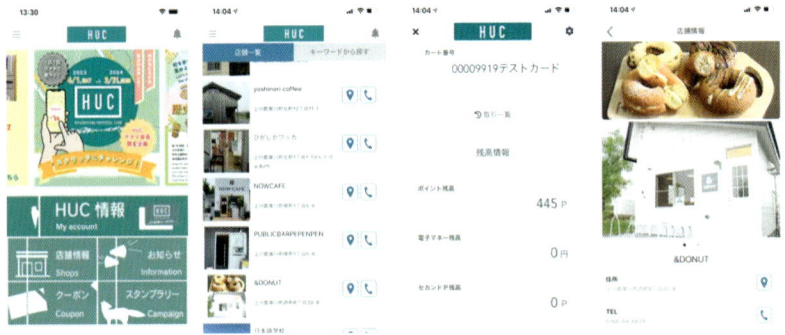

* 출처 : https://tinyurl.com/2cf7rn44

또한 고향납세 기부자가 아닌 '고향주주'129)라는 개념을 도입했다. 약 4만 명에 이르는 히가시카와 주주 제도는 주주가 되어 마을 만들기에 참여하는 제도로서 1만 엔 이상 기부하면 세액 공제도 받고 마을에서 추진하는 사업에 기부할 수 있는 제도다

2025년 기준 14개의 마을 프로젝트가 진행되고 있는데, ① 사진마을 추진 사업, ② 온천 환경 정비 사업, ③ 가구 디자인 박물관 건립, ④ 히가시카와-우즈베키스탄 인재 교류 지원, ⑤ 농업 보호 사업, ⑥ 와인 사업, ⑦ 숲 만들기 사업, ⑧ 배구 인재 육성 사업, ⑨ 보육사 육성 사업, ⑩ 스노보드 키즈 육성 사업, ⑪ 체류시설 정비 사업, ⑫ 문화재 활용 추진 사업, ⑬ 관계인구 교류 사업, ⑭ 아동보호 사업 중에 하나를 선택하여 기부하면 된다.

---

129) https://higashikawa-town.jp/kabunushi

이외에 주주에게는 '특별 주민증'을 선물하고, 숙박 할인, 시설 이용 할인 등의 혜택이 주어진다.

사례 33   NFT 전자주민증

2023년 'e-Residency' 사업을 통해 NFT 전자주민증을 발행한 가가시는 가상주민 100만 명을 목표로 사업을 진행중이다.

17년 전 주에쓰 지진 재해로 피해 입어 인구가 급감하여 8백 명만 거주 하는 니가타현 야마코시는 디지털 야마코시 주민 사업을 전개하고 있다. 특히 세계 최초 NFT 아트 전자주민증을 발행했다.

■ NFT 전자주민증(가가시)

* 출처 : https://tinyurl.com/2b66nb9q

■ NFT 전자주민증(니가타현 야마코시)

Carp and Seasons
아티스트: ykxotkx

Colored Carp Ver.2.0
아티스트: Okazz

Generative patterns "NISHIKIGOI"
아티스트: Raf

* 출처 : https://opensea.io/collection/nishikigoi-nft

지역 특산물인 비단잉어 디자인으로 만든 이 주민증은 2021년 '가상 아마코시 프로젝트(仮想山古志村プロジェクト)'의 일환으로 발행된 후 전 세계 1,700명이 3,000개 이

상의 주민표를 구매하였다(주민 수 초과 규모).[130] 구매자는 전자주민으로서 온라인으로 전자주민회의 DAO(Distributed Autonomous Organization)[131]에 참여하여 마을의 결정 사항이나 아이디어를 공유할 수 있다.

이 가운데 실제로 지역을 방문한 주민은 140명이며 1년간 NFT 판매액은 1억 5천만 원에 이르렀다. 2022년 2월에 실시한 가상공간의 선거에서 온라인 커뮤니티를 구축하여 가상공간의 주민과 실제 주민을 잇는 관계인구 연결 프로젝트를 실시하기로 결정했다.[132]

사례 34 사토의 모임(The Place of Origin SANO, 도키치현 사노시)

전국 200만 명 사토 씨의 모임이다.[133] 일종의 온라인 종친회라고 할 수 있다. 전국 단위의 거대한 종친회를 지역에서 유치하여 시조의 역사, 시조 지역을 응원하는 크라우드 펀딩, 성지 순례, 강연, 스포츠 경기, 만남 이벤트 등을 개최한다.

사례 35 없는 게 없는 랩(ないものはないラボ, 시마네현 아마섬)

시마네현의 외딴섬 아마초(海士町)는 인구 2천 명 규모의 마을로서(1950년 6,986명이었다가 최근 10년 이상 2천 명 내외 수준 유지), 육지에서 페리를 타고 배로 3시간 거리에 있는 외딴섬이다.

2003년부터 꾸준한 지역 활성화 노력을 진행하고 있는데,[134] 중앙정부 지원에만 의존하지 않고, 지자체의 자조 노력과 제3섹터, 민간의 힘을 통해 위기를 기회로 바

---

130) https://reserva.be/nishikigoinft

131) https://note.com/yamakoshi1023

132) "日 시골마을, NFT 판매해 고령화 인구 지원…디지털 시민 1700명 유치." 디지털 투데이 2024.06.27.)

133) https://satonokai.jp

134) 신순호·박성현(2012 : 270), 김선희(2020)

꾼 도서 지역이기도 하다.

특히 디펜스(방어. 행정 개혁. '주민종합서비스 주식회사'를 내걸고 현장 근무 활성화를 통한 주민 설득)와 오펜스(공격. 'Ama Department Store Plan'으로 섬 전체 브랜드화)로 투 트랙 전략을 시행하는 것이 특징이다.

그 결과 2012년에는 지난 8년간 U·I턴 약 323명(39세 이하 70%)이 늘었고 연간 1천 명이 견학했으며, 2014년 약 190단체, 2,400명 방문, 2015년에는 2008년 대비 관광숙박객 수가 30% 향상했다. 전체적으로 보면 2004년~2014년 10년간 이주자 438명(326세대)으로서 정착률 50% 이상에 이른다.

2018년에는 고교 매력화 프로젝트를 통해 2008년 이후 약 10년 만에 전체 학생 수가 84명에서 184명으로 증가하여 시마네현으로 U·I턴 한 사람들 중 삶의 만족도가 가장 높은 지역이기도 하다.

■ 없는 게 없는 랩(시마네현 아마섬)

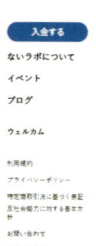

* 출처 : https://naimonohanai.net/

공공사업으로 방파제 정비 등 시설 여건을 지속적으로 개선하고, 2010년대부터 추진하던 지역 활성화 전략의 키워드는 바다, 아침 바람, 소금이다. 도서관이 없기 때문에 '섬 통째로 도서관 프로젝트'를 통해 거점과 지역 분관을 연결하여 독서 문화, 커뮤니티 문화를 형성했다. 고향납세 유치 실적이 높은 지역으로서 우리나라에는 『우리는 섬에서 미래를 보았다』에 소개되어 유명한 지역이기도 하다.

아마섬은 일본 최초 온라인 마을 프로젝트를 진행했다. '없는 것은 없는 마을'[135]은 독자적 문화와 전통을 가진 지역 내 14개 마을에 '15번째 마을'로서 온라인에 조성된 마을이다. 리얼(문화·전통)과 가상(IT)의 융합을 목표로 지역의 도전자와 외지의 관계 인구가 가진 힘으로 지역 매력을 형성하고자 한다.

여기에서 '없는 것은 없는 마을'이라는 의미는 ① 도시처럼 편리한 것은 없어도 좋다 ② (기본적으로 부족한 것은 없으니) 살기에 중요한 것은 모두 여기에 있고, 없는 것은 (기존에) 있는 것에서 '스스로' 만들어 낸다는 의미. 즉, 없는 것'은 '없다를 없는 것'이 없다로 만드는 것이 목표이다.

사회실험을 하기 좋은 규모로 인생실험의 집합체를 형성하고자 한다. 마을 직원에게 반농반어를 베이스로 한 부업을 뒷받침하는 '반관반X제도', 마을의 UI턴자나 구직자를 담당하는 '섬의 인사부', GNH(국내총행복량)를 반영한 지역 만들기 등을 추진한다.

온라인 마을의 모집 대상은 ① '없는 것은 없는'이라는 의미에 공감하는 사람 ② 3시간 동안 배 타고 (아마초같은) 낙도에 가본 적 있는 사람(혹은 가보고 싶은 사람)이다.

마을의 운영구조는 (수입) 참가비(월 980엔(1만 원), (지출) ① 온라인 마을 유지비(사이트 유지비) ② '나이 랩 펀드' 적립하여 누군가의 도전을 응원하기 위한 자금으로 사용한다.

입주민을 위한 혜택은

① 온라인 회의 참여 : 매월 27일 줌으로 온라인 회의를 개최한다.

② '나이 랩 펀드(ないラボファンド)'의 투자처 결정 시 투표권을 부여한다(3개월에 한 번 정도 투표).

펀드로 마을의 신사 수선(180만 원), 고등학생 경작 실험(16만 원), 청년 남녀 미팅(76만 원), 고등학생을 위한 천체 망원경 구입(40만 원), 오지를 다니며 배우는 사토노바 대학 학생 유치(64만 원), 섬 대사관 운영(일종의 아카데미), 지역축제(170만 원), 고등학생을 위한 지산지소 식당(88만 원), 주민 복지를 위한 이동식 텐트 사우나(50만 원), 지역학습센터 동영상 제작(31만 원), 섬 대사관 팝업 이벤트(50만 원), 초등학생 레슬링팀

---

135) https://naimonohanai.net

원정 훈련 경비(100만 원)에 썼다고 투명하게 지출 내역을 공개한다.

단, 온라인 멤버가 효능감을 느낄 수 있는 프로젝트보다 너무 지역 중심 프로젝트가 많다는 것이 한계다(서로에게 원윈하는 프로젝트는 아직 진행되지 않았다는 의미).

2019년부터 사토노바 대학의 지역 유학 프로그램과 연계하여 운영하는 '섬 대사관'은 전문가 특강, 팝업 이벤트, 문화제 등을 개최하여 관계인구를 육성한다.

③ 지속 가능한 지역 만들기를 위한 큰 사회 실험 'MATSURI(마츠리, 축제)' 참가한다. '작은 지역일수록 지속가능성 구현에 유리하다.'

④ 구민끼리 교류하는 회의 '나오라이(島の直会)'에 참여하여 정기 회의뿐만 아니라 오프라인에서 랩 멤버가 섬에 오면 스스로 제안하고 주민과 교류한다.

⑤ 가상의 나이랩 마을이나 실제 마을 뉴스를 제공한다. 여기에 멤버들이 참여하여 지역을 실감하고 때로는 치유되는 콘텐츠도 제작한다.

지역 내 활동인구 육성
프로젝트 14 — 제3의 장소 제공, 커뮤니티 육성

14-1. 활동인구

관계인구 육성만큼 지역의 관계 형성에서 중요한 것은 주민들을 활동인구로 만드는 것이다. 커뮤니티 디자이너 야마자키 료(山崎 亮)는 이렇게 지역생활에 관심있고 참여하고자 하는 주민을(경제활동인구와 대별하여) '활동인구'라고 부른다. 인간은 누구나 활동하지만 지역 참여도가 높은 활동을 한다는 의미에서 좀 더 개념적으로 차별화한 것이다.

일반적으로 주민들은 일상의 생계유지와 바쁜 시간 때문에 지역의 일, 이른바 공공 영역에 관심 갖기 어렵다. 그런 그들의 시간과 관심을 조금이라도 끌어내 지역 활동인구를 만드는 것은 관계인구의 관계를 형성하는 것처럼 어려운 일이다.

따라서 지속적으로 지역 내의 활동인구를 육성하여 그들의 직종, 관심, 취향에 맞는 프로젝트를 도모해야 하며 그 대상은 반드시 성인뿐만 아니라 남녀노소 누구나 활동인구가 될 수 있다는 식으로 유연하게 접근해야 한다.

야마자키 료가 대표로 있는 스튜디오-L은 일본 전국에서 활동인구 육성 프로젝트를 진행하는 조직이다. 오카카 공원에서는 1년에 6회씩 강의와 교육을 실시하여 공원 만들기를 실천하는 활동인구 100여 명을 육성했다. 활동인구 육성에 오랜 시간이 걸린다는 의미다.

14-2. 공공사 연대

활동인구가 중요한 이유는 관계인구를 지역에 안내할 수 있는 중요한 주민 인력때문이기도 하지만 개인 삶의 민간 영역만큼 개인과 개인이 형성하는 공공 영역(사회 영역)도 중요하기 때문이다. 대도시에서는 사적 영역과 공적 영역이 명확하게 구분되는 듯도 보일 수 있지만 지역에서는 그 경계가 명확하지 않거니와 규모가 작기 때문에 공공 영역의 문제가 발생하면 개인이 쉽게 피해받을 가능성이 매우 높다.

앞으로는 사적 영역과 공적 영역을 잇는 좀 더 유연한 개념을 도입할 필요가 있는데 일본 총무성은 흔한 민관 연대 개념을 세분화하여 공공사(公共私) 연대라고 부르기도 한다.[136] 이는 거버넌스 개념의 대체 효과도 있는데 지배구

조나 민관협력 등 추상적인 의미로 쓰는 거버넌스나 민관협력보다는 오히려 공공사라는 용어가 주체를 명확히 하는 측면도 있다.

14-3. 생활권역과 생활권

생활권은 행정구역과 달리 구성원의 라이프스타일에 따라 매우 다양하게 구성될 수 있다. 일반적인 지역주민의 경우에는 가족 구성원의 시간이 모두 확보되는 주말에 인근 대도시로 이동하면서 사실상 행정구역 2개 이상의 생활권을 갖는 경우가 있고, 농업 종사자는 지역 내 다운타운의 아파트에 거주하면서 농지로 출퇴근하는 경우도 있으며, 학생의 경우에도 거주지와 통학권이 다른 경우가 있다.

통상적으로 어떤 지역을 오가며 생활하는 경우에는 마치 베드타운처럼 지역 내에 인구가 갑자기 줄어드는 현상이 발생하기도 한다. 따라서 행정구역내 주민만 주민 활동인구로 할 것인가의 문제가 발생할 수 있다. 궁극적으로 어디에서나 지역 활성화와 관계 형성이 중요하다면 엄격하게 행정구역 내 주민으로 활동인구를 제한하기보다는 생활권 내의 주민까지 유연하게 그 범위를 확장할 필요가 있다.

---

136) https://www.soumu.go.jp/main_content/000656244.pdf

14-4. 제3의 장소[137]

제3의 장소라는 표현이 있다. 집(제1의 장소)과 직장(제2의 장소)이 아닌 맘 편한 어떤 곳을 뜻한다. 이런저런 복잡한 생각 없이 푹 쉬고 싶은 장소다. 이 말에는 여러 의미가 담겨 있다.

첫째, 제3의 장소가 필요하다는 것은 집과 직장이 불편하다는 것을 의미한다. 집에 있으나 직장에 있으나 어떤 '역할'을 해야 하는 부담감이 있기 때문에 자유롭고 싶다는 것이다.

둘째, 반대로 생각해 보면 집과 직장이 있어야 제3의 장소도 의미가 있다. 집과 직장에서 뭔가 어떤 '역할'을 했기 때문에 그 시간 후에 비로소 쉬고 싶다는 의미도 된다. 집도 절도 없는 사람에게는 사치스러운 표현이기도 하다.

셋째, 제3의 장소는 개인의 마음의 평화(이너 피스) 및 창의력을 중시한 개념이다. 마음이 편안하고 여유를 느끼면 창의성도 높아진다. 제인 제이콥스(Jane Jacobs)는 '새로운 아이디어는 옛 건물을 필요로 한다'고 말하기도 했다. 즉 지역의 전통유산을 보존하면서 그 공간을 제3의 장소로 리모델링하면 그 안에서 마음 편히 교류하면서 창의력이 생성될 확률이 높아진다.

이 말은 미국의 사회학자 올덴버그가 1989년에 쓴 책 『The Great Good Place』 나온 말이다. 그는 영국의 선술집(pub)이나 프랑스의 카페처럼 마음 편하고 느긋하게 시간을 보낼 수 있는 장소를 제3의 장소라고 말했다.

제3의 장소는 중립적이고, 누구나 평등하고, 대화 중심이고, 찾기 편하고, 단골이 있으며, 본인이 눈에 띄지 않고, 즐길 마음으로 찾는 공간이자 또 하나

---

[137] 조희정(2023.08.25.)을 재구성

의 우리 집 같은 느낌을 주는 곳이라는 8개 특징이 있다고 분석했다. 즉 가볍게 모이고 교류하며 쉬고 즐길 수 있으며 다양하고 이질적인 사람들이 사회적 위치나 입장을 신경 쓰지 않고 교류할 수 있는 곳이라는 의미다.[138]

제3의 장소를 로컬과 연결시켜 연구하는 이시야마 노부타카 교수는 올덴버그가 말한 제3의 장소의 8개 특징이 유연하게 지역과 관계 맺을 때 나타나는 특징과 같다고 말한다. 지역의 공간과 장소 가운데 비영리단체의 공간, 독서회, 커뮤니티 모임 장소, 학습회 등이 제3의 장소를 형성하는 역할을 하며 대화와 교류에 더하여 지역 활성화에 기여하는 목적 교류활동을 한다는 것이다.[139] 즉, 지역이 도시생활의 대안도 될 수 있지만 개인과 공동체의 행복에도 도움될 수 있다.

지역에서 한달살기를 하든 워케이션을 하든 귀향귀촌을 하든 우리가 원하는 제1의 장소는 일단 안정된 주거공간, 즉 집이다. 굳이 제3의 장소를 힘들게 찾아가지 않고 내 방에서만 이너 피스를 느끼는 사람도 많다. 그러나 개인적인 아닌 사회적 활동을 하려면 집과 직장 외에 어울려 지낼 수 있고, 스스로 자유로울 수 있는 제3의 장소도 필요하다. 어쩌면 진짜 필요한 것은 제3의 장소나 워라밸이 아니라 집, 직장, 제3의 장소 이 세 가지 각기 다른 장소의 '균형'일 것이다.

---

138) Oldenburg(1989)

139) 이시야마 노부타카 편저(2019)

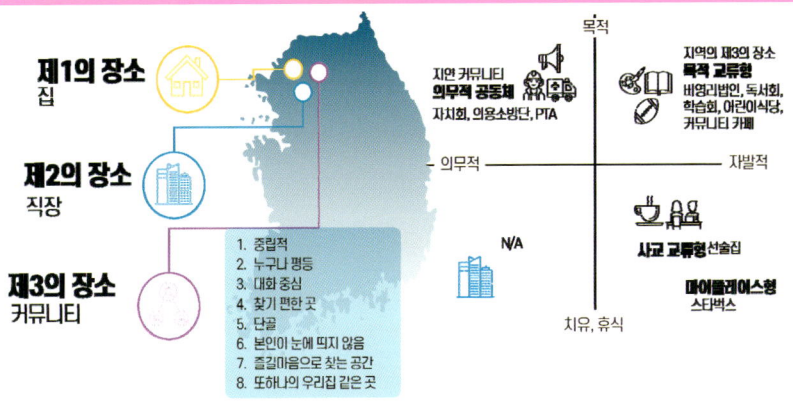

〈그림 40〉 제3의 장소

14-5. 커뮤니티 육성, 로컬 마이크로 살롱

대부분의 지역 내 조직들은 축제와 같은 특정 이벤트, 혹은 특정 사업에만 일회적으로 만나기 때문에 시너지 효과를 도모하기 매우 어렵다. 따라서 지역 내의 많은 조직과 만남을 통해 서로 자원을 공유하며 협업을 진행하는 방안에 대해서도 적극적으로 고려할 필요가 있다.

특히 이때에는 기존 방식과 다르게 대표를 정하지 않고 안건마다 해결하고 자유롭게 이합집산을 하는 경험 중심의 커뮤니티 연결을 하는 것이 더 효과적이다. 조직마다 엄격한 회칙이 있을 수도 있고 조직문화도 다를 수 있기 때문이다. 결속력 강한 협력은 단기간에 이루기 힘들다.

로컬 마이크로 살롱처럼 서너 명의 작은 커뮤니티를 형성하는 것도 매우 중요하다. 당장 큰 성과는 없더라도 꾸준히 모임이 축적되면서 또 다른 모임이 자연스럽게 파생되는 등의 경로를 형성할 필요가 있다. 또한 출향민을 잠재적 예비관계인구로 설정하여 가정이 있는 출향민 뿐만 아니라 외지 생활을 하는 학생 출향민, 1인 가구 출향민에 대한 지역과의 연계방안을 모색하는 것도 필요하다.

사례 36   파크 레인저 활동인구(park ranger, 오사카)[140]

2016년 개원한 오사카 이즈미사노 구릉공원은 민관 협력으로 만든 곳이다. 공원은 '경관과 환경을 소중히 한다', '지역주민 및 기업과 함께 만든다', '지속한다'는 원칙으로 만들었다.

야마자키 료가 대표로 있는 스튜디오-L[141]은 공원의 기본계획 수립 후 합류하여 시민참여를 활성화하는 기획을 추진했다. 스튜디오-L은 운영회의를 구성하고 매년 6회 회의를 실시하며 자원봉사 육성 등 안건을 검토한다. 초기 계획부터 전체 20%만 계획하고 나머지 삼림지역을 지역 커뮤니티가 주체적으로 공원으로 바꿔가는 공원 만들기 자체를 즐기는 활동을 하자고 디자인한 것이다.

특히 2009년부터 공원을 위한 자원봉사자를 육성하는 '파크 레인저 양성 강좌'를 통해 공원의 식생조사, 대나무 숲 간벌 체험 등을 교육하고, 수강생들의 관계 형성을 위해 커뮤니티도 육성한다.[142]

매해 30명의 파크 레인저를 선발하여 10년간 300명이 공원 만들기 활동을 하여 이후에도 10년을 더 연장했다. 그 결과 100여 명이 '이즈미사노 구릉 녹지 파크 클럽' 멤버로 공원 내에서 활동한다. 지역 내 중요한 공간을 자발적으로 살리는 활동인구가 육성된 것이다.

---

140) 이즈미사노 구릉공원 사례에 대해서는 https://studio-l.org/project/487 참조
141) https://studio-l.org
142) 일본 전국의 어린이 파크레인저 육성사업은 https://www.env.go.jp/kids/gokan/jpr/index.html 참조

■ 이즈미사노 구릉공원의 활동인구 '파크 레인저' (오사카)

* 출처 : https://studio-l.org/project/487

    야마자키 료는 이렇게 활동인구와 관계인구가 연결되어야 하며, 지역 내의 비활동인구를 활동인구로 전환하기 위한 팀 빌딩과 커뮤니티 빌딩이 필요하다고 말한다. 그는 어떤 종류의 인구를 늘려야 하는가에 대한 고민이 필요하다고 강조하며 "지역은 주민의 삶이 적분되는 것이다. 행동은 의식에서 생기기 때문에 의식을 적분하면 행동이 되고 생활이 되고 인생이 된다"고 평가하였다.[143)

    커뮤니티 디자이너 야마자키료가 대표로 있는 스튜디오-L[144)은 2005년 설립된 커

---

143) 야마자키 료(2020.01.10)

144) https://studio-l.org

뮤니티 디자인 기획사다. 스튜디오-L의 목표는 '사람이 연결되는 구조를 만드는 것'이며 목표 달성을 위해 일본 전국에서 디자인의 힘을 사용하여 커뮤니티가 가진 과제 해결력을 높이는 지원 활동을 한다.

커뮤니티 디자인 프로젝트는 리서치, 워크숍, 팀 빌딩, 서포트 단계로 진행하며 각 프로젝트를 수행할 때 ① 공공 디자인을 종전보다 더 만들기, ② 지역주민이 프로젝트에 참여하는 계기 만들기, ③ 참여 주민이 디자인에 대해 배우기, ④ 디자인에 대해 배운 주민들이 주변에 말하기 쉽게 만들기, ⑤ 참여 주민끼리 연결을 형성하기, ⑥ 연결된 주민들이 시민 활동 시작하기, ⑦ 관련된 주민들이 서로의 생활을 즐겁게 하거나 서로 지지하기, ⑧ 이상과 같은 '참여 디자인'의 중요성을 주변에 알리기라는 원칙을 중심으로 진행한다.

'100만 명의 사람이 한 번만 방문하는 섬이 아니라 1만 명의 사람이 100회 방문하고 싶어지는 섬 만들기' 프로젝트 등은 스튜디오-L의 가치를 함축하는 표현이다. 특히 지역 현안을 4개 차원으로 분류하여 진행하는 점이 눈여겨볼 만한 부분이다.

■ 지역 현안 분류

사람에 대한 관점	생활에 대한 관점
교육 + 인구 + 문화 등	재화 + 의료·건강 + 복지 등

4가지 지역현안 분류

산업에 대한 관점	환경에 대한 관점
물물교환 + 정보 + 연계 등	자연환경 + 생활환경

사례 37 나가하마 카이코 (長浜カイコ, 시가현 나가하마시)[145]

시가현 나가하마시 '나가하마 카이코'는 나가하마역 동쪽 출구에서 도보 1분 거리의 역세권에 있다. 인구 11만여 명 규모의 나가하마시는 600년 역사를 지닌 지역으로서 유적지가 많고, 유명한 호수인 비와코 북동부에 위치한 호수 마을이기도 하다. 1960년대까지만 해도 월 방문자 20만 명 규모로 번성했지만 2006년부터 다수의 지역이 합병하면서 쇠퇴기에 접어 들었다.

---

145) https://nagahama-kaiko.jp

이 지역에서 활동하는 나가하마 카이코는 지역의 '창의성의 관문(크리에이티브한 현관)이 되는 것'을 목표로 활동한다(카이코(カイコ―)의 의미는 개항, 개교). 기존의 '센터'라는 뻔한 용어보다 '현관'이라는 일상적이고 유연한 용어로 표현하여 그 의미를 강조했다.

나가하마 카이코는 느슨하고 오래 지속되는 연결 네트워크를 지향하며 활동하는데, 지역의 지속적인 마을 만들기 계획 '호수 근처의 마을 나가하마 미래 비전' 수립 후 지역 활동가들의 플랫폼 개설 요구를 수렴하여 2022년 개소했다.

운영전략은 4개 차원으로 구분한다. ① 보수적인 운영보다는 혁신적 운영을 지향하며, ② 독창적인 창의력을 만들고, ③ 제한적 운영보다는 민주적 운영을 통해, ④ 새로운 개방적인 분위기를 형성하고자 한다. 또한 나가하마역 인근이라는 역세권의 입지 장점을 살려, 마을 안팎의 사람이 들락날락하며 유기적인 아이디어를 표출할 수 있는 공간을 지향한다.

공간으로는 나가하마 크리에이션 센터를 조성했다. 나가하마시를 드나드는 재미있는 사람들이 많기 때문에 그들과 연결하는 거점을 만든다는 컨셉이다. 그런 의미에서 '지역 디자인 전략실'이라는 정체성을 부여하기도 한다.

■ 나가하마 카이코 크리에이션 센터의 개방적인 현관(시가현 나가하마시)

* 출처 : https://nagahama-kaiko.jp

그러나, 나가하마 카이코에서 만들고자 하는 것은 장소보다는 구조다. 개방형, 단체형, 독립형 공간 외에도 공유주방, 놀이방, 스튜디오(유료) 등을 운영한다.

고등학생이나 대학생 대상의 '제3의 장소'로도 운영(무료)하는데 2023년에는 7월 3일~21일까지 평일 15시~19시까지 운영했다. 틈새 시간에 부담 없이 이용하는 것을 권장하며 수다, 공부, 게임, 휴식 등 이용방법도 스스로 결정하도록 권한다. 일종의 주니어 코워킹 스페이스를 운영한 것이다.

■ 나가하마 카이코의 개방형, 독립형 공간(시가현 나가하마시)

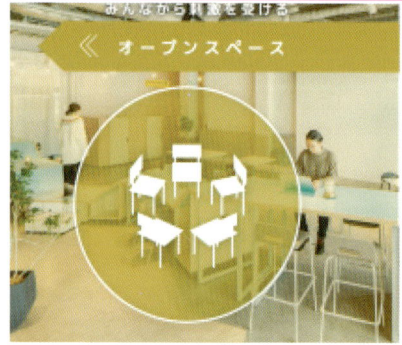 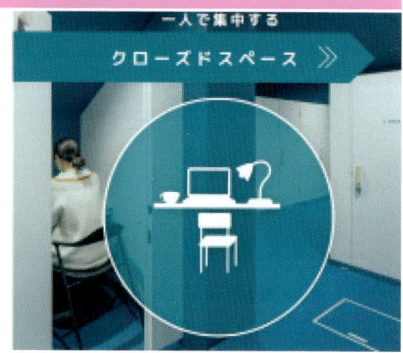

* 출처 : https://nagahama-kaiko.jp/workspace

이 외에 디자인 상담, 다양한 주제의 랩 운영, 대학 연계 프로젝트 활동을 하며 연간 활동보고서도 발행한다.

지원 플랫폼인 에키마치 나가하마 주식회사는 나가하마역 근처의 편의성을 높이기 위해 설치된 제3섹터 방식의 주식회사다. 나가하마시, 나가하마 상공 회의소, 현지 중소기업이 출자하여 설립했으며 '모두의 장소', '누구나 도전할 수 있는 장소', '지역의 매력을 발산하는 장소'라는 3개의 키워드를 공간을 통해 구체화했다. 기존의 정형화된 워크숍이 아닌, 덴마크 및 기타 유럽 국가에서 실행되는 '코 디자인(Co-Design)' 방식을 채택한다. 지자체와의 협력이 많은 편이다.

사례 38 플래닛 모리오카(The Planet Morioka, 이와테현 모리오카시)

인구 28만 명의 모리오카시에서 2019년부터 활동을 시작한 '플래닛 모리오카'[146]는 민관협력으로 운영하며 '지역을 행성이라는 별'이라는 정체성을 강조한다. homesickdesign, トラベル・リンク株式会社, 富士通Japan株式会社, ㈜川徳, 盛岡という星で BASE STATION 運営協議会, LITERS, SoRaStars株式会社, ㈜Wakey 등 많은 회사들이 참여했고 출향기업들도 응원한다.

■ 플래닛 모리오카 참여기업의 활동 사례(학생용 안내 콘텐츠, 이와테현 모리오카시)

* 출처 : https://planetmorioka.jp/students

지역의 직면 과제(음식, 일자리, 관광, 육아 지원, 거리 활성화 등)에 대한 설명 및 이러한 과제를 해결하기 위한 지역 활동가의 영상 콘텐츠를 제작하고 배포하여 학생들이 활

146) https://planetmorioka.jp

용할 수 있도록 한다.

거점은 베이스 스테이션이다. 모리오카와 관계와 교류가 있는 사람, 지역 고등학생, 대학생 및 이주 희망자 등을 대상으로 계속 변화하는 실험 장소를 추구한다. 생활, 놀이, 배우고, 일을 통한 연결을 창출해 가는 거점으로서 감정⇌만남⇌놀이⇌배우기⇌일⇌체험⇌실험⇌세계⇌모리오카로의 선순환이 이루어지는 연결을 지향한다. 이주 상담, 공간 대여, 프로젝트 하기, 이벤트 참여, 예술 향유(갤러리), 도서관, 상품 구매(온라인 샵) 등 거의 모든 종합 활동의 거점이다.

주요 활동 외에도 공부회, 독서회, 교류회, 수예회, 문화활동, 인턴 기획 이벤트 등이 매우 활발하고 학생용 프로그램도 매우 많이 진행한다.

■ 플래닛 모리오카의 베이스 스테이션(이와테현 모리오카시)

* 출처 : https://planetmorioka.jp/base-station

사례 39 마치나카 정보 스테이션(豊橋まちなか情報ステーション, 아이치현 도요하시시)

도요하시시는 1999년 중핵시로 지정되었고 인구 36만 명으로 아이치현에서 5위 규모의 중소도시이지만 2020년부터 인구 유출이 증가하기 시작했다. 이곳은 '풍부

하게 다리를 건너는 마을(豊かさに橋を架けるまち)'을 표방한다.

도요하시 마치나카 광장의 슬로건은 '사람이 모이고, 교류하고, 체류하는 거점'이다. 시에서 2018년 시작한 '마치쥬 스테이션 프로젝트'를 통해, '마치나카'라는 임의 구역에서 재미있는 도전할 수 있게끔 공간을 조성했다.

거리의 모든 곳이 광장으로 연결되어 있으며 의자를 광장에 설치하는 등 공간적 편의성을 향상시켰다. 지나가는 사람에게 한 번이라도 더 기회를 제공하고자 하는 것이다. 다목적 공간과 녹화 공간을 구분하여 다목적 공간은 취식, 담소 공간으로, 녹화 공간은 아이들이 자유롭게 드나들 수 있는 공간, 마을 도서관과 연계를 고려한 공간으로 조성했다.

대학, 기업, 단체와의 세미나와 워크숍으로 지역 과제 해결을 모색하고, 지역 생활에 필요한 창업을 지원한다.

1층 emCAMPUS FOOD와 emCAMPUS RENTAL SPACE, 2층~3층 도요하시 마치나카 도서관, 4층 오피스&행정 서비스 공간, 5층 emCAMPUS STUDIO, 옥상은 정원으로 구성했다. 2층~3층 도서관은 누구나 편하게 들를 수 있는 개방적 공간으로서 독서도 하고, 새로운 커뮤니티로서 사람과 정보 교류가 이루어진다. 5층 emCAMPUS STUDIO는 사람이 모이는 거점이자, 히가시미강을 중심으로 한 공창(共創) 콘텐츠 개발 거점이다. 'emCAMPUS TIMES'라는 온라인 북을 발행하고 토요테츠와 제휴하여 왕복 할인 티켓도 제공한다.

지원 플랫폼 '도요하시 마치나카 미래회의'[147]는 2022년 산·학·관·은행·시민이 연대하여 설립했다. 도요하시시 자치연합회가 도요하시 마치나카 미래회의에 참여하며, 지역주민과 행정의 파이프 역할로 적극 협력한다. 사무국 및 회장은 '도요하시 마치나카 활성화 센터'로 사람을 불러일으키기 위한 거리 정비, 홍보 지원 활동을 한다.

30년 후의 마을 미래를 그린 비전 수입을 시작으로 마을 활성화 창출 등에 기여한다. 무언가 지역 활동을 하고 싶은 사람을 위한 맞춤형 포털 사이트로서 '먹기', '놀기', '사기', '배우기' 등 4개 영역에서 지역과 함께 할 수 있는 프로그램을 제공한다. 한 달에 3~4회, 주 1회의 지역 콘텐츠와 결합한 행사를 진행하며, 지역 관련 미래 비전 발

---

147) https://1484machinaka.jp

표회, SDGs 심포지엄 등 심도 있는 행사도 개최한다.

구체적으로는 기업가 양성 프로그램, 프로그래밍, 요리학교, 수제맥주 이벤트, 시민과 함께 만드는 연극, 고교생과 만드는 연극, 스피치 콘테스트, 빈 건물 정보, 이벤트 정보도 제공한다. 기획안을 토대로, 사무국 멤버가 함께 모여 의견을 수렴하여 본 프로그램을 정한다. 운영 및 실행 담당 스태프와 이벤트 당일 자원봉사자도 모집한다.

사례 40 후지오네 워케이션 플레이스
(フジオネワーケーションプレイス, FWP, 후쿠이현 쓰루가시)

2021년 8월에 신용금고 지점을 리모델링하여 설립된 'FWP'[148]는 '고향을 더 즐겁게'라는 슬로건으로, 사람들이 모여 교류하고 새로운 가치를 창출하는 환경 구축을 목표로 한다.

다른 배경을 가진 개인이 만나면 혁신과 성취 가능성은 무한하므로 그런 사람들의 의미 있는 연결을 촉진하는 장소로서 기능하고, 새로운 관점을 발견하고, 인생의 가능성을 넓힐 수 있는 '리허설 오피스'를 표방한다.

물건이나 서비스 판매보다는 지역 스토리를 만들면서 건물 이용률을 높이고 0에서 1을 만들 수 있는 인재를 육성하며 경제적 기여를 하고자 한다.

1층은 공유오피스와 공유키친이고, 2층은 게스트 하우스, 3층은 옥상 테라스로 모두에게 개방하며 사용료를 받는다. 공유오피스는 전일제(전일 오전 9~24시)로 이용할 수도 있고, 낮 시간(평일 오전 5~10시)과 밤 시간(평일 밤 6~24시) 이용이 있는 것이 특징이다.

사례 41 하쓰히노데 (はつひので, 가나가와현 가마쿠라시)

인구 17만 명 규모의 가마쿠라시에서 진행하는 '하쓰히노데'는 새해 첫 일출 보기를 의미한다. '누군가의 첫 일출이 되고 싶다'는, 시작을 응원하는 마음을 담고 있다.

---

148) https://fujione-tsuruga.jp

'오늘도 누군가는 일출을 본다(今日も誰かのはつひので)'는 말에서 착안한 표현이다. 일출은 시작, 조명, 따끈따끈, 따뜻한, 태양, 햇빛, 밝은 등을 연상시키는 좋은 용어이기 때문이다.

새롭게 마을에 관여하고 싶은 사람, 뭔가 새로운 것을 시작하고 싶은 사람 등 의지가 있는 모든 사람에게 지금 보이지 않는 무언가가 조금 밝아지는 장소가 되기를 바라고 있다. 이곳에서 새로운 무언가가 태어나고, 발견되고, 새로운 인연이 시작되어 거리가 밝아지고 거리를 좋아하게 된다는 의미를 담아 만든 로고는 그 의지를 섬세하게 담고 있다.

■ 하쓰히노데의 태양과 바다를 상징하는 로고(가나가와현 가마쿠라시)

* 출처 : https://note.com/hatsu_hinodeya/n/nc1654ab29b14

로고는 바다에서 떠오르는 해돋이와 일몰의 교차를 도형으로 배치했고, 구상, 열정, 의지의 상징으로서 주홍색, 인간의 주요 구성 요소로서 하늘색을 사용했다. 인간은 신생아 75%, 4~5세 70%, 성인 여성 50%, 성인 남성 60%, 노인 50% 정도가 물로 이루어져 있기 때문에 '우리는 '물'이다 혹은 물 덕분에 살아있는 생물이다'라는 의미로 하늘색을 사용했다고 말한다.

태양과 바다, 사랑과 인간이라는 의미를 담아, 오렌지(#FF6732)와 하늘색(#87CEFF)을 선택해 둘이 겹쳐 더욱 열정을 느끼는 짙은 색(#F35E33)을 만들었다고 설명하면서 색상 코드까지 제시하고 있다. 전체적으로는 글자를 그러데이션으로 만들어 움직임과 이동의 의미를 담았다.

2022년 6월에 개소한 하쓰히노데는 이제 1년 정도 운영된 관계안내소다. 도전, 만남, 마을과 연결되고 싶은 사람을 맞이하며 방문자와 함께 만들어가는 곳을 지향한다. 1925년부터 운영되던 마을의 술집 하쓰히노데 건물을 리모델링하여 활동 거점으로 삼고, 마을의 900년째 내려오는 축제의 전통도 계승한 활동을 전개한다.

하쓰히노데는 관계안내소 활동의 필수 5요소를 제시하고 있다.

첫째, '의지'. 어느 날 카페에서 지역의 오픈 스페이스[149]를 운영하는 사업자들이 우연히 커뮤니티 공간 만들기를 논의하게 되었고 바로 다음 날 설립을 추진하기 시작했다.

'장소의 의미는 방문자가 만든다'는 의미를 담은 공간을 만들고자 했다. 실제로 추진하는 과정에서 막연한 것들이 언어화되었다. 이 과정에서 사람이 반드시 갖고 싶은 소중한 것이나 전하고 싶은 것을 흔히 '공상'이라고 부르지만 그것이 형태화되기 위해서는 공상이라는 요소도 매우 중요하다는 것을 깨닫게 되었다.

이 마을의 핵심 매력 중의 하나는 사람과 커뮤니티였는데 공간 구성 과정에서 2019년에 만났던 마을의 핵심인물 두 명이 매우 적극적으로 협력했다.

지역을 대학 캠퍼스처럼 활용하자는 의견도 나왔는데 관광명소 등 장소뿐만 아니라 사람과 커뮤니티를 안내하면서 관계성을 형성하고 그 과정에서 지역의 관계성을 다르게 만들어 나가고자 하였다.

둘째, '구현할 수 있는 장소'. 100년 이상 오래되었지만 폐공간이던 지역의 술집을 리모델링했다. 과거에는 마을 축제에 참여한 사람들이 그 술집에 모여 계획을 세우고, 축제 후에 뒤풀이도 하는 등 활발하게 소통하던 장소였기 때문에 그 의미가 현재에도 이어질 수 있다고 생각해 착안한 것이다.

셋째, '동료'. 주변에서 부동산을 하면서 35km 이내의 농산품을 판매하는 야채가게 운영자도 함께 했다. 이분은 공간에 대한 편견이 없기 때문에 하쓰히노데의 리모델링에도 도움이 되었다. 그 외에도 많은 주민들이 공간에 물건을 기증하거나 제작

---

149) https://harubaruzaimokuza.com

에 참여했다.

넷째, '스킬'. 지역의 옛자재를 활용하여 새로운 공간의 의미를 형성했다. 실내의 식물 조경에도 의미 부여를 했고, 웹 디자인에는 외지인이 참여했다.

다섯째, '자금'. 창업 지원금과 기업의 사회공헌지원금이 활용되었다.

절에서 마르쉐를 개최하고, 수시로 음악 공연을 하고, 주민들과 협업으로 작은 전시도 개최한다.

거점 공간을 활용하여 매주 목요일 아침 사무실 앞에서 지역에서 기른 야채를 판매하는 오픈 테라스를 연다. 관계 안내 상담도 실시한다. 커뮤니티 스페이스에는 편하게 소통할 수 있도록 큰 식탁을 배치했다. 키친 스페이스는 관계성을 형성하기 위해 의식주를 함께 하는 것이 중요하므로 함께 식사할 수 있는 공간 디자인으로 구성했다.

사례 42 세토산치(せとさんち, 가나가와현 요코하마시)

'세토산치'[150]는 학생과 지역을 연결하는 관계안내소를 표방하고 있으며 슬로건은 '좋음을 공유하자'이다. 공간 개조에서 시작했지만 '지역을 잇는 관계안내소' 역할을 하게 되었다고 스스로 정체성 변화를 평가한다.

학생들의 동아리 활동 느낌이 강한 편인데, 거점 공간에서 찻집을 운영하고, 소규모 워크숍 등을 개최하고, 지역의 폐공간 개조 활동을 주로 전개한다.

■ 세토산치 거점과 실내 공간(가나가와현 요코하마시)

* 출처 : https://sotokoto-online.jp/social/17537

---

150) https://akiyakanazawamoyas.wixsite.com/seto

2021년 지역활동을 하고 싶어서 빈집을 찾던 대학원생 4명이 임의단체 빈집개조단체 세토산치를 설립했다. 요코하마국립대학과 도쿄공업대학 등 지역거점 만들기에 관심 있는 대학생과 대학원생들이 참여하는, 학생의 일상생활과 지역이 잘 연결된 관계안내소다.

2021년 세토산치 전시회를 개최하며 빈집 개조 활동 소개와 홍보를 했다. 그해 겨울에는 건물 앞 마당에서 크리스마스 마켓을 개최하여 처음으로 지역주민들이 대거 방문했다. 그 외에 군고구마 판매 및 헌옷 이벤트도 개최했다.

2022년 '유루유루 카페'를 오픈했는데 이후에 '찻집 세토산치'로 운영하고 있다. 학생들이 음료를 서빙하는데 주민들은 '열려 있는 것만으로 마음이 치유된다'고 반응한다. 주민들이 세토산치 활동을 보고 워크숍 개최를 희망하게 되는 효과가 나타났다.

2022년 여름 축제 개최에 앞서 오는 것을 기다리는 것이 아니라 마중 가자는 의미로 지역의 생산활동, 농사, 모임에 참여하여 초대장을 전달하며 축제 인원을 모았고 축제에서는 영화상영회, 포장마차 등도 운영했다.

2023년 굿즈를 제작하고 메디컬 아로마 워크숍(7월) 등을 개최하고 있다.

사례 43 　하지마리 상점가(はじまり商店街, 가나가와현 요코하마시)

'하지마리 상점가'[151]의 비전은 '하지마리(시작)를 시작하자'이다. 사람과 사람의 연결이 시작을 만든다는 의미로써 자신들이 믿는 정서와 감성을 무기로 사회의 질문에 맞서는 소셜 로맨틱 컴퍼니를 표방한다.

미션은 '공유 커뮤니티 재창조'이다. 미션 달성을 위해 7개 가치를 제시하고 있다.

① 경청(잘 들어야 자신이 하고 싶은 말 상대에게 닿는다)
② 계속(중요한 것은 꺾이지 않는 마음. 평범한 사람은 계속 노력해야 천재를 앞설 수 있다)
③ 월경(越境. 효과적인 배움은 커뮤니티를 넘어선 환경 바꾸기)
④ 발신(계속 전하지 않으면 아무도 알 수 없다)

---

151) https://hajimari.company

⑤ 묻기(계속 질문해서 세상을 알아내자)
⑥ 만물유전(능동적으로 변하면서 자신의 길을 만들자)
⑦ 놀자(유희는 인간의 근본적인 욕구다)

■ 하지마리 상점가의 주요 활동(가나가와현 요코하마시)

* 출처 : https://hajimari.life/whoweare

2018년 창업한 주식회사로서 공동대표 2명, 직원 7명 규모이다(2023년 6월). 사례연구를 위해 직접 현장을 방문하여 현지에서 워크숍과 행사를 개최하는데 지금까지 연간 360개 행사를 개최했으며 그중 지역 관련 행사는 연간 100개 정도였다. 또한 지금까지 지역 관련 행사에 1,500명 이상 참가했다(실제로 행사 부스의 지역을 찾아간 방문객은 200명 이상).

'하지마리 상점가'는 물리적 거점이자 지원 플랫폼이다. 지역에 관심 있는 사람들과 지역주민을 모이게 하는 일종의 거점으로서 관계인구 유치 거점으로 활용한다. '커뮤니티 프로젝트 기획 및 운영사업', '지역활성화 지원사업', '시설운영사업' 등 3개 축으로 활동을 한다.

상점가의 활기를 이용해 관계인구 창출 및 각 지역 관계인구를 모이게 하는 거점이 되고자 한다. 지역의 삶과 문화를 공유하는 행사를 돌아가면서 개최하여 지역 게스트를 모집하고, 이를 지역 관심 있는 사람과 연결해 주는 역할을 한다.

지역활성화 지원사업으로 진행하는 'Make it! 후쿠시마 프로젝트(Make it! ふくしまプロジェクト)'[152]는 팀을 구성하여 현장 조사와 워크숍에 참여하면서 후쿠시마현 활동가와 교류하고 관계인구를 만드는 프로그램이다. 후쿠시마현과 도쿄권의 30세 전후 청년들이 후쿠시마현 활성화를 위한 프로젝트에 참여한다.

---

152) https://fukushima-makeit.jp

참가비는 1만 엔(교통비 지원)이며 총 7회 운영한다. 단순히 참가하게 하는 것이 아니라 참여자의 새로운 아이디어가 실현될 때까지 전폭적으로 지원한다.

'STAND TOKYO' 프로그램[153]은 이바라키현 주민과 도쿄 주민의 관계를 양성하는 커뮤니티 형성 프로그램으로서 오프라인 뿐만 아니라, 온라인 이벤트도 진행한다. 이바라키현 음식 탐구, 거리 산책을 좋아하는 사람, 이바라키와 인연을 만들고 싶은 사람 등을 모집한다.

그 외에 '고향 물류센터'는 일본 각지의 '고향'을 연상시키는 네이밍을 제시하며 도쿄와 각 지역들을 잇는 물류센터를 운영한다. 주로 지역 특산품을 도쿄에 홍보하는 프로젝트다.

공동대표 시바타 다이스케(柴田大輔)의 1인 시선으로 매달 1일 해당 달에서의 이슈, 느낀 감정, 사람 등을 생생하게 기록한 '월간, 시바타 다이스케'를 발행한다.

'도쿄 문화 수집'은 상점가에 집중하여, 도쿄 여러 거리의 상점가 문화를 연구하여 알리는 간행물이다. 도시의 새로운 삶의 방식과 상권을 전하는 연구 활동이라고 평가할 수 있다.

사례 44　마메코(マメコー, 시가현 고난시)

인구 5만 3천 명 규모의 고난시에서 2000년에 개소한 거점 '마메코'[154]는 모든 사람의 관심사를 이야기하고, 잘 먹고, 잘 사는 열린 커뮤니티 장소이다.

마메코의 운영원칙은 '모두가 좋아하는 것을 가져올 수 있는 곳'이다. 마메코라는 이름은 역사적으로 지역에 존재하던 '4-5인 커뮤니티 마메코'에서 가져온 것이다. 외지인인 지역부흥협력대원이 지역에 이주하여 외지인과 주민의 교류 형성을 위해 만든 사설 공민관으로서 지역 사회 약화를 방지하고, 작은 공동체라도 세상에 기여할 수 있기를 바라는 취지로 개소했다.

'고난 탐구학원', '카페 마메코', '고난 생활연구소', '이시베 마치루 문고', '빵과 당

---

153) https://baraki-standtokyo.jp

154) https://mame-co.com

신과', '만쥬 가게 등의 복합시설로 운영된다.

고난 탐구학원[155]은 무료 강좌로서 프로그래밍 강좌 등을 개설하고 강좌 외에도 많은 사람과 교류하는 프로그램을 진행한다.

카페 마메코는 수요일과 금요일 주 2회 운영하며, 수요일에는 과자 판매, 금요일에는 건강마작을 진행한다. '아무것도 주문할 필요가 없는 커피숍'을 표방하며, 디저트 등도 절찬 판매중이다. '마메코에서 만나요'라는 이벤트는 카페를 응원하는 유저들의 프로젝트다.

'낮의 비밀기지'는 방학동안 아이들의 거처를 제공하는 것이다. (학교, 학원, 프리스쿨 등) 아이를 맡는 전문 기관이 아니지만 카페 마메코를 아이들에게 개방하는 것이다. 그 운영을 위해 대학생, 지역 어른들이 자원봉사한다.

한사람 한사람의 아이도 카페 마메코의 이용자로 간주해 다른 손님에게 폐를 끼치는 경우에는 다음 이용이 불가하게끔 운영한다. 여름방학 기간 내에 6일간 운영하며 경우에 따라서는 장소를 변경하기도 한다. 이용 인원수는 5~10명 규모로 운영하고 사전 예약으로 진행하며 일별 이용 인원수를 제한한다.

고난 생활연구소는 일상생활을 더 재미있게 만들기 위한 생활방식을 누구나 제안하여 연구할 수 있는 프로그램이다.

이시베 마치루 문고[156]는 마을만들기, 커뮤니티, 일 스타일 등에 관련된 주제의 책을 전시한 사설도서관이다. 이시베공작실은 메이커 스페이스이며, incolore는 식당 주민이 가정에서 서비스하는 이동식 밥집 프로그램이다. 봄방학 기간 동안 중고대학생 단기인턴을 모집하여 주체적으로 지역을 위해 하고 싶은 일을 기획할 수 있도록 동기 부여를 한다.

사례 45 쓰크루데이 (つくる邸, 나가사키현 나가사키시)

쓰쿠루테이[157]는 '지역의 매력을 깨닫게 되면, 마을을 즐거워하고, 좋아하게 된

---

155) https://www.konan.studyroom.jp
156) https://www.facebook.com/machiru.bunko

다'는 슬로건을 가치로 내걸고 운영한다. 경사지(斜面地)를 꾸며 전망과 채광이 좋은 점을 이용해 매력적인 거점으로 활용한다. 70년 된 개인주택이자 10년 동안 빈 공간이었던 곳을 집주인과 협의 후 2014년에 리모델링했다.

지원 플랫폼 '경사지·빈집 활용단체를 만든다'는 나가사키시를 좋아해 지역활동을 하고 싶은 6명이 모여, 공간을 찾고 옛 저택 주인과 협상하여 개보수하던 중 자연스럽게 결성된 민간단체로서 2013년에 결성했다. 지역활동을 하기 위해 정착한 3인과, 원래 나카사키 출신인 3명이 모인 6인 팀으로 운영한다.

쓰크루테이는 셰어하우스 및 교류 장소로서 지역의 일상과 매력을 전달한다. 5개의 방이 있으며, 방 2개는 커뮤니티 공간으로서 방문객의 교류 거점이자 지역 활동가 컨설팅 공간으로 활용한다. 날씨 좋을 때는 '슬로프 피크닉'이라는 이벤트를 통해 경사진 마을의 매력을 알리고 교류하는 행사도 개최한다.

단순히 공간거점만을 활용하는 것이 아니라 '나미노하라 지구 마을만들기 협의회' SNS를 동시에 운영한다. 마을을 알리기 위한 지역의 여름 축제 폴로 티셔츠를 지역주민들과 협업하여 제작하는 등 거점과 마을 전체를 알리기 위해 활동한다.

나가사키시에 거점이 없지만, 활동하고 싶은 사람을 도와주는 활동을 전개하며 이벤트 개최, 강연 의뢰, 빈집 활용 상담 등을 하고 매주 수요일 '오픈 데이'를 개최하여 누구나 참여할 수 있는 기회를 제공한다.

---

157) https://www.tsukurutei.com

프로젝트 15 | 지역 현안 대응
환경, 지속가능성, 취약계층, 주민 의견 수렴 등 협업 문제 해결

15-1. 체계적 접근

지역 현안 프로젝트는 모든 관계 형성 프로젝트 중에 가장 난이도가 높다. 자원 발굴도, 생활 공감도, 상품 생산 프로젝트도 나름 어렵지만 현안 대응은 지자체의 주력사업으로서 지자체가 완전히 해결하지 못할 정도로 어려운 문제다.

일반 현안이 무엇인지 알아야 하고, 누구와 어떻게 해결할 수 있을지 모색해야 하며, 그래서 프로젝트를 시행한 결과 무엇이 바뀌었는지 정확하게 측정해야 후일을 도모할 수 있다. 난이도 높으면서도 지속성을 염두에 두어야 하는 프로젝트인 것이다.

15-2. 현안 발굴

우선 현안이 무엇인지 발견해야 한다. 지역의 현안은 보통 지역 상권 활성화 외에도 매우 많다. 교통, 주차, 이동 문제, 취약계층 복지 문제, 환경, 쓰레기, 재활용 문제, 교육, 학습 문제, 안전 치안 문제 등 여러 현안이 있다. 이러한 문제들은 시급성과 문제해결 난이도에 따라 구분할 수 있는데 구분하는 과정에 참여자가 많을수록 정확한 결과가 나온다.

〈그림 41〉 지역사회 현안 분야

입지	권역	자원	관광
농산어촌	행정구역 생활권(area)	부존·발굴 창조자원 유무형자원	체류시간 관광소비액 반복 방문 빈도
주거	교통	인구	문화예술
거주권 유휴·폐공간·빈집 주택/아파트	접근성 이동권	인구 구성(추계, 적정 인구), 활동인구, 교류인구, 생활인구, 관계인구, 커뮤니티	향유권 창의력
경제	의료	교육	제도
일감/일자리 취창업 노동환경 공정성	건강권 치유권 회복권	학습권 생애교육 산촌유학	법, 조례, 특례 거버넌스 지역 생활권 (local rights)

　　현안 도출을 위한 흔한 방법으로 리빙랩(living lab)을 시행하는 경우도 많은데, 자연과학실험실처럼 생활연구 실험이라 할 수 있는 리빙랩을 시행할 때에는 되도록 반복 시행을 통해 문제 발굴에만 그치지 않고 하나라도 제대로 해결하고자 하는 단계까지 도모하여 참여자의 효능감을 높이게 하는 것이 중요하다. 그래야만 그 다음 리빙랩에도 참여가 늘어날 수 있다.

15-3. 프로젝트 성과 평가

15개 프로젝트 모두 성과 평가가 어떤 식으로든 이루어져야 한다. 이때 평가는 전문가가 만든 지표에 근거한 복잡한 평가보다는 누구나 수긍할 수 있도록 최대한 현실을 반영한 평가가 좋다.

한편으로는 보편적인 기준을 지역 현실에 맞게 적용한 지표도 필요하다. 이미 UN기구가 오래전에 만든 지속가능성 지표 SDGs의 17개 지표는 역사와 전통이 오래된 지표인데 17개 지표를 지역기본토대, 지역경제, 지역협력, 지역실천활동 등 4개 부문으로 재구성하여 좀 더 이해하기 쉬운 질문으로 제시하면 〈표 18〉처럼 12개의 지표를 만들 수 있다.

〈그림 42〉 지역의 지속가능성 지표

<표 18> 지역성장의 12개 지표

구분	SDGs 지표	지역성장 지표
지역 기본 토대	① 빈곤 퇴치 ② 기아 종식	• 지역에 절대 빈곤 가구가 존재하지 않게 되었는가
	⑦ 모두를 위한 깨끗한 에너지 ⑬ 기후변화와 대응	• 지역 자체 에너지 생산력은 친환경 에너지에 기여했는가
	⑥ 깨끗한 물과 위생 ⑭ 해양 생태계 보존 ⑮ 육상 생태계 보호	• 지역 환경 보호에 기여했는가
지역경제	⑧ 양질의 일자리와 경제 성장	• 지역 일자리를 많이 확보했는가 • 지역에 새로운 매출과 수익을 늘렸는가
	⑨ 산업, 혁신, 사회기반시설	• 지역의 경제 인프라가 발전했는가
	⑫ 지속 가능한 소비와 생산	• 지역 소비와 생산이 지역 내에서 순환하는가/지역 자체의 가치사슬구조가 있는가
지역 실천활동	③ 건강과 웰빙 ⑤ 성평등	• 건강한 양질의 삶을 영위하고 있는가
	④ 양질의 교육	• 양질의 교육 프로그램을 지속적으로 경험했는가
	⑩ 불평등 감소	• 지역의 경제, 사회, 문화적 격차 해소에 기여했는가
	⑯ 정의, 평화, 효과적인 제도	• 지역 갈등을 효과적으로 해결했는가 • 지역 다양성이 증진하는데 기여했는가
지역 협력	⑰ 지구촌 협력(목표 달성을 위한 파트너십)	• 국내외 협력기관이 늘었는가
	⑪ 지속가능한 도시와 공동체	• 생산적인 공동체를 형성하였는가

이렇게 되면 각 부문에서 우리 지역은 이 정도의 성장세인데, 앞으로는 이 부분을 좀 더 노력해야 한다는 이정표가 만들어질 수 있다. 흔히 안정적인 조직이나 인재상을 6각형 조직, 육각형 인재라고 하면서 창의성, 지식 등의 평가지표를 제시하는데 현재 지역의 이상적인 모습은 안정적인 12각형을 꽉 채우는 모습이라고 할 수 있을 것이다. 즉, 많은 현안 대응을 통해 빈곤, 에너지, 환경, 일자리, 경제 기반, 가치 순환, 건강, 학습, 평등, 갈등 해결, 파트너십, 공동체 부문에서 높은 평가가 제시되어 '12각형 지역'이 될수록 살만한 지역이 되는 것이다.

이것마저도 너무 복잡한 지표라면 가장 간단한 지표도 있다. 도카이대학 가와이 다카요시 교수가 2016년 제시한 mGAP(修正地域参画総量指標, 수정지역 참가 총량 지표)는 지역성과를 ① 추천 ② 참여 ③ 감사의 세 가지 의욕으로만 평가한

다.[158]

즉, 다른 지역 사람에게 우리 지역을 추천할 만한가(추천), 우리 지역에서 뭘 추진하면 참여할 의사가 있는가(참여), 우리 지역의 정책이나 사업에 고마운 부분이 있는가(감사)만 제대로 측정해도 부족한 부문의 지표를 높이기 위한 활동을 할 수 있고 더 나은 지역이 될 수 있을 것이라는 논리다.

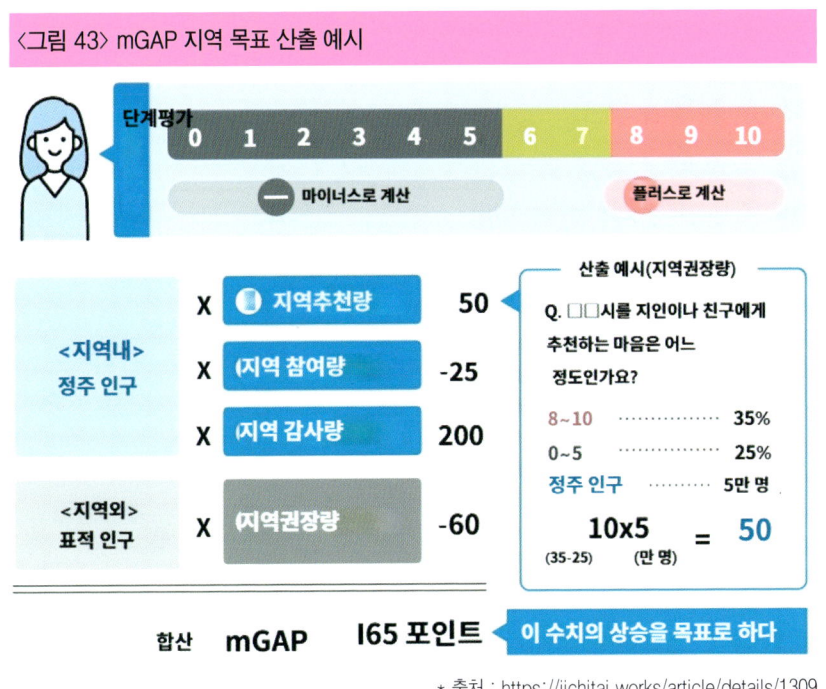

〈그림 43〉 mGAP 지역 목표 산출 예시

* 출처 : https://jichitai.works/article/details/1309

---

[158] 가와이 다카요시(2016)

사례 46 이어주는 와이드 시모키타(つながるわいどしもきた, 아오모리현 시모키타지구)

　시모키타 지역의 5개 작은 지자체들이 연합하여 운영하는 프로젝트 '이어주는 와이드 시모키타'[159]는 '당신에게도 고향'이라는 모토로 활동한다. 5개 연합 지자체 중의 한 곳은 '일본에서 제일 작고 귀여운 어촌'을 표방하기도 한다. 지자체 주도의 활동이고 마을 만들기 연장선상에서 동원성 행사를 진행하는 편이다.
　워크숍과 교류회 등을 통해 지역 서포터 모집 및 지역 만들기 활동을 주로 전개한다. 아름다운 마을 만들기가 대표적인 프로젝트로서 조개나 해변 쓰레기인 바다 유리(sea glass)로 디자이너가 제시한 마을 로고를 모자이크 아트로 만드는 이벤트를 총 3일간 진행했다.

■ **아름다운 마을 만들기 프로젝트**(아오모리현 시모키타지구)

* 출처 : https://shimokita-kankei.info

---

159) https://shimokita-kankei.info

사례 47   179 relations(홋카이도 삿포로시)

'179 relations'[160]는 '도내 179개 기초지자체 연결'을 목표로 내각부 지원금으로 운영된다. 운영주체는 NPO법인 에조락(ezorock)[161]으로서 'ROCK THE LIFE, ROCK THE FUTURE' 즉 '사회를 흔드는 활동'이라는 슬로건으로 활동한다.

2001년 임의단체에서 출발하여 2013년 법인을 설립했다. 2000년에 개최된 RISING SUN ROCK FESTIVAL의 환경 대책 활동을 계기로 임의단체를 결성했다. 홍보팀, 교류팀, 연수팀으로 구분하여 운영하고 참여하는 활동가들을 '에조락커'라고 표현한다.

회원은 6개 단체 226명(2021년) 규모이며 기부금과 보조금으로 도내 각지에서 주로 환경보호활동을 한다. 지역축제 줄이기 이벤트에는 10일간 6개 이벤트에 338명이 참여했다.

공유자전거 수리교실 개최 등 자전거 관련 활동, 숙박 체류 사업(70일간 139명 참여), 마을 교과서 발간, 자연체험활동, 사슴 문제 관련 활동(홋카이도에서는 사슴이나 곰이 자연환경 문제와 직접적으로 관련 있는 중요한 동물), 목재 활용 관련 활동, 어린이와 하는 활동 등을 하며 초중고 수업에서도 활동한다. 에조고향(고향은 '밥'을 의미함)이라는 제목으로 매주 금요일 6시에 사무실에서 함께 식사하는 프로그램도 있다.

'179 relations'는 홋카이도 내 지역에 가서 활동하는 관계인구 만들기 프로젝트로서 2018년 제정된 「휴면예금 등 활용법」에 의해 휴면예금으로 사회활동을 하는 단체를 지원한다. 전국에서 700개 이상의 사업을 전개했는데 179 활동도 이 기금으로 운영된다.

179 활동은 홋카이도에서 이 사업의 지원금을 받은 최초 사업이다. ○○(지역 이름) relations 라는 이름으로 지역 관련 커뮤니티를 구축하고 장기 체류 프로그램을 운영한다. 지역 알기 학습회를 통해 지역조사보고서를 발표하고, 지역에서 작은 팀 활동을 전개하고, 활동보고를 지역일기로 작성한다. 이 외에도 한 달에 한 번 숲 만들기,

---

160) https://179relations.net
161) https://www.ezorock.org

자연보호활동, 온라인 이벤트(167일 활동기간동안 702명 참여)를 전개했으며 웹매거진 기사를 연간 50개 게시하여 평균 5만 뷰의 호응을 이끌어내고 있다. 2020년부터 3년간 활동하여 13개 지역에서 2,254명이 참여했다.

사례 48 다카하마 내일 연구소(高濱明日研究所, 후쿠이현 다카하마)

'다카하마 내일연구소'는 '내일(tomorrow)이 있었으면 좋겠네'라는 슬로건으로 효고현이나 교토부 등의 청년들로부터 영감을 받으며 다카하마(인구 1만 명)의 '내일'을 창조하고자 하는 프로젝트다.[162] 줄여서 'ASKEN'이라고도 부른다(내일을 뜻하는 '아시타(Ashita)'의 'AS'와 연구소를 뜻하는 '켕큐쇼(Kenkyusho)'의 'KEN'의 합성어).

무더운 여름날 돌담 앞에서 일상 대화를 하는 편안한 취지에서, 작은 시간단위인 '내일'을 같이 기획해보자는 취지다. 물리적 거점 다카하마 내일 연구소는 간사이대학 건축학과 학생들이 해변에 집을 설계하는 식으로 진행했다. 프로젝트는 2019년에 종료됐지만, 진행과정에서 자극 받은 지역 플레이어들이 2020년에 모여 설립했다.

다카하마정 지역부흥협력대원 출신의 구성원들이 만든 곳으로서 교토에서 주 3회의 두 거점 생활을 하는 멤버 등 지역과의 관여를 원하는 멤버로 구성되었다. 외부인들을 반기고, 외부인들에게 '다카하마'의 일상을 창조하는 거점으로 삼고자 한다. 다카하마에는 지역주민과 외부인이 교류하는 장소가 없었기에, 이를 개선하기 위한 취지를 부여한 것이다.

공간은 야키니쿠음식점 건물을 개조한 것이며 '아이들의 내일 연구소'라는 파생 프로그램도 진행한다(아이들이 상품을 제안하여 판매). 누구나 자유롭게 멤버로 들락날락 할 수 있다. SNS에 문제의식을 올리고 같이 해결하는 방식으로 운영하며 캠핑 이벤트를 통해 모은 수익금을 지역 발전을 위해 활용하기도 했다.

---

162) https://sotokoto-online.jp/work/12681

사례 49 유이노와(Yuinowa, 이바라키현 유키시)

이바라키현 유키시는 1990년대~2010년대까지 인구 5만 3천 명대를 유지하였으나, 이후 인구 5만 명 선이 무너졌다. 유키시의 '유이노와'[163]는 '일하다, 긴장을 풀다, 배우다, 참여하다'라는 슬로건으로 일하다에 코워킹 스페이스를, 긴장을 풀다를 위해 카페를, 배우다를 위해 학교를, 참여하다를 위해 이벤트 공간을 마련했다.

유키시 TMO(Town Management Organization) ㈜TMO結城은 「중심 시가지 활성화법」에 따라 '활성화 마을 만들기'를 시민, 상업, 행정과 연계하여 기획하고 조정한다. 유키시, 유키 상공 회의소, 하쿠오 대학, ㈜야후 재팬 등의 협업이 활발한 것이 특징이다.

물리적 거점 Coworking & cafe Yuinowa는 90년 이상 된 낡은 가게를 개조하여 만든 개방적 공간이다. 서로 다른 사람들의 생각을 잇고, 지역에 필요한 일과 커뮤니티를 넓히는 것이 목적이다. 지역 생활에 관심이 있는 사람, 지역의 일을 원하는 사람을 위한 견학 및 상담을 진행하며 견학과 상담 외에도, 유키시 성곽 등 마을 전통을 살린 거리를 살펴보는 프로그램도 운영한다. 2019년 도쿄와 유키시의 업무 스타일을 잇고 주체 간 협업을 위한 세미나를 개최하여 큰 인기를 끌었다.

지원 플랫폼 유이프로젝트는 2010년에 설립된 운영협력단체 및 자원 봉사자 그룹으로, 유키시를 배경으로 인연을 잇는 활동을 기획하는데 특히 지역 자원을 활용한 축제나 상품 개발에 주력한다.

활동가들은 연령과 입지를 초월하여 활동하고 그 결과 이바라키현 상가 활성화 경쟁사업 우수 플랜 수상(2011년), 간토 상공회의소 연합회 베스트 액션 수상(2012년), 이바라키현 상과 활성화 공모사업 최우수플랜 수상(2013년), 이바라키 디자인 셀렉션 2014 지사 인정 수상(2014년), 전국상공회의소 관광진흥대상 진흥상 수상(2016년), Coworking & Cafe Yuinowa 이바라키 디자인 셀렉션 2018 선정(2018년), '유이노렌(結い暖簾)' 이바라키 디자인 셀렉션 2019 시리즈 선정(2019년) 등 많은 좋은 성과를 냈다.

그 외에 배우는 LAB(むすぶしごとLAB), 농촌 지역에서 일자리 창출 방법을 연구하는

---

[163] https://yuinowa.jp/about

LAB 등에서 '관리 및 인재 개발', '경영 및 재무' 등의 강좌를 운영한다. 요이노와 유키 상공회의소의 건물을 빌려서 운영하는데 지역사회활동에 관심이 있다면 누구나 참여 가능하다.

사례 50 슬로 네이버후드(Slow Neighborhood, 도쿄)

도쿄 신주쿠에 거점이 있는 '슬로 네이버후드'는 '지역을 연결하여 이웃을 만드는 프로젝트'를 추진한다.[164] 주로 도쿄 거주자 중심의 지역 교류 프로그램을 운영하며 공기업인 JR동일본 동경감동선(東日本 東京感動線)과 합동회사 MEND, 합동회사 CICLO 등 민간회사를 포함한 3개사가 운영한다. 서울시 넥스트로컬사업, 경북도 도시청년시골파견제와 유사하지만 자부담 비용이 많은 편이다.

'U22 Local Action Program'은 수도권 거주 22세 이하 학생의 지역활동 지원 프로그램으로서 식비, 생활비, 교통비를 자부담하면서 지역에서 활동하는 학생 프로그램이다. 2023년에는 니가타현 사도시, 후쿠시마현 다테시, 시즈오카현 후지에다시에서 시행했다.

합동 오리엔테이션(도쿄), 개별 면담(도쿄 또는 온라인), 필드 워크(각 지역에서 2개월), 새안, 판매, 홍보 활동 등(도쿄에서 3개월). 연말 성과보고회(도쿄) 순으로 진행한다. 실용적인 경험을 제공하는 것을 강조하며 실제로 지역 사업자들이 지원하여 온라인 정보만으로는 알 수 없는 지역 비즈니스 구조와 방법을 학습하는 방식으로 진행했다. 횡적으로는 학생 간 교류이지만 종적으로는 지역 사업자나 지원기업과 교류하는 다차원의 연결을 강조한다. 프로그램 참가 후에도 기존 지역 프로젝트(혹은 사업)와 매칭, 상품·서비스 개발에 필요한 자원 및 장소 제공, 판로 개척 지원 등을 하며 지속성을 유지한다.

사례 ① '술 만들기를 통해 지역 순환을 배운다'(니가타현 사도시)[165] (협력 : 사도관광교류기구/오바타 주조) : 사도섬의 폐교를 양조장으로 개조한 '학교 창고'에서 일본술을 만

---

164) https://www.slowneighborhood.com

165) https://note.com/slowneighborhood/m/m35e04adcd36d

들어 판매하고 프로모션했다. 지역의 자연·문화·산업의 연결로부터 지역의 환경 순환을 학습하고 지역의 본질적인 가치나 현안을 알고 그것을 바탕으로 지역의 가치를 끌어내는 사업 방법을 학습했다. 6일 정도의 필드 워크를 통해 일본술 판매 방법을 기획했으며 프로그램 참가를 통한 성과보고회도 개최했다.

　사례 ② '감으로 다음 100년을 만든다'(후쿠시마현 다테시)[166] : 감 발상지 다테시 고토자와 지구에서 안전하고 맛있는 농작물을 소비자에게 전달하려고 노력하는 생산자와 협업한 프로그램이다. 감 신상품 및 판매 방법 개발, 프로모션 활동을 했다. 필드워크, 도쿄에서 일반 참가 이벤트나 체험 프로그램 기획과 운영, 감 신상품 및 판매 방법 개발 등을 주민들과 함께했다.

　사례 ③ '지역 브랜딩을 배운다'(시즈오카현 후지에다시) : 생산자 수가 9명뿐인 지역에서 지역 명인으로부터 녹차 사업과 지역 브랜딩에 대해 학습했다. 필드 워크, 일반 참가 이벤트나 체험 프로그램의 기획과 운영, 해외 수출을 목적으로 신상품 및 판매 방법의 개발/사업 계획 만들기 등을 했다.

---

166) https://note.com/slowneighborhood/m/mef6d561edffc

제**4**장

쟁점

"먼 곳에서 온 친구에게 잘 왔다며 돈을 건네는 순간, 발길이 끊기거나, 돈 떨어지면 인연도 끊기는 상황이 발생하게 될 것이다."

(야마자키 슈고. 2021: 19)

01
억지 관계는 불편

관계인구의 의미와 15개 관계 형성 프로젝트, 50개 구체적인 사례 등을 소개했지만 현실은 그렇게 순조롭게 진행되지 않는다. 오히려 관계 형성을 저해하는 정책과 사업이 훨씬 더 많다. 인간이 아무리 사회적 동물이라고 해도, 사람의 일은 모두 사회 내에서 발생하므로 사회적으로 해결하는 것이 바람직하다 해도 기본적으로 관계 형성은 매우 어렵다.

관계인구에 관련된 쟁점은 여러 가지가 있지만 가장 안타까운 점은 "우리 지역이 너무 좋으니 우리 지역으로 이주해 주세요", "어서 빨리 우리 지역의 관계인구가 되어 주세요" 혹은 "우리 지역의 상황이 안 좋으니 도와주세요"라는 식의 일방적인 호소다.

사정은 안 됐지만 서로 살기 힘든 상황, 바로 옆집으로 이사하는 것만도 결정하기 힘든 상황에서 그런 요구를 받는다면 대략 난감할 것이다. 물론 자기 결정권이 줄어드는 도시, 개인이 도구화되는 도시에서 벗어나 조금이라도 자기 결정권을 강화하고 조금이라고 주체적으로 생활할 기회를 모색하며 인생 이모작, N차 인생을 결정하며 이주할 수도 있지만 그보다는 좀 더 시간을 두고 서로 알아가며 천천히 스며들 듯이 우선 이동의 흐름을 막힘 없이 자연스럽게 형성하는 느낌으로 움직이는 것이 더 자연스럽지 않을까.

지자체마다 경쟁적으로 앞다퉈 '○○○○년까지 관계인구 ○○만 명 목표 달성' 등을 발표하지만 이런 식의 목표 제시는 누가, 왜, 어떻게 그런 일을 해야 하는가에 대한 설명 없이 뭐라도 해서 목표를 달성해야 한다는 20세기식 구시대의 관점이다. 그렇게 관계인구를 늘려서 어떤 일을 새롭게 도모할 것인가라는 설명 없이 일단 호기 어리게 선언만 하는 것이다.

'이 지역에 몇 명이 살면 적절하다고 생각하십니까'하고 물었을 때 제대로 답하지 못하는 지역이 대부분이다. 주민세를 많이 받으면 좋고, 관광객도 많으면 좋고, 이동인구도 왕창 오면 좋겠지만 이 모든 것이 결국은 너무 일방적인 관점 아닌가. 성급히 머릿수와 이주에 집착해봐야 답은 나오지 않을 것이고 뭔가 일방적이고 추상적으로 요구해봐야 서로 관계만 불편해질 뿐이다.

02
맹목적 관계는 부당

지자체가 양적인 성과와 이주자 창출에 주력하는 데에는 중앙정부의 지원사업도 큰 영향을 미친다. 제2장의 〈표 2〉와 〈그림 2〉에서 한국과 일본 정부의 관계인구 만들기 사업, 지역지원사업을 소개했다. '죽어가는 지방을 살리자'는 선의로 그동안 많은 정부 사업이 진행되었고(물론 그 이전에도 많이 진행되었고), 지금도 진행되고 있다.

대부분 정권 단위로 진행되는 사업이기 때문에 길어도 3년 내에는 가시적인 성과를 내고 지원금이라는 세금을 낭비하지 않았다는 것을 매우 꼼꼼하고 엄격하게 증명해야 한다. 모두가 지방의 일에 깊은 이해와 관심이 있는 것은 아니므로 다수를 쉽게 이해시킬 수 있는 방법은 숫자로 증명하는 것이다. 그러다 보니 머릿수 산출이 가장 효과적인 성과 증명 자료가 된다.

숫자가 클수록 많은 일을 제대로 한 것처럼 평가되고, 정부 지원금은 많이 받을수록 다다익선이니 모든 사업이 점점 속도가 빨라진다. 앞뒤 따질 시간 없이 일단 정부가 제시한 목표를 잘 읽어보고 그럴듯하게 성과를 포장하면 사업은 대성공이라고 쉽게 결론 짓는다.

관계인구사업 역시 이런 방식으로 진행된다. 우리 지역에 사람을 끌어들이면 다른 지역은 상대적으로 사람이 줄어들 수 있다는 제로섬 게임식 사업 진행의 폐단을 지적할 여유도 없이 다른 지역보다 나은 성과를 달성하기 위해 혹은 지자체 단체장의 성과를 위해 맹목적으로 경쟁하게끔 정부사업이 디자인되어 있는 경우가 많다.

그 과정에서 지역과 제대로 관계 맺고 싶은 의지를 살릴 수 있는 여지는 좀처럼 발견하기 어렵다. 2024년 6월 일본 정부는 지난 10년간 진행한 지방창생사업의 성과가 미흡했다고 평가하기도 했다.[167]

일본의 지역재생정책에 대해 급진적 평가를 하는 기노시타 히토시는 그의 저서에서 '돈 받고 지역에 온 사람은 돈 떨어지면 지역을 떠난다'며 비판했다.[168] 지원금 사업에 대한 극단적인 비판이다.

국가의 지원이 늘어난다는 것이 좋은 면도 있지만 자칫 잘못하면 상하관계 구조를 더 공고히 할 수도 있다. 특히 행정 체계가 준비되어 있지 않은데 지원만 확대한다는 것은 의존성을 심화시키거나 또 다른 관제행정의 폐단 반복을 야기할 수도 있다.

어쩌면 지원금은 입금된 날만 행복한, 그래서 시행과정 내내 무거운 부담이 되는 돈이다. 지원금은 아껴서 잘 쓰고 돈을 남기면 칭찬 받는 돈이 아니라 무슨 수를 써서든 잔액을 0원으로 남겨서 합리적으로 계획 수행을 잘 했다는 것을 증명해야 하는 돈이다. 공적이든 사적이든 수익을 잘 내는 법을 익혀야 다음 일을 도모할 의지가 생기고 미래도 보일텐데 세금으로 수익을 내는 일

---

167) https://www.caa.go.jp/jp/seisaku/digital_denen/dai16/siryou3-2.pdf
168) 기노시타 히토시(2021)

을 하면 절.대.로. 안된다는 경향도 있다.

정부 지원금은 특히 목적, 수입, 지출, 기간, 계약, 시간, 관리 부문에서 제약이 강한 돈이다.

① 목적의 제약(목적에 맞게만 집행해야 하므로 가변성이 많은 인간사의 복잡한 사정은 되도록 사업 밖으로 밀어내어 결국 재미없는 사업이 된다)[169]

② 수입의 제약(세금으로 수익사업을 진행하면 안 된다)

③ 지출의 제약(항목을 엄격하게 지정한다. 모든 사업 참여인원은 열심히 전력을 다해 일하되 그에 대한 보상, 즉 인건비 비율이 너무 높으면 안 된다)

④ 기간의 제약(그나마 협약은 한 달 내에 어떤 식으로든 이루어지지만 사업비는 차일피일 늦게 혹은 찔끔찔끔 혹은 조건부(성과 증명)로 지급되고, 어쨌든 회계년도 전에 정산되거나 사업이 마무리 되어야 하므로 늦게 받은 돈의 정산은 기한 내에 반드시 이루어져야 한다)

⑤ 계약의 제약(계약 사항 외 합의되지 않은 많은 성과를 요구할 수도 있다)

⑥ 시간의 제약(사업 시행동안 자주 전시행사에 동원될 수 있다. 원만한 관계 유지를 위해, 그리고 그렇게라도 나가서 하면 우리 지역이 홍보될까 해서 참여하지만 그렇다고 기꺼이 자발적으로 참여하는 것은 아니다)

⑦ 관리의 제약(중앙정부나 지자체의 인사구조 때문에 사업 중간에 담당자가 바뀌면 사업이해도 낮을 가능성이 높아서 처음부터 사업의 의미를 설명하고 관계를 새롭게 형성해야 하는 과정이 반복된다)

⑧ 행정통제의 제약(층층시하 게이트키핑(gatekeeping)에 모두가 괴로운 상황이 끊임없이 반복된다. 기초지자체는 광역지자체의 허가를 '득'해야 하고, 광역지자체는 중앙정부의 허가를 '득'해야하고, 중앙정부 실무자는 정부재정 담당자의 이해를

---

[169] 심리학에서는 이를 후원 편향(funding bias)이라고 부른다. 이는 후원하는 곳의 의도에 맞게 연구결과가 나오는 현상을 말한다.

'득'해야 하는 과정이 꼬리에 꼬리를 물고 작동한다. 나름 체계적이라고 볼 수도 있지만 실상은 그렇게 착착 체계적으로 돌아가지 않는다. 이 과정에서 소위 상급 기관(?)의 게이트키퍼들은 해당사업에 대한 충분한 이해가 있어서 어떻게든 사업 성공을 위한 실질적이고 아낌없는 '지원'을 궁리하기 보다는 '낭비'와 '위법'을 막기 위해 '절약'과 '통제'와 '안전'과 '성과'를 쥐어짜며 요구한다. 이럴 때 단계마다 하급 기관(?)의 실무자가 느끼는 자괴감과 모멸감 그리고 피로감은 결국 사업 진행에 큰 마이너스 요인으로 작동한다.

물론 모든 정부사업이 이런 제약을 가한다는 말은 아니다. 또한 이러한 제약들이 사업을 진행하는 특정 부처나 특정 공무원의 잘못 때문에 발생하는 것도 아니다.

그렇다면 왜 이런 제약 많은 복잡한 일들이 발생하는 것일까? 결국 행정에 행정이 더해진 혹은 누군가가 잘 하려고 정교하게 만든 사업 디자인 때문이다. 이런 어처구니 없는 구조 속에서 지역의 현실이 질질 끌려다니는 비극이 발생하고, 아무도 날선 비판으로 척지는 상황을 원치 않기 때문에 좋은 게 좋은 거라는 인내심 가득한 이해 노오력으로 이런 참담한 현실이 심화되고 있다.

제약 하나하나가 연구주제일 정도로 많은 요인이 작동하고 있는 것이 정부 지원금 사업의 실체이고 관계인구 사업 역시 그 안에 포함되어 있다. 관계를 형성하는 프로젝트를 잘 진행하여 더 좋은 지역을 만든다는 희망은 그렇게 절망과 자괴감으로 뒤섞여 '지금 하고 있는 사업이 무슨 사업인가', '왜 하는가'를 돌아볼 겨를 없이 앞만 보고 달리는 경주마식 사업으로 작동하게 된다.

지금도 지역 현장의 어떤 곳에서는 이런 수많은 제약 때문에 정신적·육체적으로 소모되는 일들이 너무 많이 발생하고 있다. 이런 식으로 인위적인 '만들기' 사업을 맹목적으로 전개하기 전에 지역의 행정체제의 행정문화가 판계 형성에 적합하게 형성되어 있는지 다시 살펴볼 필요가 있다.

관계인구 사업의 비전, 목표, 전략, 진행방법을 구체적으로 고민해야 한다. 여전히 왜 지역에 가고, 어떻게 지역에서 살 수 있을까에 대한 답은 명확하지 않은 상태에서, 그리고 많은 자원이 없는 지역들이 정부 지원사업에 의존할 수 밖에 없는 현실에서, 좋은 사업에 대한 의견수렴은 결국 지역사정을 가장 잘 아는 주민으로부터 만들어질 필요가 있다.

지자체장과 지방의회의원은 제도 문제를 잘 알 수는 있지만 현장의 문제를 가장 잘 아는 것은 주민이다. 주민의 풍부한 의견수렴 없이 형식적인 제도 디자인만으로 맹목적인 관계 형성은 절대로 이루어질 수 없다.

03

급행 관계는 불가능

 현재 직면한 사회현안은 ① 출생 감소 → ② 고령 심화 → ③ 지역 활력 저하 → ④ 경기 침체 → ⑤ 세수 감소 → ⑥ 복지 압박 → ⑦ 인구 유출의 악순환[170]이라고 한다. ①과 ②의 해결은 장기적이고 어려운 일이지만 ③ 지역활력 저하 단계에 기여할 수 있는 것이 관계인구다. 그러나 다르게 보면 각각의 현상이 결과인지 원인인지도 잘 살펴보아야 한다. 그래야 해법이 명확해진다.

 관계인구 부분만 놓고 보면, 낯선 외지인의 지역 관계형성에 대해 매우 섬세하게 접근할 필요가 있다. 큰 맘 먹고 농사를 지으러 왔다면, 창업하러 왔다면, 지역의 일을 배우고 주민들과 좋은 관계를 형성하고자 한다면 의례 밟아야 할 수순이 있을 텐데 그걸 외지인이 척척 곧바로 해내기는 불가능하다. 즉, 관계인구 형성과정 안에도 나름의 단계가 존재한다.

 그래서 관계 형성 프로젝트라는 완충 장치 혹은 마중물을 통해 그들을 지원하고 안내하는 것이다. 무조건 일방적으로 외지인을 환대하는 것이 아니

---

[170] 한국일보(2021.11.30.).

라 지역살이가 무엇인가에 대해 알리고 대화하고 의논한다. 지역명도 모르고 그 지역이 어디에 있는지도 모르고 방문할 수도 있는 현실에서 이런 안내와 조정 역할은 필수적이다.

대부분 정부가 제시하는 계획은 3년 정도의 기간을 상정한다. 10년 이상의 계획도 있지만 현실적으로는 현정부에서 일정 정도 성과가 나올 수 있도록 3년 단위의 계획을 선호하는 편이다(물론 현장의 시계는 훨씬 빠르게 돌아간다. 1년짜리 사업이 많은 편이고, 더 자세히 들어가면 단 몇 개월 내 어떤 식으로든 성과가 나와야 한다).

관계인구 머릿수만 늘리려는 것이 아니라 서로의 이해와 필요를 바탕으로 관계의 심화가 이루어져야 한다는 사실을 좀 더 깊게 고민해야 좋은 관계가 형성되어 관계인구의 삶의 질이나 지역 활성화에 도움이 될 수 있다.

안도 신고 등은 총무성이 정기적으로 실시한 3년간의 관계인구 의식조사 결과를 분석하여 관계인구 활성화가 이루어지지 않는 저해 요인 11개를 제시했다. 11개의 저해요인은 ① 시간적 부담, ② 체력적 부담, ③ 이동·체류 비용 부담, ④ 지역활동비 확보 부담, ⑤ 소속 조직에 이해를 요청하는 것에 대한 부담, ⑥ 가족과 (친구 등 지역으로 가는) 동행자에게 이해 요청의 부담, ⑦ 가치관이 맞는 동료가 없음, ⑧ 장점을 느끼지 못함, ⑨ 지역활동에 무관심, ⑩ 누가 있는지 모름, ⑪ 지역 관여 방법을 모름 등인데, 어떤 좋은 의미를 제시해도 관계인구가 되기 어려운 '현실'이 존재하는 것이다.[171]

이런 문제들이 존재하는 한 결코 단시간내 관계인구를 확보하기 어렵다. 정리하면, ① 시간·체력·제반 비용 부담(경제적 부담), ② 직장·가족·동반자에 대한 이해 요청 부담(심리적 부담), ③ 지역활동에 대한 무관심과 이익을 못 느

[171) 안도 신고 외(2022a : 207~208)

낌, 지역에 대한 무관심과 참여방법에 대한 정보 부족(방식 부족) 등이 여전히 부족한 것이다.

또한, 2018년부터 진행된 일본의 관계인구 논의는 정책사업 확대 이면에서 이주 외의 질적인 의미 부여가 필요하고, 단계별 관계인구 유형에 국한되지 않는 다양한 경로를 형성해야 하며, 관계의 범위에 대한 고려가 필요하다는 것을 강조하고 있다. 결코 단기간에 이루어질 수 있는 것들이 아니다.

04
준비 없는 관계는 허상

관계인구를 성급히 확보하기 전에 좀 더 많은 준비가 필요하다. 안나 카레리나 법칙을 국가의 성패에 적용한 유발 하라리는 '실패한 국가 유형은 다양할지 몰라도, 성공적인 국가의 패러다임은 하나'라고 말했다. 실패한 국가에는 성공 요인 중에 이런저런 구성요소가 빠져있기 때문이라는 것이다. 이런 해석은 개인의 삶, 국가에도 적용할 수 있는 법칙일 뿐만 아니라 지역재생에도 적용할 수 있다.

비수도권 지역은 수도권이 일상적으로 누리는 혜택에서 너무 멀리 있다. 낙수효과[172]라도 있으면 차라리 나을 것 같은 이러한 비참한 상황에 대해 그것이 '현실'이라고 부르는 것조차 사치스러울 정도다.

자연적 인구 감소는 국가통계로 얼마든지 분석할 수 있지만 사회적 인구 감소는 그야말로 떠나는 사람 모두에게 물어보아도 정확한 데이터를 축적하기 어려운 질적인 요소가 강하다.[173] 떠나는 이유를 정확히 모르는데 감소 문

---

172) 토플러는 이를 낙수효과주의(trickledownism)라고 부른다
173) 기노시타 히토시(2021 : 69~74)

제를 해결하겠다며 인구 유입을 답이라고 대응하는 것은 제한적일 수밖에 없다.

예를 들어, 떠나는 사람들이 지역의 인프라·교육 조건·문화 환경이 부족해서 떠난 것이라면 지역으로의 성급한 인구 유입 유도보다는 지역의 주거·문화·교통·보육·교육 등의 조건 개선 방안을 고민하면서 인구 증가를 모색하는 것이 순서다. 그러나 이런 분석 없이 단번에 지역 인구를 늘려야 한다고 진단한다면 그건 본질적인 문제에 대한 회피 혹은 근본적 문제를 해결하지 않으려는 적당한 대증요법(symptomatic therapy)이라는 비판을 면하기 어렵다.

데이터 자체가 마련되어 있지 않고, 데이터 수집도 어려우니 문제에 대한 정확한 진단이 제시될 리 만무하다. 이런 상황에서 지역 현실을 제대로 진단하기 위해서는 가설 검증 연구나 문제해결을 위한 연구보다는 탐색적 연구(exploratory research)가 더 축적될 필요가 있다. 탐색적 연구는 역사적 맥락·제도적 조건·사회경제적 조건을 전제로 내외부의 판단과 평가를 검토하며 이를 위해 문헌연구와 함께 현장 인터뷰 등의 자체 정보를 생산한다.

또한 지역에는 좋은 교류와 주거 가능한 공간이 없고, 기업은 절대로 부업을 허용하지 않는 등 인프라, 제도 개선 준비가 없는 상태에서는 그 흔한 워케이션 조차 잘 안될 것이라는건 누구나 다 아는 사실이다.

05
관계 만병통치론은 필패

관계인구는 만병통치약이 아니거니와 지역 위기, 그중에 인구 감소 위기에 작은 숨구멍을 만들 수 있는 하나의 가능성 있는 차선책일 뿐이다. 망부석처럼 사랑하는 님을 일방적으로 기다리는 방식이라기보다는 지역살이에 공감하고 지역문제에서 자기 역할을 찾고 싶은 동료를 충분한 시간을 두고 만드는 어려운 방법이다. 사람이나 지역 모두 갑자기 친해지는 일은 있을 수 있지만 친한 관계를 유지하는 것은 매우 어려운 일이다.

지역살이에 대한 자존감 약화, 지역으로 이주한 사람에 대한 폄하 혹은 배타심, 끊임없이 이어지는 중앙정부의 지원과 그에 따른 물리적·심리적 압박, 지자체의 재정 악화 등 지역은 자연적 인구감소 뿐만 아니라 많은 문제에 직면해 있다.

이 상황에서 사회적 관계 증가를 목적으로 하는 관계인구 형성의 필요성을 찾을 수 있다. 지금 지역이 직면한 모든 문제에 대한 만병통치약은 아니지만 주민뿐만 아니라 지역 우호적인 다양한 관계 형성을 통해 지역 활력을 도모해 볼 수 있다.

관계인구는 인구 증가를 도모하면서 사실상 제로섬 게임을 해온 정책에도 새로운 돌파구를 제시한다. 즉, 우리 지역의 인구를 늘리기 위해 다른 지역의 이주를 독려하는 것은 인구의 총합이 정해져 있는 상태에서는 제로섬 게임이나 마찬가지이기 때문이다. 한편으로는 인구감소시대에 이미 들어섰기 때문에 타지역에서의 인구 유입을 독려하는 정책은 사실상 제로섬 게임보다 더한 마이너스 게임일 수 있다. 소모전인 것이다.

새로운 인구 개념으로 등장한 관계인구는 기존의 정주인구(주민) 중심의 지역 활동 구조에 새로운 영향력을 미칠 수 있는 주체로 소개되고 있다. '관광 이상 이주 미만'으로 정의되는 관계인구는 주민 외의 모든 외지인을 의미한다.

'관계'라는 말의 다차원성 때문에 매우 다양한 관계인구들이 존재할 수 있다. 그러나 관계인구는 억지로 단기간에 형성할 수 있는 외부의 인적 자원이 아니다. 관계인구를 외지인이라고 본다면 그 관계인구도 어딘가의 주민일 수 있기 때문에 관계인구란 결국 '서로 다른 지역의 주민과 주민 간의 사회적 관계를 형성하는 인구'라고 볼 수 있다.

제5장

결론

“농촌사회에서 새로운 이주민의 지역동화 문제는 종종 몇 가지 시나리오로 나타난다. 이방인이 지역에 한두 달 머문다면 그건 관광객이다. 만약 겨울을 보낸다면 마을 사람들은 그를 관찰하고 더 머물기를 바란다. 2년 가까이 머물면 마을 사람들은 그에게 말을 건넨다. 5년이 지나면 그의 말과 행동에 일관성이 있는지 검증하려고 한다. 만약 계속 그가 남아 있으려고 한다면 그가 너무 야망이 없는 건 아닌지 의아해한다.”

(Béatrice Barras. 2014: 64-65)

01
공간보다 '사람'

오랜 시간 우리는 하드웨어와 소프트웨어의 구분으로 지역재생을 추진해 왔다. 화려하고 웅장한 건물이 지역의 자랑이라고 여겨지던 때도 있었고, 대기업 공장이 폼 나게 지어지면 지역 경제가 활황이어서 좋았다는 기억도 있다.

그러나 지금은 그런 양분법이 아니라 하드웨어든 소프트웨어든 오늘 당장 내게, 그리고 우리 지역에 쓸모 없으면 필요 없다고 냉정하게 평가해야 하는 시기다. 공연히 지어놓고 화려한 의전으로 개소식을 하여도 그다음 날부터 아무도 찾지 않아 개점휴업할 것 같은 공간은 단호히 거부해야 한다. 아까운 세금을 화려하게 낭비하는 것일 뿐이므로.

그리고 공간만큼 중요한 '사람', '생활', '일상의 가치'에 집중해야 한다. 왜 많은 관계 형성 프로젝트가 빈집의 재생, 고택의 리모델링에 집중할까. 레트로가 유행이라 그럴까? 전혀 그렇지 않다. 굳이 새로 짓지 않아도 있는 공간 자원만으로도 충분히 높은 가치를 담아낼 수 있기 때문이고 그 과정에서 세금 낭비도 막을 수 있기 때문이다.

그런 차원에서 이 책은 공간을 새롭게 재창조할 몇 가지 인구층을 강조한다.

첫째, 활동인구. 특정 지역에 살고 있는 주민 모두 그 지역에 관심 있는 것은 아니다. 그런데 지역에서 관계를 형성하며 새로운 일을 도모하려면 주민이 나서줘야 한다. 특정한 정치적 가치, 경제적 이해관계, 행정 목적성 같은 부담스러운 미션 때문에 움직이는 단체나 기관이 아니라 오롯이 '같이 좀 잘 살자', '재미있게 행복하게 살면서 보람을 느껴보자'하는 정도의 취지에 공감하며 '자발적으로' 움직이는 주민이 필요하다. 그들이 바로 활동인구다.

관계인구는 지자체나 특정 조직이 만드는 것이 아니다. 관계인구를 늘리기 위해 노력할 필요도 없다. '중요한 것은 인구가 아니라 관계'이기 때문이다. 새로운 관계로 새로운 일을 도모하고 새로운 가능성을 만드는 것이 그나마 지금 이 상태에서 도모할 수 있는 최선책이다. 또한 무엇을 하든 주민 스스로 움직이지 않으면 그 어떤 것도 오래 갈 수 없다.

둘째, 교류인구. 이제까지 관광, 출장(혹은 거주지 외 근무), 진학, 입대 등으로 타지역을 방문하는 사람들을 교류인구라고 분류했다. 가장 보편적인 이동 행태이며 앞으로도 지속될 이동인구다.

관광이 너무 많아져 오버 투어리즘(over tourism)이 문제가 되고, 모든 교류인구가 한 번 혹은 한때 방문인구일 뿐 떠나면 그만이라는 평가가 있을 수도 있지만 단 한 번이라도 특정 지역에 대해 좋은 기억을 갖는 것이 중요하다는 것을 유념할 필요가 있다. 그런 의미에서 교류인구는 잠재적인 관계인구, 예비 관계인구다.

셋째, 관계인구. 이 책에서는 자원 발굴, 생활 공감, 상품 생산, 사람 연결 프로젝트를 통해 지역에서 새로운 관계를 형성하려는 프로젝트와 그 진행방식의 특징을 소개했다. 일본에서 지난 15년 동안 논의된 관계인구 개념시를 보면, 기부, 구매, 자원봉사, 잦은 방문 및 체류, 두 지역 거주, 출향민, 온라인 관계인구들이 형성될 가능성이 높다는 것도 소개했다.

스스로 자긍심을 갖고 생활하기도 버거운 지역살이에서 서로 좋은 관계를 형성하면서 행복을 지향하며 움직이는 사람들이 많아진다면 좋을 것이라는 가설을 소개한 것이다. 너무 낭만적인 주장인가?

물론 전적으로 이것이 최선의 답이라고 주장하는 것은 아니다. 모든 것은 누군가의 선택이다. 그런 의미에서 관계인구와 관계 형성 프로젝트는 수많은 선택지 중의 하나일 뿐이다.

02
자원보다 '실익'

　지역 자원은 아직 긁지 않은 복권처럼 묻혀 있고 그걸 잘 발굴하여 가공하지 못하는 한 없는 자원이나 마찬가지인 상태다. 즉 자원 발굴만을 목표로 하는 것보다는 자원을 잘 활용하여 발굴한 사람이나 지역에 유익하게 '실익'을 만들어낼 것인가에 주력해야 한다. 지역의 부를 늘리기 위해 개인의 활동을 소모할 수 없다는 것은 너무나 당연한 사실이다.
　이러한 실익을 만들려면 활동인구, 교류인구, 관계인구의 삼각 편대가 잘 형성되어야 한다. 그러나 이러한 구성을 잘 이끌고 서로 간의 기획을 지원해줄 중간지원조직이 필요하다. 지역의 실질적인 이익을 만들기 위해 기획, 지원, 자체평가를 체계적으로 추진할 조직이 필요하다는 의미다.
　중간지원조직의 개념에 대해서는 지역 내 대학, 기관 등 정부나 기업 형태가 아닌 제3섹터 부분으로 폭넓게 정의할 수도 있지만 지역재생 현장에서 중간지원조직은 소위 '위탁기관'으로 활동하는 경우가 다반사다. 이들이 중앙정부와 지자체, 지자체와 주민 사이의 '중간'에서 역동적인 지원 역할을 하며 제역할을 한다면 굳이 이 부분에서 지역 실익을 위한 새로운 조직의 역할에 대해 강조할 필요가 없을 것이다.

또한 실익을 축적하려면 다양한 커뮤니티의 수요와 공급이 지역순환경제와 문화를 구성해야 한다. 임경수는 이를 '커뮤니티 비즈니스'라고 부른다. 커뮤니티 비즈니스는 지역 문제 해결을 위해 지역주민이 공동체 방식으로 지속가능한 사업을 통해 그 문제를 해결하는 것을 말한다. 농촌에 필요한 것을 농민의 겸업으로 만들어 농촌 사람의 지출을 줄인다면, 농사를 짓지 않는 농촌 사람이 농촌에 필요한 일을 하여 농민의 지출을 줄일 수 있다면, 농촌 경제가 조금은 나아지고 지역경제에서 순환 효과가 나타난다는 의미다.[174]

서로의 '실익'은 금전적 성과로만 나타나는 것이 아니다. 보람, 만족, 애착, 효능감 같은 심리적 이익도 있고, 동료애, 외로움 해소, 커뮤니티 형성과 같은 공동체 차원의 이익도 있다. 새롭게 진행되는 프로젝트 과정에서 자원이라는 요소는 심리적·물적·인적으로 만들어질 수 있는데 아무것도 없다고 느끼는 지역에서는 이러한 모든 요인을 소중히 하며 실익을 축적하는 것이 중요하다.

---

[174] 임경수(2024.09.25)

03
인구보다 '관계'

관계라는 말은 추상적이고 광범위하기 때문에 사람 따라 다르게 받아들일 수 있다. 어떤 현상에 왜 일어났는가(원인)를 중심으로 보면 이유가 결과가 되는 인과관계, 무엇이 원인이고 무엇이 결과인지는 분명하지 않지만 두 현상이 연결되는 상관관계로 구분할 수 있다.

참고로 '관계'를 키워드로 국내의 보도자료를 검색해 보면 관계자, 관계기관, 관계부처라는 말이 가장 많이 나온다.

〈표 19〉 '관계'에 대한 상식적인 용어 사용 사례

기준	용어
주체	개인적 관계, 조직 관계, 기관 관계
원인	인과관계, 상관관계
방식	평면적 관계, 다면적 관계
주도력	주체적 관계, 종속적 관계
속성	우호적 관계, 적대적 관계
영향력	긍정적 관계, 부정적 관계
분야	정치적 관계(외교, 안보, 권력), 경제적 관계(자본, 돈), 사회적 관계(교류, 실천, 참여)

이렇듯 관계라는 말은 때로는 연결이라는 말과 등가관계이기도 하고 너무나 추상적인 말로 여겨지기도 한다. 따라서 관계를 구체적으로 실감할 수 있는 많은 프로젝트의 축적을 통해 구체적인 관계 유형이나 관계 모델이 제시될 필요가 있다. 즉 '머릿수'보다는 구체적인 관계'활동'과 프로젝트가 중요하다.

후기

관계와 연결의 작은 성과 축적이 지역의 힘

▣ AI도 아는 관계인구

챗GPT에 관계인구에 대해 물었더니 이런 결과가 나왔다.

일본의 대표적인 관계안내소 사례와 시사점

▣ 관계안내소란? 도시 거주자들이 지방과 관계 맺을 수 있도록 돕는 공간으로, 지방 이주를 고민하는 사람들에게 정보 제공, 체험 프로그램 운영, 커뮤니티 형성 등을 지원하는 시설입니다.

1. 도쿄 '후루사토 회관'
   - 위치 : 도쿄
   - 운영 주체 : NPO 법인 후루사토 회귀 지원 센터
   - 역할 : 전국 300개 이상의 지방자치단체와 협력하여, 도시 거주자들에게 지방 이주 상담 및 체험 프로그램 제공

     □ 특징
     - 상담 공간 운영 → 각 지자체별 부스를 마련해 1:1 상담 진행

- 지방 체험 프로그램 연계→단기 체험을 통해 농업, 어업 등 다양한 생활을 경험할 기회 제공
- 이주 후 네트워크 형성→정착 후에도 지속적인 교류와 지원 시스템 구축

□ 시사점
- 도시민이 지방과 관계를 맺을 수 있는 거점 공간 역할 수행
- 단순한 정보 제공이 아닌 실제 체험 프로그램을 통해 이주 결정을 돕는 구조
- 민관 협력 모델을 통해 전국적인 네트워크 구축

2. 나가노현 마츠모토 '신슈 리빙랩'
- 위치 : 나가노현 마츠모토시
- 운영 주체 : 마츠모토시 및 지역 기업, NPO
- 역할 : 지방에서의 생활 및 창업을 지원하는 플랫폼 운영

□ 특징
- 창업 및 원격근무 지원→도쿄 등의 대도시에서 원격 근무를 원하는 사람들에게 사무 공간 제공
- 지역 프로젝트 참여 기회 제공→기업과 연계하여 지역 자원을 활용한 스타트업 육성
- 맞춤형 이주 컨설팅→개인의 라이프스타일에 맞는 지방 정착 방안을 제시

□ 시사점
- 지방 이주를 단순한 거주지 이동이 아닌 새로운 경제 활동과 연결
- 이주 희망자가 지역 프로젝트에 직접 참여하며 정착 가능성을 탐색할 수 있도록 지원
- 창업 및 원격근무 지원을 통해 지방에서도 지속 가능한 경제 활동을 할 수 있도록 유도

3. 시마네현 '관계인구 창출 센터'
- 위치 : 시마네현

- 운영 주체 : 시마네현청
- 역할 : 지방 이주뿐만 아니라, 단기 체류 및 정기 방문을 통한 '관계인구' 확대

□ 특징
- 정주가 아닌 '관계맺기' 중심 → 완전 이주가 부담스러운 도시인을 위해 단기 방문 프로그램 운영
- 지역별 맞춤형 프로젝트 → 문화 체험, 농업 체험, 지역 상품 개발 등의 기회 제공
- 지역주민과의 연결 강화 → 지속적인 방문을 통해 지역 사회의 일원이 되는 과정 지원

□ 시사점
- 지방 정착이 아닌 관계 형성을 통해 점진적으로 이주를 유도
- 체험 중심의 프로그램으로 부담 없이 참여할 수 있는 구조
- 지역주민과 방문객 간 지속적인 교류를 통해 지역 활성화 도모

■ 종합적인 시사점
1. 단순한 이주가 아닌 관계 맺기를 중심으로 접근 : 지방 이주에 대한 심리적 부담을 줄이고, 다양한 방식으로 지역과 연결될 수 있도록 유도
2. 체험 중심 프로그램 운영 : 농업·어업 체험, 원격근무 지원, 창업 연계 등 참여형 프로그램을 통해 실질적인 지방 정착 지원
3. 민관 협력 및 지역 맞춤형 운영 : 지방 정부, 기업, NPO 등이 협력하여 개별 지역에 최적화된 이주 지원 모델 개발
4. 장기적인 네트워크 구축 : 이주 후에도 지속적인 교류와 지원이 가능하도록 커뮤니티 기반 마련

이처럼 일본의 관계안내소들은 지방 활성화를 위한 핵심적인 역할을 수행하고 있으며, 한국에서도 이를 참고해 유사한 모델을 적용해볼 수 있습니다.

다른 AI 툴(tool)에서는 물어보지 않았지만 아마 이 정도의 대답은 다 제시

할 것이다. 기계도 몇 초만에 아는 내용인데 현실에서 잘 실행되지 못하는 이유가 뭘까 하는 생각이 든다.

▌ 지역재생학과 지역인구학 관점의 관계인구

이 책은 '사람의 관계 맺음'을 강조한다. 그것이 지역의 새로운 원동력이 될 수 있다고 믿기 때문이다. 단절이 아닌 연결은 매우 어려운 일이지만 그 어려운걸 제대로 해야 조금이라도 지역의 힘이란게 생기고 그걸 토대로 더 나은 가능성을 만들 수 있다. 결국 행정이니 제도니 해도 '사람'으로부터 모든 변화가 시작되어야 한다.

저자들은 인구학자도 아니고 관계나 인구 전문 사회학자도 아닌 정치학자들이다. 정치학에서는 주로 지역을 지방자치단체(행정), 지방분권, 균형발전(제도) 등으로 본다. 인간의 행태 변화를 연구하는 사회과학의 많은 분야들이 지역을 나름의 기준으로 평가하고, 나름의 범위로 재단한다. 그것이 오랜 시간 동안의 전통이었다.

전통은 전통으로 지속될 수 있지만 다른 한편에서는 2010년대 중반부터 지역에 대한 새로운 관점이 형성되며 지금까지 10여 년이 이어지고 있다. 연구팀은 그것을 '지역재생학'이라 부르기로 했다.

지역재생학은 '지역 자원, 지역산업, 지역인구, 지역재정, 지역조직이 구성하는 지역의 총체성을 연구하며, 동시에 이 5개 부문에서 생성되는 새로운 독립변수들의 영향력을 연구하는 학문'이다.

〈그림 44〉 지역재생학의 범위

 이 책에서는 이 틀의 연장선상에서 지역인구학의 일부로서 관계인구라는 소재를 선택하여 삶의 질과 다양성을 촉진하는 지역재생학의 독립변수로서 '관계인구의 연결 능력'을 분석하였다. 관계인구라는 개념의 등장 배경, 지난 15년 동안 일본에서 형성된 관계인구 개념화 및 정책화 과정, 그리고 발굴·공간·생산·연결 프로젝트로 진행된 지역 변화를 50개 일본 사례를 통해 살펴보았다.

 누누이 이야기하지만 일본과 우리나라의 지역(소위 '지방')은 매우 심각하게 어려운 상태다. 사례로 든 지역 프로젝트를 따라 한다고 해서 순식간에 절망이 희망으로 바뀔 수 있는 상태가 아니다. 그리고 사례로 든 지역에서는 여전히 소소하거나 큰 또 다른 프로젝트로 변화가 진행 중이기도 하다.

 진지하게 고민하며 성험을 쌓나 보면 좋은 선택을 할 확률이 높아진다. 이

책은 단말마적인 사례 나열이 아니라 하나의 프로젝트라도, 프로젝트 안에 하나의 프로그램이라도, 프로그램을 관통하는 하나의 명분과 표현이더라도 그것을 만들며 고민하는 사람들의 마음을 읽고 그 마음의 힘을 느끼면 좋겠다는 생각으로 집필했다.

유일의 목표 달성을 위한 일방향적이고 단선적인 강행군이 아니라 지역의 삶은 무엇이며, 이제 우리는 누구와 어떻게 살 것인가를 제대로 고민하면서 인구가 감소하는 축소 사회에 걸맞은 가치를 형성할 필요가 있다.

관계와 연결의 진정한 의미

수많은 연구를 통해 지역의 행복한 삶에 필요한 요소들은 이미 너무나 많이 제시되었다. 지역주민이 살만한 지역으로 느껴야 하고, 자기 이익뿐만 아니라 지역 내외 이익의 필요성에 대해서도 좀 여유를 갖고 같이 사는 방안을 고민해야 하고, 지역 내 특정 토호 세력만 부자가 되는 부익부 빈익빈 구조가 아니라 모두 어느 정도는 살만한 경제 구조가 되어야 하고, 아이나 노인이나 중장년이나 청년이나 하고 싶은 일이 있어야 하고, 정부가 바뀔 때마다 이름만 달리하며 그게 그저 같은 지원금이 구속과 제약 없이 자유롭고 의미 있게 지역에 쓰여야 하고, 빈집이나 유휴공간, 폐공간을 잘 다시 사용하여 공간이 사람 생활의 밑거름이 되어야 하고, 그 연장선상에서 콘크리트 새 건물이나 (외지인의 부동산 투기 대상에 불과한) 아파트는 이제 그만 지어야 하고, 병원, 소방서, 경찰서, 우체국, 학교, 공원 등 사회 인프라의 모든 시설이 걸어갈 만한 거리에 가깝게 있어야 하고, 전체적으로 마을 분위기가 다양성을 용인하고 사람들이 여유가 있어서 웃고 다니는 사람이 많은 풍경이 되어야 한다.

그게 안 되서 수십 년을 여러 사람이 고생하고 있다. 그게 현실이다. 이 책에서 발굴, 공간, 생산, 연결이라는 가치의 중요성을 아무리 강조해 봐야 현실에서 중요한 것은 월급과 집일 뿐이라고 반문할 수도 있다. 맞는 말이다. 서울 출생이 스펙이 되는 사회, 지역명이나 지역 위치도 모르는 다수의 사람이 존재하는 사회에서 관계와 연결을 이야기하는 것은 너무 이상적으로 들릴지도 모른다.

그러나 다른 접근을 하는 사람들이 새로운 프로젝트들을 실천하는 걸 지켜보면서 새삼 다시 관계와 연결의 의미를 생각하다 보면 더 좋은 삶의 질을 경험할 수도 있다는 걸 느낀다. 그런 희망을 갖고 관계와 연결의 의미를 정리하며 책을 마무리하고자 한다.

첫째, 관계는 일방이 아니라 '쌍방'의 문제다. 혼자 하는 행동이 아니다. 그런 차원에서 관계인구 논의는 '지역이 완벽하게 준비하고 손님을 맞아야 한다', '자연적 인구든 사회적 인구든 지역 인구만 늘면 된다', '지원금을 투입해서 공간을 지으면 사람들이 많이 올 것이다'라는 식의 어느 일방만 강조하면 안 된다.

중요한 것은 쌍방의 처지에 대한 섬세한 이해가 먼저 필요하다는 것이다. 부모와 자식의 대화나 소통조차 어려운 현실에서 집 밖에 나가 낯선 사람들끼리 '관계'를 형성하는 것은 매우 어려운 일이라는 인식이 전제되어야 한다.

그럼에도 불구하고 준비된 지역에 강한 관계인구가 만들어질 가능성이 높다. 되는 꼴을 하나라도 축적한 지역이 유리하다. 먹고 살 수 있을 것 같고 뿐만 아니라 재미있을 것 같고, 의미있을 것 같고, 즐거울 것 같고, 나도 뭘 할

게 있을 것 같고, 사람들이 웃는 지역에 사람이 몰리는 것은 당연하다.

둘째, 관계인구보다 중요한 것은 '활동'이다. 즉 누가 몇 명이나 오는가도 중요하지만, 누구와 무엇을 할 것인가가 훨씬 더 중요하다. 관계인구가 아무리 많아도 그들이 새로운 일을 지속적으로 하지 않는다면 그저 낯선 외지인일 뿐이다. 지역에 일방적으로 도움 되는 일을 해야만 한다는 의미가 아니라 그저 머릿수로만 존재하는 인구나 인구 측정은 무의미하다는 것이다.

또한 관계인구 개념과 항상 같이 거론되는 활동인구 차원에서도 '활동'은 중요한 가치다. 모든 주민이 지역에 관심이 높은 것도 아니고 그럴 여유조차 없는 상태에서 관계 형성 프로젝트에 참여할 수 있는 활동인구를 만드는 것은 관계인구 형성보다 중요한 작업이다.

셋째, 좋은 지역은 '반복'이 나타나는 지역이다. 단골 외지인은 지역의 큰 힘이다. 소비형 관계인구가 지역에서 돈을 쓰면서 지역관계가 심화되든 생산형 관계인구가 지역에서 유무형의 관계를 만들든 반복 방문, 반복 생산, 반복 소비, 반복 만남이 나타나야 한다. 한 개 더 갖고 싶으면 성공한 로컬 굿즈, 한 번 더 가고 싶으면 좋은 지역, 공간, 장소, 한 번 더 만나고 싶으면 좋은 사람, 한 번 더 읽고 보고 싶으면 좋은 책, 영화…. 이런 식의 결과는 반복의 누적이 중요함을 나타내는 것이다.

그리고 그러한 행태에는 당연히 시간이 걸린다. 대체로 자아실현이나 행복추구 욕구를 실천하고 싶은 사람이 지역에 와서 현실과 이상, 의지와 능력 간의 불일치 때문에 고군분투하다가 어느 정도 안정되면 주변을 둘러보고 커뮤니티에 합류하면서 더 관계 범위를 넓히는 시나리오는 1~2년에 완성되는 것이 아니다.

이 외에도 이 책에 제시한 많은 가치와 원칙들이 있지만 어떤 관계 형성 프로젝트든 쌍방, 활동, 반복은 절대 불변의 필수적인 핵심 원칙이라고 할 수 있다. 아울러 이 책에 제시한 조건들이 결국은 우리 사회의 모든 지역에 해당되는 요건이라는 것도 강조하고자 한다. 발굴, 공감, 생산, 연결이 비단 비수도권 지역에서만 노력해서 될 일은 아니라는 의미다.

이 4개의 프로젝트는 ① 정부는 내 삶을 보장하는가(안전, 공정) ② 경제구조 속에서 나는 하고 싶은 일을 하면서 정기적인 수입을 확보할 수 있는가(어디에서 무슨 일을 하며, 최소 월 얼마가 필요한가) ③ 삶의 질을 높이기 위한 문화/교육/의료 수준은 적절한가(생애교육, 문화/공연/전시/취미활동, 의료시설 인접거리) ④ 함께 자연스럽게 어울려 살 수 있는 환경인가(커뮤니티, 공동체) ⑤ 지속가능한 삶인가(더 나은 삶)라는 질문을 하며 사는 우리가 더 나은 삶을 구현하기 위한 수단이다. 무엇을 하든 내 삶의 가치에 대한 집중이 삶을 유지하고 있다.

이 책의 구성 과정에서 서강대 SSK 지역재생연구팀의 소통이 가장 큰 힘이 되었다. 또한 더가능연구소의 연구, 2023년에 진행한 밀양소통협력센터의 관계안내소 연구[175]와 거제의 지역기금 연구[176]도 큰 도움이 되었다. 좋은 연구 기회를 주신 박은진 밀양소통협력센터 센터장, 손유진 ㈜공유를 위한 창조 사업팀장께 감사를 전한다.

아울러 연구과정에서 번득이는 혜안을 아낌없이 제시해 주신 한종호 전 강원창조경제혁신센터 센터장님의 섬세한 도움도 언제나 감사하다. 또한

---

175) 더가능연구소. 2023. 「밀양 관계인구 자원조사 및 관계안내소 운영 방안 연구」. 밀양소통협력센터.

176) 더가능연구소. 2023. 「지역기금 사례 연구」. ㈜공유를 위한 창조.

어려운 상황에서 기꺼이 자청하여 표지 디자인을 해주신 강릉 르블루의 이상용님께도 깊은 감사를 전한다. 그 외에 받은 수많은 도움은 언제나 그렇듯 이루 나열하기 어려울 정도다. 늘 연구팀의 연구에 끈질긴 관심을 보여주시는 많은 분께 깊은 감사를 전한다.

이제는 로컬 간 연결뿐만 아니라 연결의 굵기를 좀 더 굵게 만들어 튼튼한 연결 경로를 만드는 것이 다음 과제가 될 것이다. 여러 지역 간에 다양한 연결이 활성화되어야 한다. 연결 관계의 흐름이 형성되어야 한다.

또한 많은 낭패감과 낮은 자존감에 허덕이는 지역에 대해 '수요 없는 공급 정책' 남발은 멈춰야 한다. 마음을 정상상태로 회복하며 연결을 활성화하는 가장 정확한 길을 모색하면서 작은 성공 경험을 반복하여 성취감을 축적해야 한다.

작게 말한다고 작아지는 것이 아니라 작은 일이라도 잘해야 큰 일을 도모할 수 있다. 우리에게 부족한 것은 돈이나 공간이 아니라 '되는 꼴의 경험치'다. 벙벙하게 성급히 (아무도 합의하지 않은) 또 다른 큰 일을 마구잡이로 선언하는 것보다는 경착륙(hard landing)의 폐단을 지양하며 서서히 그리고 꼼꼼하게 연착륙(soft landing)을 도모하는 것이 우선이고, 연착륙을 평화로운 일상으로 연결하려는 것이 더 나은 자세일 것이다.

참고 자료

Barras, Béatrice. 2014. *Moutons rebelles: Ardelaine, la fibre devéloppement local*. 신재민·문수혜·전광철 역. 2020. 『별난 기업으로 지역을 살린 아르들렌 사람들』. 서울: 착한책가게.

Borch Christian·Martin Kornberger. 2015. *Urban Commons : Rethinking the City*. Routledge. 한경애 역. 2024. 『도시 커먼즈 : 도시를 다시 생각하다』. 국토연구원.

Dent, Harry S. Jr. 2014. *The Demographic Cliff : How to Survive and Prosper During the Great Deflation Ahead*. Portfolio. 권성희 역. 2015. 『인구 절벽이 온다: 소비·노동·투자하는 사람들이 사라진 세상』. 청림출판.

Gehl, Jan. 2010. *Cities for People*. Island Press. 이영아 역. 2014. 『사람을 위한 도시』. 국토연구원.

Glaeser, Edward & David Cutler. 2022. *Survival of the City : The Future of Urban Life in an Age of Isolation*. Penguin Books. 이경식 역. 2022. 『도시의 생존 : 도시의 성장은 계속 될 것인가』. 한국경제신문.

Goodhart, Charles & Manoj Pradhan. 2020. *The Great Demographic Reversal : Aging Societies, Waning Inequality, and an Inflation Revival*. Palgrave Macmillan. 백우진 역. 2021. 『인구 대역전 : 인플레이션이 온다』. 생각의 힘.

Kehnel, Annette. 2021. *Wir konnten auch anders : Eine kurze Geschichte der Nachhaltigkeit*. Karl Blessing Verlag. 홍미경 역. 2022. 『미래가 있던 자리 : 중세 유럽의 역사에서 발견한 지속 가능한 삶의 아이디어』. 지식의 날개.

Moreno, Carlos. 2020. *Droit de cité : De la "ville-monde" à la "ville du quart d'heure"*. ALPHA. 양영란 역. 2023. 『도시에 살 권리 : 세계도시에서 15분 도시로』. 정예씨.

Morland, Paul. 2019. *The Human Tide*. Hodder & Stoughton Limited. 서정아 역. 2020. 『인구의 힘 : 무엇이 국가의 운명을 좌우하고 세계사의 흐름을 바꾸는가』. 미래의 창.

Oldenburg, Ray. 1989. *The Great Good Place*. Marlowe&Company. 김보영 역. 2019. 『제3의 장소: 작은 카페, 서점, 동네 술집까지 삶을 떠받치는 어울림의 장소를 복원하기』. 풀빛.

Schuetz, Alfred. 1944. "The Stranger : An Essay in Social Psychology." *American Journal of Sociology* XLIX(6) : 499~507.

Speck, Jeff. 2018. *Walkable City Rules*. Island Press. 조순익 역. 2024. 『걷기 좋은 도시 : 도시공간을 더 좋게 만드는 101가지 규칙』. 챠망시티.

Thomson, C. S. 2003. Depopulation in rural japan : "population politics" in tōwa-chō. in J. W. Traphagan and J. K. Knight eds. *Demographic change and the family in japan's aging society*. SUNY Press : 89~106.

Wallace, Paul. 1999. *Age quake : Riding the Demographic Rollercoaster Shaking Business, Finance, and Our World*. UNKNO.

川﨑薫(가와사키 카오루)·橫田尚己·山邉公輝·谷口守. 2018. "つぶやき" による関係人口の定量化 : サイバー空間にみる地方移住へのステップアップ." 『土木計画学研究·講演集』 Vol. 58.

河井孝仁(가와이 다카요시). 2016. 『シティプロモーションでまちを変える』. 彩流社.

管野貴文(간노 다카후미)·安藤愼悟·谷口守. 2021. "関係人口の実態に基づく地方ブロックの逆推定." 『土木学会論文集D3』 77(4) : 346~354.

神田誠司(간다 세이지). 2018. 『神山進化論 : 人口減少を可能性に変えるまちづくり』. 学芸出版社. 류석진·윤정구·조희정 역. 2020. 『마을의 진화 : 산골 마을 가미야마에서 만난 미래』. 반비.

河本大地(고모토 다이치). 2019. "農山村でのフィールドワークを通じた持続可能な「関係人口」づくりの実践 : 兵庫県美方郡香美町小代区におけるゼミ活動から卒業生の「嫁入り」まで." 『経済地理学年報』 Vol. 65 : 96~116.

小林重敬(고바야시 시게노리)·森記念財団. 2020. 『エリアマネジメント 効果と財源』. 学芸出版社. 이삼수·윤장식·송준환 역. 2023. 『지역 매니지먼트 효과와 재원』. 미세움.

小林重敬(고바야시 시게노리)·森記念財団. 2018. 『まちの価値を高めるエリアマネジメント』. 学芸出版社. 이삼수·윤장식·송준환 역. 2021. 『도시의 가치를 높이는 지역 매니지먼트』. 미세움.

小林悠太(고바야시 유호)·筒井一伸. 2021. "関係人口受け入れの地域側要素の検討経験知からの抽出と受け入れ実態調査から." 『農村計画学会誌』 (39)4 : 394~404.

国土交通省 国土政策局 総合計画課(국토교통성 국토정책국 총합계획과). 2022.06. 「関係人口の創出·拡大に係るアンケート調査」.

国土交通省 国土政策局 総合計画課(국토교통성 국토정책국 총합계획과). 2021.03.17. 「関係人口の実態把握」.(https://www.mlit.go.jp/kokudoseisaku/content/001391466.pdf, 검색일 : 2020.04.15.)

国土交通省 国土政策局 総合計画課(국토교통성 국토정책국 총합계획과). 2020.02.18. 「関係人口の実態把握」.

木下斉(기노시타 히토시). 2021. 『まちづくり幻想 : 地域再生はなぜこれほど失敗するのか』. SBクリエイティブ. 윤정구·조희정 역. 2022. 『마을 만들기 환상 : 지역재생은 왜 이렇게까지 실패하는가』. 더가능연구소.

信岡良亮(노부오카 료스케). 2024. 『学び3.0 : 地域で未来共創人材を育てる「さとのば大学」の挑戦』. フォレスト出版.

田中輝美(다나카 데루미). 2017. 『関係人口をつくる : 定住でも 交流でもない ローカル イノベーション』. 木楽舎. 윤정구·조희정 역. 2021. 『인구의 진화 : 지역소멸을 극복하는 관계인구 만들기』. 더가능연구소.

高田友美(다카타 토모미). 2023.08.08. "神山町の地方創生 : まちを将来世代につなぐプロジェクト." 속초문화관광재단 Go-East 포럼 발표문.

高橋博之(다카하시 히로유키). 2016. 『都市と地方をかきまぜる』. 光文社.

徳野貞雄(도쿠노 사다오)·柏尾珠紀. 2014. 『家族·集落·女性の底力 : 限界集落論を超えて』. 農山漁村文化協会.

松永安光(마스나가 야스미쓰)·德田光弘(도쿠다 미츠히로). 2007. 『地域づくりの新潮流 : スローシティ/アグリツーリズモ/ネットワーク』. 彰国社. 온영태·염철호 역. 2008. 『지역 만들기의 신조류 : 슬로우 시티, 아그리투어리즘, 네트워크』. 기문당.

増田寛也(마스다 히로야). 2014. 『地方消滅 : 東京一極集中が招く人口急減』. 中公新書. 김정환 역. 2015. 『지방소멸 : 인구감소로 연쇄붕괴하는 도시와 지방의 생존전략』. 와이즈베리.

牧大介(마키 다이스케). 2018. 『ローカル ベンチャー : 地域にはビジネスの可能性があふれている』. 木楽舎. 윤정구·조희정 역. 2021. 『창업의 진화 : 로컬벤처와 지역재생』. 더가능연구소.

森戸哲(모리 사토시). 2001. "都市と農村の共生を考える～交流活動の現場から～." 『農村計画学会誌』 20(3) : 170~174.

森山円香(모리야마 마도카). 2022. 『まちの風景をつくる学校 : 神山の小さな高校が試したこと』. 晶文社. 윤정구·조희정 역. 2023. 『마을을 키우는 아이들 : 가미야마 학교 이야기』. 더가능연구소.

森川洋(모리카와 히로시). 2020. "지방창생 정책과 그 문제점." 『인문지리』 72(3) : 299~315.

指出一正(사시데 가즈마사). 2023.03. "関係人口の2万字." 『ソトコト』: 60~62.

指出一正(사시데 가즈마사). 2021. "関係人口とは." 『国際文化研修』 Vol. 112 : 6~11.

指出 一正(사시데 가즈마사). 2020.01.10. "関係人口の新傾向." 国土交通省 シンポジウム "関係人口とつくる地域の未来" 발표문.

指出一正(사시데 가즈마사). 2016. 『ぼくらは地方で幸せを見つける : ソトコト流ローカル再生論』. ポプラ社.

澤田晃宏(사와다 아키히로). 2021. 『東京を捨てる : コロナ移住のリアル』. 中央公論新社. 윤정구·조희정 역. 2023. 『도시 버리기 : 로컬 이주 가이드』. 더가능연구소.

阪上孝(사카가미 다카시). 1999. 『近代的統治の誕生 : 人口·世論·家族』. 岩波書店. 오하나 역. 2019. 『인구·여론·가족 : 근대적 통치의 탄생』. 그린비.

作野広和(사쿠노 히로카즈). 2019. "人口減少社会における関係人口の意義と可能性." 『経済地理学年報』 Vol. 65 : 10~28.

佐藤陽子(사토 요코). 2023.08.08. "Kamiyama Artist In Residence." 속초문화관광재단 고 이스트 포럼 발표문.

鈴村仁孝(스즈무라 히로타카). 2021. "農山漁村交流事例紹介 : 飛騨高山における取り組み." 『国際文化研修』 Vol. 112 : 12~15.

嶋田俊平(시마다 슌페이). 2022. 『700人の村がひとつのホテルに :「地方創生」ビジネス革命』. 文藝春秋. 김범수 역. 2023. 『700명 마을이 하나의 호텔로 : 산골 마을 고스게는 어떻게 지방 재생의 아이콘이 되었나』. 황소자리.

島村菜津(시마무라 나쓰). 2023. 『世界中から人が押し寄せる小さな村 : 新時代の観光の哲学』. 光文社.

安藤慎吾(안도 신고)·ゴルブチェンコスタニスラワ·久米山幹太·谷口守. 2022a. "中央省庁による関係人口創出施策の動向." 『都市計画報告集』 Vol. 21 : 204~211.

安藤慎吾(안도 신고)·管野貴文·清水宏樹·谷口守. 2022b. "全国における非訪問型関係人口の活動実態 :

COVID-19 収束後の訪問型へのステップアップに着目して." 『土木学会論文集D3』 78(6): 108~117.
柳原秀哉(야나기하라 히데야). 2021. 『南小国町の奇跡：稼げる町になるために大切なこと』. CCCメディアハウス. 윤정구·조희정 역. 2023. 『돈 버는 로컬 : DMO 지역관광마케팅』. 더가능연구소
山本理顯(야마모토 리켄). 2014. 『地域社會圈主義』. トゥーヴァージ. 이정환 역. 2014. 『마음을 연결하는 집 : 더불어 사는 공동체』, 지역사회권』. 안그라픽스
山下祐介(야마시타 유스케). 2018. 『「都市の正義」が地方を壊す：地方創生の隘路を拔けて』. PHP新書. 변경화·이윤정·박현춘 역. 2019. 『지방회생 : 인구감소와 수도권 초집중 극복의 길』. 이상북스
山下祐介(야마시타 유스케). 2014. 『地方消滅の罠：「増田レポート」と人口減少社会の正体』. 筑摩書房.
山崎亮(야마자키 료). 2020.01.10. "コミュニティデザインと活動人口." 国土交通省 シンポジウム "関係人口とつくる地域の未来" 発表文.
山崎亮(야마자키 료). 2019. 『ケアするまちのデザイン:対話で探る超長寿時代のまちづくり』. 医学書院
山崎亮(야마자키 료). 2016. 『縮充する日本「参加」が創り出す人口減少社会の希望』. PHP研究所.
山崎亮(야마자키 료). 2015. 『ふるさとを元気にする仕事』. 筑摩書房.
山崎亮(야마자키 료). 2012. 『コミュニティデザインの時代：自分たちで「まち」をつくる』. 中央公論新社
山崎亮(야마자키 료). 2011. 『コミュニティデザイン人がつながるしくみ』. 学芸出版社. 민경욱 역. 2012. 『커뮤니티 디자인』. 안그라픽스
山崎亮(야마자키 료)·Studio-L. 2015. 『山崎亮とstudio-Lが作った 問題解決ノート』. アスコム.
山崎亮(야마자키 료)·乾久美子(이누이 쿠미코). 2021. 『まちへのラブレター : 参加のデザインをめぐる往復書簡』. 学芸出版社 염혜은 역. 2014. 『작은마을 디자인하기 : 건축가 이누이 구미코와 커뮤니티 디자이너 야마자키 료의 참여 디자인을 둘러싼 왕복 서간』. 디자인하우스
山崎笙吾(야마자키 슈고). 2021. "山村留学からはじまる「関係人口」づくり：自治体職員による自治体職員のための概説." 『国際文化研修』 Vol. 112 : 16~19.
枝廣淳子(에다히로 준코). 2021. 『好循環のまちづくり！』. 岩波新書. 윤정구·조희정 역. 2024. 『로컬 전략 : 백캐스팅으로 만든 마을의 미래』. 더가능연구소
小田切徳美(오다기리 도쿠미). 2021. "関係人口論とその展開：「住み続ける国土」へのインプリケーション." 国土交通省 国土専門委員会 発表文4(https://www.mlit.go.jp/common/001203324.pdf, 검색일 : 2022.01.20.)
小田切徳美(오다기리 도쿠미). 2020.01.10. "国交省アンケートから見る関係人口." 国土交通省 シンポジウム "関係人口とつくる地域の未来" 発表文.
小田切徳美(오다기리 토쿠미). 2014. 『農山村は消滅しない』. 岩波書店. 부혜진·정유정 역. 2018. 『농촌은 사라지지 않는다 : 농산촌 생존을 위한 지방의 고군분투』. 한울.
大和田順子(오다와 준코)·風見正三. 2020. "関係人口による地域価値共創プログラムと地方創生人材育成モデル：宮崎県五ケ瀬町「関係人口創出事業」を事例に." 『国際P2M 学会誌』 15(1) : 164~182.
大谷博(오타니 히로시). 2019. "「関係人口」へ取り組む地域." The Tokushima Economy Report Spring : 50~64.

吉川 洋(요시카와 히로시). 2016.『人口と日本經濟 : 長壽, イノベ—ション, 經濟成長』. 中央公論新社. 최용우 역. 2017.『인구가 줄어들면 경제가 망할까』. 세종서적.

稲垣 円(이나카기 미츠). 2023.9.21. "Web3が拓く新たな地方創生のかたち(1) :『トラストレス』なしくみの中で つながりをつくる." 第一生命經濟研究所 report. https://www.dlri.co.jp/report/ld/280060.html

井上恭介(이노우에 교스케)·NHK '어촌'취재팀. 2015.『里海資本論 : 日本社會は'共生の原理'で動く』. NHK. 김영주 역. 2016.『어촌자본주의 : 바다에서 자본주의의 대안을 찾다』. 동아시아.

飯田泰之(이이다 야스유키) 외. 2016. 地域再生の失敗学. 光文社新書. 임상연·조미향 역. 2018.『지역재생의 실패학』. 국토연구원.

石山恒貴(이시야마 노부타카) 著·編集. 2019.『地域とゆるくつながろう! サードプレイスと関係人口の時代』. 静岡新聞社. 윤정구·조희정 역. 2022.『로컬의 발견 : 제3의 장소와 관계인구』. 더가능연구소

イケダ ハヤト(이케다 하야토). 2016.『まだ東京で消耗してるの? 環境を變えるだけで人生はうまくいく/イケダハヤト』. 幻冬舎. 김정환 역. 2016.『시골 빈집에서 행복을 찾다 : 내가 도쿄를 떠나 시골마을로 이사한 이유』. 라이팅하우스

日本商工会議所(일본상공회의소). 2019.04.18.「新たな段階に入った観光をめぐる課題への対応 : 国際観光競争の中で選ばれる日本になるために」. https://www.jcci.or.jp/chiiki/20190418_ikensho_honbun.pdf.

株式会社ブランド総合研究所(주식회사 브랜드 총합연구소). 2021.「関係人口の意識調査 2021」.

株式会社ブランド総合研究所(주식회사 브랜드 총합연구소. 2022.03.29.「関係人口の意識調査 2022」.

総務省(총무성). 2018.「これからの移住·交流施策のあり方に関する検討会 報告書 :「関係人口」の創出に向けて」. https://www.soumu.go.jp/menu_news/s-news/01gyosei08_02000136.html

總務省(총무성). 2020.「関係人口創出·拡大事業」.

総務省 自治税務局市町村税課(총무성 자치세무국시정촌세과). 2022.7.29.「ふるさと納税に関する現況調査結果」.

黒井克行(쿠로이 가쓰유키). 2019.『ふるさと創生 : 北海道 上士幌町の キセキ』. 木楽舎. 윤정구·조희정 역. 2021.『시골의 진화 : 고향납세의 기적, 가미시호로 이야기』. 더가능연구소

橋本行史(하시모토 고시). 2022. "関係人口概念の考察 : 観光まちづくりとの関わりを中心として."『政策創造研究』Vol. 16 : 55~84.

平井太郎(히라이 다로). 2020.「関係人口を介した意識と実践の転換 : 移住創業と地域経済循環に注目して」.『日本経済金融公庫論集』Vol. 49 : 61~87.

구자용. 1982. "인구정책의 기본방향에 관한 이론적 검토."『한국정치학회보』Vol. 16 : 279~288.

구형수 외 2018.「저성장시대 소멸위기 도시근린지역의 유형별 대응방안 연구」. 국토연구원.

구형수 외. 2016.「저성장시대 축소시대 실태와 정책방안 연구」. 국토연구원.

권민경. 2019.「일본의 지방소멸 담론의 전개 : 야마시타 유스케의 비판을 중심으로」. 서강대학교 사회학과 석사학위논문.

길종백. 2019. "지역 인구 감소에 있어서 지방자치단체의 역할에 관한 사례 연구 : 일본 사례를 중심으

로." 『한국거버넌스학회보』 26(1) : 63~87.
길종백·하정봉. 2020. "일본 유바리시의 소멸극복 전략과 정책적 함의." 『한국비교정부학회보』 24(2) : 1~28.
김경근·이현우. 2017.07. 『인구감소와 '지방소멸'의 리스크 점검 및 정책적 시사점』. 한국은행 대전충남본부.
김경수 외. 2021. 「인구구조 변화가 경제성장에 미치는 영향 분석: OECD국을 중심으로」. 국회예산정책처.
김동영·이중섭·송용호. 2019. 『전라북도 인구유입활성화(제2고향 만들기) 정책연구』. 전북연구원.
김상기. 2023.10.24. "지역 활성화 투자 펀드와 지방투자사업." 한국지방재정학회·한국지역개발학회·한국행정학회·한국지방행정연구원·자본시장연구원 공동학술세미나 '지역활성화 투자 펀드' 발표문.
김상민·박진경. 2018. "지방자치단체의 인구감소 및 인구구조 변화 대응전략: 강원도 화천군을 사례로." 『지방행정연구』 32(1) : 125~160.
김선희. 2020. "일본 오키군 아마쵸의 지역 활성화 사례 고찰." 『일본사상』 Vol. 39 : 133~158.
김용현·나중규·노상수. 2021.12.23. "두 지역 살기, 관계인구 창출과 균형발전의 촉매로 삼자." 「대경 CEO BRIEFING」 제655호.
김정후. 2025. "장소의 이름이 구축하는 도시의 레거시." 「NABIS 뉴스레터」 2025-3호.
김종근. 2020. "도시쇠퇴에 따른 지역 발전 정책 방안: 도시관리비용 부담완화를 중심으로." 『한국지리학회지』 9(1) : 148~156.
김지원. 2023. 『시골을 살리는 작은 학교』. 남해의 봄날.
나라살림연구소. 2023.9.13. "1조 원 규모 지방소멸대응기금 배분 내역 및 자치단체별 투자계획 평가등급 현황." 「나라살림」 336호.
나라살림연구소. 2023.02.06. "생활인구 또는 관계인구." 「나라살림백과」.
남창우·송인호 외. 2020. 『지역발전의 정책방향과 전략』. 한국개발연구원.
농림축산식품부. 2022. 「농촌유학 지원사업 시행지침 일부개정(안)」.
더가능연구소. 2023a. 「밀양 관계인구 자원조사 및 관계안내소 운영 방안 연구」. ㈜공유를 위한 창조.
더가능연구소. 2023b. 「군산형 생활인구 활성화 방안 연구」. 호원대학교 산학협력단.
더가능연구소. 2023c. 「지역기금 사례 연구」. ㈜공유를 위한 창조.
더가능연구소. 2022. 「청년마을 성과 분석을 통한 청년 정착 및 지역 활성화 방안 연구」. 행정안전부.
류석진·조희정. 2021. "고향납세 제도 도입 논의와 과제: 통합적 지역재생관점을 중심으로." 『지역과 정치』 4(2) : 41~77.
류석진·조희정·김용복. 2020. "지역재생 관점의 로컬 커먼즈 구현 가능성 연구: 로컬 자원과 자산화 사례를 중심으로." 『현대정치연구』 13(2) : 43~76.

류영진. 2020. "일본의 관계인구 개념의 등장과 의미, 그리고 비판적 검토." 『지역사회학』 21(1) : 5~30.
마강래. 2020. 『베이비부머가 떠나야 산다 : 청년과 지방을 살리는 귀향 프로젝트』. 개마고원.
민보경. 2022.11.28. "청년은 어느 지역에 살고, 어디로 이동하는가?." 『국가미래전략 Insight』 제58호.
민보경. 2021.12.23. 『인구충격에 대응하는 지역의 미래 전략 : 완화와 적응』. 국회미래연구원.
민보경·변미리. 2017. "서울 인구는 어떻게 이동하고 있는가 : 전출입 이동의 공간 분석과 유형화." 『서울도시연구』 18(4) : 85~102.
민유기·강빛나래·박진빈·박철현·이은해·이향아·정용숙. 2018. 『세계의 지속가능 도시재생』. 국토연구원.
박성남·최가윤·류수연·장민영. 2023. 『맞춤형 공간전략 도출을 위한 인구감소지역 진단체계 연구 : '현안 체크리스트'와 '지역 Space-MBTI'의 개발과 적용』. 건축공간연구원.
박소현. 2017. "문화정책의 인구정치학적 전환과 예술가의 정책적 위상." 『민족문학사연구』 (63)3 : 80~417.
박진경·김도형. 2020. 『인구감소대응 지방자치단체 청년유입 및 정착정책 추진방안』. 한국지방행정연구원.
서만식. 2020. 「착지형 관광을 통한 일본의 지역 만들기 연구 : 벳푸시의 온파쿠를 중심으로」. 한국외국어대학교 국제지역대학원 박사학위논문.
서만식. 2016. "지역 주체형 관광 진흥으로서의 착지형 관광 연구 : 온파쿠를 중심으로." 『일본연구』 Vol. 67 : 85~102.
서만식. 2014. "내발적 발전을 통해 본 벳푸핫토온천박람회의 온천지역활성화 연구." 『일본언어문화학회』 Vol. 27 : 656~674.
서울특별시 교육청. 2023. 「농촌유학 운영실태 및 활성화방안」.
서진영. 2023. 『로컬 씨, 어디에 사세요? 나의 거주지 찾기 프로젝트, 춘천 편』. 온다프레스.
성주인·송미령·한이철·정학성. 2022.06.21. "농산어촌 관계인구 현황과 의의." 「KREI 농정포커스」 제208호.
송미령 외. 2021. 「2020 지역발전지수」. 한국농촌경제연구원.
송애정·김예선. 2018. "크라우드 펀딩을 활용한 일본의 도시재생 재원확보 사례와 시사점." 『도시행정학보』 31(3) : 29~40.
송인방·조희정·박상혁. 2022. 『제3의 창업시대 : 로컬·청년·사회』. 서울 : 더가능연구소.
송인방·조희정·이영재. 2023. "새로운 인구 개념의 정책 적용 가능성과 과제 : 일본의 관계인구를 중심으로." 『21세기 정치학회보』 33(3) : 29~54.
신순호·박성현. 2012. "도서 지역의 산업 활성화를 위한 지방자치단체의 역할 : 일본 시마네현 오키군 아마쵸의 사례를 중심으로." 『도서문화』 Vol. 39 · 267~300.
안소현·이순자·민성희·김민아·전봉경·강민석. 2023.01.09. "인구감소시대의 체류인구 도입 필요성과 정책 방안."「국토정책Brief」No. 899.
안소현·이순자·민성희·김민아·전봉경·강민석. 2022.「인구감소시대, 체류인구를 활용한 지역유형별 대응전략 연구」. 국토연구원.
유혜연·이영범·윤혜영. 2019. "노후주거지 빈집 활용을 통한 지역재생 사례연구: 일본 오노미치 빈집뱅크 활용사례를 중심으로."「2019년 대한건축학회 추계학술발표대회 논문집」39(1) : 274~277.
윤소영·김영현. 2021.『인구구조 변화에 따른 문화적 영향분석 및 정책방향』. 한국문화관광연구원.
이동훈. 2023. "일본의 크라우드펀딩을 활용한 마을 만들기 사업: 민간도시개발추진기구(MINTO)의 마을 만들기 펀드 지원 사례를 중심으로."「KIEAE Journal」23(4) : 51~57.
이상호. 2023.07.05. "지방소멸 위기, 청년 일자리 전략은." 국회입법조사처 간담회 발표문.
이상호. 2018.07. "한국의 지방소멸 2018 : 2013-2018년까지의 추이와 비수도권 인구이동을 중심으로."「고용동향브리프」7월호 : 2~21.
이상호. 2016.「한국의 '지방소멸'에 관한 7가지 분석」. 한국고용정보원.
이석. 2021. "2010년대 일본 지방문화의 변화에 관한 고찰 : 사가현과『좀비 랜드 사가』에 주목하여."『일본문화연구』Vol. 80 : 217~233.
이소영. 2021.05. "지방소멸대응을 위한 관계인구 활용전략."「지방자치정책브리프」제121호.
이소영·김도형. 2021.『작지만 강한 연결 : 관계인구를 활용한 인구유입방안』. 한국지방행정연구원.
이자성. 2011. "일본 커뮤니티 비즈니스 현황과 NPO 역할에 관한 고찰 : 커뮤니티 비즈니스 중간지원조직을 중심으로."『NGO연구』7(1) : 73~107.
이정우. 2024. "'미치노에키(道の駅)'의 지역 내 역할에 대한 탐색적 연구: 한국과 일본의 고속도로 휴게시설 비교를 중심으로."『Journal of Convergence Tourism Contents』10(1) : 83~96.
이정환. 2023.10.24. "지역개발사업의 미래와 향후 지역 활성화 투자 펀드의 역할." 한국지방재정학회·한국지역개발학회·한국행정학회·한국지방행정연구원·자본시장연구원 공동학술세미나 '지역활성화 투자 펀드' 발표문.
이창남. 2020.『도시와 산책자 : 파리, 베를린, 도쿄, 경성을 거닐다』. 사월의 책.
이해영. 2017. "균형주의 정책사상에서 이해하는 인구위기."『대한정치학회보』25(1) : 1~25.
이효섭. 2023.10.24. "해외 민관협력 개발사업(PPP) 현황과 지역 활성화 투자 펀드의 도입 의의." 한국지방재정학회·한국지역개발학회·한국행정학회·한국지방행정연구원·자본시장연구원공동학술세미나 '지역 활성화 투자 펀드' 발표문.
임경수. 2024.09.25. "농촌에 농민만 살지 않고 농민은 농사만 짓지 않는다."『대산농촌』가을호.
임화진. 2022. "일본의 관계인구정책과 청년이 주도하는 지방창생."『건축과 도시공간』Vol. 45 : 32~39.
자본시장연구원. 2022.04.04 "탈중앙화 자율조직 DAO의 현황과 이슈."「자본시장 포커스」2022-7호 : 1~5.

장민영. 2023. "농촌·도시의 연계 수요 : 관계인구와 유연 거주." 『국토』 Vol. 504 : 17~23.
전북도 보도자료. 2022.01.24. "전북도, 함께인구 확보 위한 인구정책 패러다임 제시."
정성호. 2019. "지방소멸론에 대한 비판적 검토." 『지역사회학』 20(3) : 5~28.
정수경. 2022. "인구감소에 대응하는 일본의 관계인구 정책 동향." 『한국지역개발학회학술대회 자료집』 : 131~142.
제주관광공사. 2023.03. 「통계청·SK텔레콤 가명정보 결합 데이터 : 제주 한 달 살이 분석결과」.
조성호. 2024. "일본의 지방소멸 대응정책과 사례." 『국제사회보장리뷰』 겨울호 : 101~113.
조승국·임재빈. 2022. "비수도권 지역의 관계인구 네트워크에 관한 연구." 『한국지역개발학회지』 34(4) : 41~60.
조승현. 2023. 「크라우드펀딩과 고향사랑기부제 연계방안」. 인천연구원.
조아신. 2023.09.07. "지리산, 관계인구에서 중요한 것은 관계 사이에 흐르는 것들." 밀양소통협력공간 콜로키움 발표문.
조영태. 2021. 『인구·미래·공존』. 북스톤.
조원지. 2023.09.07. "전북, 관계의 시작을 이야기하다." 밀양소통협력공간 콜로키움 발표문.
조원지. 2022.10.25. "전라북도 농촌 활성화를 위한 관계인구 개념과 정책과제." 『이슈브리핑』 제271호.
조원지·황영모·이중섭·이병훈·정호중. 2023. 『전북 농촌 활성화를 위한 관계인구 활용방안』. 전북연구원.
조희정. 2024a. "지방자치시대의 인구감소 행정대응 현황과 과제 : 인구정책 담당부서 분석을 중심으로." 『로컬연구』 1(1) : 95~114.
조희정. 2024b. "지금 로컬을 말하는 이유 : 그 어느 것도 아닌 지금 내 삶의 중요성." 『기획회의』 2월호 : 26~31.
조희정. 2024c. "관광 아닌 관계가 지방이 사는 길." 『바람과 물』 10호 : 64~71.
조희정. 2023. "경험을 전승하는 로컬 창업을 위하여." 『J-CONNECT』 여름호 : 22~25.
조희정. 2023.08.25. "새로운 귀촌 형태… 여생 위한 제3의 장소 찾아라." 『브라보마이라이프』 8 월호 : 114~115.
조희정. 2023.04. "정착 인구보다 '관계 맺은 이동 인구', UJI턴, 워케이션, 가치창업에 초점을." 『동아비즈니스리뷰』 제367호.
조희정. 2021. 『로컬, 새로운 미래』. 강원창조경제혁신센터.
조희정·이영재·김영완. 2023. "인구감소시대의 지역활성화전략에 대한 연구 : 일본 관계안내소 사례를 중심으로." 『사회과학연구』 31(2) : 240~269.
지주형·조희정·김순영. 2019. "지역화폐 형성과정의 특징과 쟁점 연구 : 이념·제도·이익을 중심으로." 『비교민주주의연구』 15(1) : 105~136.
차미숙. 2020.07.15. "인구감소 시대의 활력 있는 지역사회 구현 방향 : 일본의 제2기 마을·사람·일자리

창생정책(2020-2024)." 「국토이슈리포트」 제22호.
차미숙·최예술·조은주. 2022.01.26. "지방소멸 위기 대응 추진사례와 시사점." 「국토이슈리포트」 제52호.
최예술·조은주·정우성. 2022. 『지방 중소도시의 활력 증진을 위한 청년 로컬 창업 지원방안 연구』. 국토연구원.
최일선 외. 2022. 「섬바다마을 청년 비즈니스 연구」. 경제·인문사회연구회.
편지은. 2022.06.29. "농가 인구구조 변화에 따른 주요 대응정책과 향후과제: 농업 인력 부족과 농촌 지방소멸 위기 대응을 중심으로." 「이슈와 논점」 제1966호.
한국지방행정연구원. 2021.5. "지방소멸 대응을 위한 관계인구 활용전략." 「지방자치 정책브리프」 제121호.
한국지방행정연구원. 2019.08. "새로운 인구관리정책으로서의 복수주소제 도입방안." 「지방자치 정책브리프」제71호.
한국지방행정연구원. 2019. 『복수주소제 도입방안』.
하혜영·류영아. 2022.11.17. "새로운 인구개념인 '생활인구'의 의미와 향후 과제." 『이슈와 논점』 제2013호.
한주성. 2019. "농업교육과 체험에 의한 관계인구의 지역활동: 서울시와 지방과의 교류를 중심으로." 『대한지리학회지』 54(4) : 435~448.
한주성. 2015. 『인구지리학』. 한울.
홍근석. 2019. 「복수주소제(Second Address) 도입방안」. 한국지방행정연구원.
황운중·정호진·박다희. 2023. 「전북지역 인구구조 변화가 지역경제에 미치는 영향 분석」. 한국은행 전북본부.